CAMINANDO CON EL PAPA FRANCISCO

Raíces y Retos

JOURNEYING WITH POPE FRANCIS

Roots and Challenges

COLECCIÓN FELIX VARELA # 61

EDICIONES UNIVERSAL, Miami, Florida, 2020

EDITORES:
Alfredo Romagosa y Sixto García

CAMINANDO CON EL PAPA FRANCISCO
Raíces y Retos

JOURNEYING WITH POPE FRANCIS
Roots and Challenges

Copyright © 2020 by Pedro Arrupe Jesuit Institute
Miami, Florida, USA.

Primera edición de:
EDICIONES UNIVERSAL
P.O. Box 450353 (Shenandoah Station)
Miami, FL 33245-0353. USA
e-mail: ediciones@ediciones.com
http://www.ediciones.com
Desde 1965

Coedición con el Instituto Jesuita Pedro Arrupe (IJPA)
<institutopedroarrupe@ceimiami.org>

Library of Congress Control No.: 2020938006
ISBN-13: 978-1-59388-314-0

Composición de textos: María Cristina Zarraluqui
Arte de la cubierta: Siro del Castillo
Diseño final de cubiertas: Luis García Fresquet

Se autoriza la reproducción parcial o total de los trabajos de este libro, siempre que se identifiquen el(la) autor(a) del material reproducido y su origen en este libro.
Para cualquier información favor de dirigirse a
Instituto Jesuita Pedro Arrupe <institutopedroarrupe@ceimiami.org>

The partial or total reproduction of the works in this book is authorized, provided that the author of the reproduced material and its source in this book are identified.
For any information please contact
Instituto Jesuita Pedro Arrupe <institutopedroarrupe@ceimiami.org>

ÍNDICE/INDEX

Agradecimientos/Acknowledgements 9

Introducción:
Joaquín Pérez, Director del Instituto Jesuita Pedro Arrupe 11

Introduction:
Joaquín Pérez. Director of the Jesuit Institute Pedro Arrupe 15

Los objetivos de nuestra Conferencia
(Español): Sixto García 19

The objectives of our Conference
(English): Sixto García 33

Sesión 1: Raíces de la ruta 45

    Ignatian spirituality and the legacy of Pedro Arrupe, S.J.
    (English): Thomas Massaro S.J. 47

    Hitos históricos y opciones de la Iglesia Latinoamericana
    (Español): Ana María Bidegaín 63

    Raíces teológicas y prospectiva teológico-pastoral del Papa
    Francisco en «Aparecida» y «Evangelii gaudium»
    (Español): Rodrigo Guerra 87

**Sesión 2: Una nueva fase en la recepción del
Concilio Vaticano II** 113

    La reforma como conversión pastoral y sinodal
    (Español): Rafel Luciani 115

    La recepción del Vaticano II en América Latina y el Caribe
    (Español): Carlos Schickendantz 139

    Pope Francis as an interruption in the crisis of the reception of
    Vatican II in the USA
    (English): Massimo Faggioli 167

Sesión 3: Retos abiertos 189

    The new peripheries: geopolitics and evangelization
    (English): Antonio Sapadaro S.J. 191

    The clerical sexual abuse crisis in the Church
    (English): Antonio López 207

    Globalización, inmigración y justicia social
    (Español): Antonio García-Crews 225

    El rol de las mujeres en la Iglesia
    (Español): Consuelo Vélez 235

Sobre los conferencistas 259

About the speakers 265

AGRADECIMIENTOS/ACKNOWLEDGEMENTS

Agradecimientos

Queremos agradecer a todos los que ayudaron a hacer posible esta publicación. Primero todos los conferencistas que generosamente contribuyeron su tiempo y pudieron, a pesar de sus obligaciones, revisar sus manuscritos prontamente. Ramón Machado, Margarita Gavaldá Romagosa, Iraida Barrios Pérez y Argelia Carracedo pacientemente participaron en la corrección de pruebas de los manuscritos. Innumerables voluntarios contribuyeron al éxito de la conferencia. Le expresamos un agradecimiento muy especial al Profesor Rafael Luciani por su gran ayuda en la selección de temas y conferencistas y a nuestro Director del Instituto, Joaquín Pérez, por su constante apoyo y liderazgo.

Nota: Esta conferencia fue bilingüe. Cada texto, excepto la Introducción y los Objetivos, está incluido en su idioma original.

Los Editores

Acknowledgements

We want to thank all those who assisted in making this publication possible. First, all the speakers who generously contributed their time and were able, in spite of their busy schedules, to promptly review and revise their manuscripts. Ramón Machado, Margarita Gavaldá Romagosa, Iraida Barrios Pérez y Argelia Carracedo patiently participated in proofreading the manuscripts. Innumerable volunteers contributed to make the conference a success. Our very special thanks go to Professor Rafael Luciani for his great help in the selection of topics and speakers and to our Director of the Institute, Joaquín Pérez, for his constant support and leadership.

Note: This was a bilingual conference. Each text, except for the Introduction and Objectives, is included in its original language.

The Editors

INTRODUCCIÓN

Joaquín Pérez,
Director del Insituto
Jesuita Pedro Arrupe

La Conferencia «Caminando con el Papa Francisco: Raíces y Retos"», celebrada del 7 al 10 de noviembre del año 2019, fue convocada con la misión y la meta de estudiar y analizar, en sus contextos teológicos, pastorales y culturales, el compromiso de reforma y renovación de la Iglesia que ha definido el pontificado del papa Francisco. Elementos claves de este compromiso son la espiritualidad ignaciana, las enseñanzas del Concilio Vaticano II, y la visión pastoral y teológica de la Iglesia en Latino América. El contexto ignaciano del Papa Francisco es la dinámica espiritual de San Ignacio de Loyola como fue apropiada y re-interpretada por el P. Pedro Arrupe, S.J., antiguo Padre General de la Compañía de Jesús.

Una brisa de esperanza ha cundido por toda la Iglesia desde la elección del Cardenal Jorge Mario Bergoglio a la silla de Pedro, quien, con simbolismo deliberado, escogió el nombre de Francisco. Delante de sí tenía el imperativo de una reforma urgente de toda la Iglesia, a todo nivel. Francisco veía a una Iglesia afligida por problemas no muy distintos a los que el Señor puso delante de su homónimo, San Francisco de Asís. El gran santo de la Umbría italiana, y el papa nacido en Argentina, tienen la misma visión: Jesús proclamó un Evangelio de justicia y misericordia, que no deja espacios para que un obispo viva en palacios opulentos, que exige una Iglesia que sea Madre y abogada de los pobres, desposeídos, indocumentados, descartados, que los ame con ese amor preferencial con que Jesús los amó.

Francisco ha encarnado la esperanza de un retorno a una conciencia de discipulado misionero y una humildad pastoral. Por su compromiso a esta forma de entender la Iglesia, ha sido alabado y apreciado —y acerbamente vituperado. El magisterio de Francisco es subversivo, con la subversión de un Evangelio que perturba e incomoda a los que se aferran a sus comodidades, encierros y obsesiones de poder. Francisco es un papa que muda de ropa cuando se cae a pedazos, y que realiza su primera visita fuera del Vaticano en julio 8, 2013, a la isla de Lampedusa, donde son procesados los inmigrantes que buscan refugio en las costas italianas.

El panorama religioso del Sur de la Florida, nos dibuja, por un lado, un paisaje que vibra con vigor de compromiso evangélico. La Iglesia católica sud-floridana ha sido enriquecida y energizada por el influjo de muchos latinos llegados a estas costas, o nacidos aquí. Las comunidades católicas locales defienden la vida en todas sus etapas y formas: oposición al aborto, el apoyo y abogacía de niños que sufren enfermedades y separación, sencillamente por el delito de ser llevados por sus padres a nuevas tierras, con ilusiones de una vida mejor, y por aquellos que se oponen a guerras injustas y la pena de muerte.

Por otro lado, no todos comparten este sentido católico de misión y evangelización. Hay algunos que —quizás con la mejor intención— son hostiles al empeño de reforma eclesial y a la promoción incansable de Francisco de la Doctrina Social de la Iglesia, siempre matizada del espíritu profético que caracteriza la persona y la acción de este papa, o perciben en su magisterio elementos ideológicos inaceptables, tales como ideas socialistas, comunistas, y se inquietan ante lo que interpretan como debilidad —cuando no error— en su enseñanza de la moral sexual, y otras cosas.

Cara a esta situación, el Instituto Jesuita Pedro Arrupe, cuya misión incluye educar y formar, decidió convocar, en su centro Manresa, en Miami, una conferencia sobre el auténtico magisterio de reforma, renovación y compromiso social de Francisco. La idea surgió durante una conversación entre tres miembros del Instituto, Antonio García-Crews, Sixto García y Joaquín Pérez y el profesor Massimo Faggioli durante una conferencia organizada por este en Villanova University. Indispensable para este proyecto era el estudio de las raíces teológicas, espirituales y culturales del papa Bergoglio. Para ello, nosotros, en el Instituto, hemos sido privilegiados con el apoyo de los profesores Massimo Faggioli de Villanova University y Rafael Luciani de Boston College, y del P. Antonio Spadaro, S.J., editor de la revista *La Civiltá Cattolica*. Todos ellos son eminentes teólogos y cercanos a la persona del papa Francisco.

Los jesuitas de la Provincia del Caribe, encabezados por el Provincial, Javier Vidal, S.J. y por el P. Marcelino García, S.J., han ofrecido generosamente un apoyo constate y efectivo. Sin su colaboración hubiera sido imposible celebrar esta Conferencia.

El Arzobispo de Miami, Msr. Thomas Wenski celebró la misa de apertura, alentando a los conferencistas y asistentes a estudiar y calar más a fondo el pensamiento de Francisco. El Obispo Msr. Juan Carlos Cárdenas Toro, el Secretario General del Consejo Episcopal Latinoamericano (CELAM) participó activamente en la conferencia y celebró la misa de clausura.

Los conferencistas abordaron los temas definitorios de las raíces del papa Bergoglio. Plantearon y respondieron a preguntas temáticas claves, tales como: ¿Cómo era la América Latina del joven Bergoglio? ¿Cuál era la fisonomía de la Compañía de Jesús cuando el futuro papa ingresó en ella? ¿Cuáles fueron las fuentes de su teología y pastoral, cómo se nutrió, qué pensadores la influyeron más decisivamente? ¿Cuál es su visión de la identidad católica? ¿Cómo se definen los elementos de eclesiología sinodal?

Una vez suscitadas y respondidas, dentro de lo posible, estas preguntas, los conferencistas pasaron a reflexionar sobre los retos: oposición a una Iglesia sinodal, los abusos sexuales, el papel de la mujer en la Iglesia, la división, abierta y solapada a la vez, dentro de la Iglesia.

Para explicar y presentar todos los temas, el Instituto invitó a un grupo de distinguidos teólogos y pastoralistas, cada uno experto en su tema de empeño profesional. Reflejando la «catolicidad» de la Iglesia —su universalidad— vinieron de todas partes del mundo católico: del Sur de la Florida, de Latinoamérica y de Europa.

El resultado de todo este vasto y laborioso proyecto lo tiene usted en sus manos. Es nuestra esperanza que este libro ayude a remover las incomprensiones y falsas perspectivas que puedan existir hacia el papa Francisco. Esperamos que los trabajos que aquí les presentamos, con humildad y afecto, hagan claro y definido el espíritu del Magisterio de este profético sucesor de Pedro. Es nuestra esperanza poder continuar este empeño con otros semejantes, con otros temas y otros conferencistas que ayuden a despejar malentendidos y a fundamentar la visión de Francisco en estos momentos cruciales para la Iglesia Católica en todo el mundo.

INTRODUCTION

Joaquín Pérez,
Director of the Pedro Arrupe
Jesuit Institute

The Conference "Walking with Pope Francis: Roots and Challenges," was held on November 7 to 10 of 2019. Its purpose and goal were to study and analyze the commitment to Church reform and renewal that has defined Pope Francis' pontificate, in its theological, pastoral and cultural contexts. Key elements of this commitment are the Ignatian spirituality and the pastoral and theological vision of the Church in Latin America. The Ignatian context of Pope Francis is defined by the spiritual dynamics of St. Ignatius of Loyola, as assumed and re-interpreted by Fr. Pedro Arrupe, S.J., former Father General of the Society of Jesus. Father Arrupe was also the-most important transmitter and implementer of the teachings of the Vatican II Council to the Society.

A breeze of hope has transpired throughout the Church since the election of Cardinal Jorge Mario Bergoglio to the chair of Peter, who, with deliberate symbolism, chose the name of Francis. He recognized the obvious need for an urgent reform of the whole Church at all levels. Pope Francis saw a Church afflicted by problems not unlike those that the Lord had put before his namesake, St. Francis of Assisi. The great saint of the Italian Umbria and the pope born in Argentina have the same vision: that Jesus proclaimed a Gospel of justice and mercy that leaves no room for bishops to live in opulent palaces, that demands a Church that is Mother and advocate of the poor, the dispossessed, the discarded and the undocumented, and who loves them with the same preferential love with which Jesus loved them.

Francis has embodied the hope of a return to a consciousness of missionary discipleship and pastoral humility. He has been praised and appreciated – as well as viscerally criticized – for his commitment to this way of understanding the Church. Francis' magisterium is subversive, with the subversion of a Gospel that disturbs and is uncomfortable to those who cling to their isolation, comfort, and obsession of power. Francis is a pope who does not change his clothes until they fall apart, and who made his first visit outside the Vatican, on July 8, 2013, to the island of Lampedusa, a processing place for immigrants seeking refuge on Italian shores.

The religious landscape of South Florida depicts, on one hand, a landscape that vibrates with vigor of evangelical commitment. The South-Florida Catholic Church has been enriched and energized by the influence of many Latinos who have either reached these shores, or were born here. Local Catholic communities defend life in all their stages and forms: opposition to abortion, support and advocacy of children suffering from illness and separation simply for the crime of having been taken by their parents to new lands with illusions of a better life, and for those who oppose unjust wars and the death penalty.

On the other hand, not everyone shares this Catholic sense of mission and evangelization. There are some who – perhaps with the best intention – are hostile to Francis' commitment to ecclesial reform and his tireless promotion of the Church's Social Doctrine, always colored by the prophetic spirit that characterizes the person and the action of this pope, or who perceive in his teachings unacceptable ideological elements, such as socialist or communist ideas, and are troubled by what they interpret as weakness – or even error – in his teaching regarding sexual morality, among other things.

Faced with this situation, the Pedro Arrupe Jesuit Institute, whose mission includes educating and training, decided to convene a conference about the true magisterium of reform, renewal and social commitment of Francis, at its Manresa center in Miami. The idea for this conference originated during a conversation among three members of the Institute, Antonio García-Crews, Sixto García and Joaquín Perez, and professor Massimo

Faggioli at a conference that the latter organized at Villanova University. Indispensable for this project was the study of the theological, spiritual and cultural roots of Pope Bergoglio. During this effort, we, at the Institute, have been privileged to have the support of professors Massimo Faggioli from Villanova University and Rafael Luciani from Boston College, and from Fr. Antonio Spadaro, S.J., editor of *La Civiltá Cattolica* journal. All of them are eminent theologians and close to the person of Pope Francis.

The Jesuits of the Province of the Caribbean, headed by the Provincial, Javier Vidal, S.J. and by Marcelino García, S.J., generously offered full and effective support. Without their cooperation, it would have been impossible to hold this Conference.

The Archbishop of Miami, Mons. Thomas Wenski, celebrated the opening mass, encouraging speakers and attendees to study Francis' thinking more deeply. Bishop Juan Carlos Cárdenas Toro, Secretary-General of the Latin American Episcopal Conference (CELAM) participated actively in the conference and celebrated the closing mass.

The speakers addressed the defining themes of Pope Bergoglio's roots. They posed and answered key thematic questions, such as: What was young Bergoglio's Latin America like? What were the features of the Society of Jesus at the time the then future pope joined it? What were the sources of Francis' theology and pastoral vision, how was it nurtured, and which thinkers influenced it most decisively? What is his vision of Catholic identity and how are the elements of synodal ecclesiology defined?

Once these questions were raised and answered, as far as possible, the speakers reflected on the challenges: the opposition to a synodal Church, the sexual abuse issue, the role of women in the Church and the division within the church, which is both masked and open at the same time.

To explain and present all of the topics, the Institute invited a group of distinguished theologians and pastoralists, each of which is an expert in his/her professional field. Reflecting the

17

"catholicity" of the Church – its universality – they came from all over the Catholic world: from South Florida, Latin America and Europe.

You are holding in your hands the result of this vast and laborious project. It is our expectation that this book will help remove any misunderstandings and false perspectives that may exist with respect to Pope Francis. We hope that the works presented here, with humility and affection, will clearly define the spirit of the magisterium of this prophetic successor of Peter. Finally, we anticipate continuing this effort with similar projects, with other topics and other speakers to help dispel misconceptions and clarify Francis' vision at this crucial time for the Catholic Church throughout the world.

LOS OBJETIVOS DE NUESTRA CONFERENCIA
Sixto García

Quisiera agradecer al P. Javier Vidal, Provincial de las Antillas, al Instituto Jesuita Pedro Arrupe, y en particular a su Director, Joaquín Pérez, y a todos ustedes, por permitirme compartir las siguientes reflexiones –oh, y a mi muy mejor cara mitad, Elena, por su paciencia infinita conmigo en todo este tiempo de preparación– suficiente para justificar el inicio de su proceso de beatificación.

¿POR QUÉ ESTA CONFERENCIA?
INTRODUCCIÓN: ESPÍRITU Y MÍSTICA

Hoy es noviembre 8, 2019 - Nuestra Conferencia comienza, en cierta manera, hace 814 años, fines del 1205, quizás del 1206, en la capilla semi-derruida de San Damiano, en las afueras de la villa medieval de Asís, en la Umbría italiana. El joven Francisco de Bernardone, hijo de Pedro, uno de los más acaudalados ciudadanos de Asís, Francisco, el alma de las fiestas de los jóvenes Tripudianti, la sociedad local de fiesteros, bebedores, jaraneros, escucha una voz que le habla desde el crucifijo: «Francisco, ve y restaura mi Iglesia, que, como ves, está en ruinas». Al comienzo, el joven interpreta estas palabras como un mandato a reparar físicamente la Iglesia –luego, discierne que su vocación de restaurador y reformador se extiende a la Iglesia universal. Y –¡punto clave!– es poco después de esta experiencia, cabalgando en las afueras de Asís, cuando, según nos dicen Tomás de Celano y San Buenaventura, sus primeros biógrafos, se encuentra con un leproso, se baja de su cabalgadura, le besa la mano y lo abraza. Es ahí, donde, según nos dicen algunos comentaristas, la misión de reforma de la Iglesia de San Francisco de Asís tuvo su comienzo –besando a un leproso . . . y es ahí, besando un leproso, cuando mutatis mutandis, empieza la historia de esta Conferencia.

Viajemos 808 años hacia el futuro: «¡Los pobres son el Evangelio!» - Junio 10, 2013 – escasamente tres meses después de su elección a la silla de Pedro, Jorge Mario Bergoglio, papa Francisco recibe a una delegación de la CLAR (Confederación Latinoamericana de Religiosos) en el Vaticano y les dice: «¡Los pobres son el Evangelio!». En este clamor, Francisco define los lindes de su teología, de su espiritualidad, de su magisterio ... y (por supuesto, sin anticiparlo) nos da la razón y establece los límites de esta Conferencia ...

Aquí tenemos algo mucho más substancial y seminal que un simple pensamiento piadoso, inspirado por ciertos textos de los evangelios –al fin y al cabo, Jesús plantea la compasión al pobre y al marginado como criterio definitivo de salvación (cf. la Parábola del Juicio de las Naciones, Mateo 25: 31-46)– o una exhortación a practicar las obras corporales o espirituales de misericordia. ¡Se trata del corazón palpitante del magisterio de Francisco! Tiene una definición heurística sin la cual es imposible distinguir o discernir los caminos peregrinos del pensamiento del papa Bergoglio.

Quizás una prueba fehaciente de lo arriba aducido son las palabras del pontífice en la homilía de la Misa celebrada el 8 de julio del 2013 en la isla de Lampedusa, el centro de proceso de los migrantes que arriesgan sus vidas cruzando el Mediterráneo desde las costas de Noráfrica hacia Italia (su primera visita oficial fuera del Vaticano): «La globalización de la indiferencia nos ha robado de la capacidad de llorar». Y la pregunta angustiosa: «Caín, ¿dónde está tu hermano?» –generalizada después en su reflexión en el campo de exterminio de Auschwitz: «Adán, ¿dónde estás?». ¡Llorar por los que sufren, la compasión y justicia hacia los pobres, hambrientos, humillados, descartados –estas palabras desafían una simple clasificación como «obras piadosas». ¡Son todo un modo de vivir el Evangelio, más todavía, son el único modo de ser cristiano!

Podemos añadir una tercera cita, como simetría final de estos comentarios iniciales de nuestra Conferencia (cito la Exhortación Apostólica *Gaudete et Exsultate*, GE 135):

«Dios siempre es novedad... Él va siempre más allá de nuestros esquemas y no le teme a las periferias. Él mismo se hizo periferia (Flp 2: 6-8; Jn 1: 14). Por eso, si nos atrevemos a llegar a las periferias, allí lo encontraremos; él ya estará allí». ¡Las periferias, cuyos ciudadanos privilegiados son las víctimas de la historia!

Cito aquí al jesuita Benjamín Gonzàlez Buelta:

«El paso por las periferias existenciales que atravesamos en diferentes momentos de la vida, o en las que nos instalamos en solidaridad con los que las habitan, nos puede convertir en testigos de que Dios se encuentra ahí cercano, rehaciendo la vida con una ternura infinita».[1]

Las periferias, sin embargo, son espacios privilegiados de la Pascua de Jesús. De nuevo, cito a González Buelta:

«El dinamismo de la resurrección es el sustrato más hondo de nuestra vida cuando vigilamos y cuando dormimos».[2]

Francisco mismo no ha sido ajeno, en su misión pastoral, a las periferias: Cuando fue nombrado arzobispo de Buenos Aires en 1998, había en la Arquidiócesis 10 «sacerdotes villeros» designados explícitamente para trabajar en los barrios más pobres y socialmente abandonados de Buenos Aires –cuando es electo a la silla de Pedro en el 2013, había 22...

Nuestra Conferencia tiene, por un lado, múltiples objetivos: la pre-historia de Francisco, la influencia de la mística ignaciana en su mente y corazón, su situación dentro de la historia y el desarrollo de la teología en Latinoamérica, y más específicamente, de la Iglesia latinoamericana, su exégesis del espíritu y los

---

[1] Benjamín González Buelta, *Letra Pequeña* (Santander, Esp.: Sal Terrae, 2015), 57.
[2] González Buelta, 46.

documentos del Concilio Vaticano, particularmente la Constitución *Gaudium et Spes*, sobre la Iglesia en el mundo actual –y aquellos temas que surgen, como chispas de una llama ardiente, de su proyecto de renovación y reforma: a saber, la cuestión de la recepción del Concilio, su visión, transformante y renovadora de una Iglesia sinodal, que sitúe al Pueblo de Dios, y no solamente a la jerarquía, en el centro– el impacto de las nuevas periferias, y todas las cuestiones acuciantes que tanto impactan, mueven y hieren el corazón del papa Bergoglio, de modo especial y central, el horror del sufrimiento de los migrantes y refugiados, la tragedia de los abusos sexuales, la situación no resuelta de la función de la mujer en la Iglesia y, sin duda, la reacción visceralmente adversa a Francisco en particular –aunque no exclusivamente dentro de la Iglesia de los EEUU– rechazo, por lo demás, no insólito: Francisco es un profeta, y, como todo profeta, Francisco sufre los rigores propios de su misión e identidad.

Pero, por otro lado, la Conferencia tiene un solo objetivo central, que actúa como elemento heurístico para desglosar los otros objetivos derivados. Este objetivo es la reflexión y el estudio de los diferentes modos y formas que asume el compromiso del papa Francisco con el Evangelio, un compromiso de reforma radical de la Iglesia, en verdad, de una reforma como la que intentó su homónimo, Francisco de Asís –¡y los pobres, los ciudadanos de las periferias, son el Evangelio!– ¡Es, por lo tanto, dicho de una forma más coherente con el corazón cristológico y trinitario de Francisco –el mismo corazón trinitario de San Ignacio de Loyola– la llamada a una conversión pascual, a una conversión al camino de santidad que comienza en el corazón del Padre e, impelido por el Espíritu Santo, tiene su plenitud en el Corazón del Hijo, la revelación definitiva de Dios, que Francisco nos invita a discernir en el rostro de los sufrientes y oprimidos de la historia.

Francisco es jesuita, y sin duda, la mística de San Ignacio define los fundamentos de su teología y espiritualidad. Uso la palabra «mística» deliberadamente. El p. Harvey Egan, S.J., quizás el más logrado experto en la teología y tradición mística en los EEUU escribió su libro «Ignatius Loyola, Mystic» –derivado de su Disertación Doctoral en Münster, bajo la dirección de Karl Rahner– para argumentar la identidad de San Ignacio como un místico en el sentido más cabal de la palabra, más allá de un simple estratega del combate espiritual. Este no es un punto sin importancia. ¡Hay toda una corriente mística en el pensamiento del papa Bergoglio!

Dentro de esta perspectiva, el «magis» ignaciano (Ejercicios Espirituales EE 97) se presenta como el horizonte clave de comprensión del espíritu del papa, pero igualmente el tenor de los Ejercicios Espirituales de San Ignacio exige el leer y meditar en las Tres Maneras (o Tres Modos, o Grados) de Humildad (EE 165-167). La Tercera Manera es decisiva: «La tercera es humildad perfectísima, es a saber, quando (sic) incluyendo la primera y la segunda, siendo igual alabanza y gloria de la divina majestad, por imitar y parescer (sic) más actualmente a Cristo nuestro Señor, quiero y elijo más pobreza con Cristo pobre que riqueza, oprobios con Cristo lleno dellos que honores, y desear más de ser estimado por vano y loco por Cristo, que primero fue tenido por tal, que por sabio ni prudente en este mundo» (EE 167).

Y, no por último menos importante, tenemos la llamada «Carta de la Pobreza» que San Ignacio escribió a los jesuitas de Padua el 7 de agosto de 1547. Me parece imperativo asumir que, aunque Francisco no hace referencia explícita a este texto, es sin duda constitutivo de su espíritu y pensamiento. En un párrafo clave de esta carta San Ignacio nos dice:

> «Sólo esto diré: que aquellos que aman la pobreza, deben amar el séquito de ella, en cuanto de ellos dependa, como el comer, vestir, dormir mal y el ser despreciado. Si, por el contrario, alguno amara la pobreza, mas no quisiera sentir penuria alguna, ni séquito de ella, sería un pobre demasiado delicado y sin duda mostraría amar más el título que la posesión de ella, o (la) amaría más de palabra que de corazón».

Tema exigido, por ende, será el estudio de la mística y espiritualidad ignaciana, en particular, tal y como fue mediada por el 28vo general de la Compañía de Jesús, Pedro Arrupe (1907-1991 – General, 1965-1983) y recibida y asumida existencialmente por Jorge Mario Bergoglio.

TEOLOGÍA DE LA CREACIÓN: CRISTOLOGÍA Y TRINIDAD

Hay otro «místico y peregrino» que acompaña los caminos de peregrinación del papa Francisco, y que ayuda a definir la razón de ser de esta Conferencia: su homónimo, San Francisco de Asís. Escuchemos las palabras del papa (cito de su encíclica *Laudato Si*, 10): «(San Francisco de Asís) era un místico y un peregrino que vivía con simplicidad y en una maravillosa armonía con Dios, con los otros, con la naturaleza y consigo mismo». Y añade una intuición monumentalmente definitoria: «En él se advierte hasta qué punto son inseparables –leamos bien, inseparables– la preocupación por la naturaleza, la justicia con los pobres, el compromiso con la sociedad y la paz interior». Y, añado, citando la misma Encíclica (LS 12):

> «El mundo es algo más que un problema a resolver, es un misterio gozoso que contemplamos con jubilosa alabanza».

Hay una convergencia natural de las místicas ignaciana y franciscana en el papa Bergoglio: el «Principio y Fundamento» de San Ignacio, por un lado, y el «Cántico del Hermano Sol» de Francisco de Asís, por el otro, resuenan en el párrafo que resume mejor la Teología de la Creación del papa (cito de *Laudato Si*, 100):

> «De este modo, las criaturas de este mundo ya no se nos presentan como una realidad meramente natural, porque el Resucitado las envuelve misteriosamente y las orienta a un destino de plenitud. Las mismas flores del campo y las aves que él contempló admirado con sus ojos humanos, ahora están llenas de su presencia luminosa».

La Creación tiene, en cierta manera, forma sacramental trinitaria (cito de LS 239):

> «San Buenaventura llegó a decir que el ser humano antes del pecado, podía descubrir cómo cada criatura 'testifica que Dios es trino'. El reflejo de la Trinidad se podía reconocer en la naturaleza 'cuando ni ese libro era oscuro para el hombre ni el ojo del hombre se había enturbiado'. El santo franciscano nos enseña que toda criatura llevan en sí una estructura propiamente trinitaria...» (LS 239).

Creación, Jesucristo, la Trinidad: Las periferias, los territorios poblados por aquellos que todavía cuelgan de sus cruces, los marginados y los humillados, forman el sitio privilegiado para el encuentro con Jesucristo. Al fin y al cabo, recordemos y repitamos lo antes citado: ¡Dios mismo se hizo periferia! (GE 135).

RAÍCES LATINOAMERICANAS

La pobreza no es una meta en sí misma, es más bien el modo de abrazar a aquellos a quienes Jesús ofreció su amor preferencial. Esto tiene sus raíces históricas en el devenir de los pueblos de América Latina. Francisco tiene sus raíces existenciales e intelectuales inextricablemente entrelazadas con la historia del subcontinente latinoamericano, y más específicamente, con la historia y las opciones de la Iglesia en este ámbito. Los devenires y vicisitudes políticas y sociales en Latino América, y la misión y compromiso de la Iglesia en la misma, están, por imperativo vocacional e histórico, íntimamente unidos...

Las 5 Conferencias Generales del Episcopado Latinoamericano y del Caribe – CELAM – (Río de Janeiro, 1955, Medellín, 1968, Puebla, 1979, Santo Domingo, 1992, Aparecida, 2007) han reflejado los discernimientos de la Iglesia de este submundo ante realidades difíciles y complejas, que amenazan sumergir y ahogar el sentido de dignidad de sus pobladores más vulnerables, pobres, perseguidos y humillados en un tsunami de consumismo, obsesión por el dinero y el poder, mesianismos de última hora...

El Documento Final de la Conferencia de Aparecida (de ahora en adelante lo cito simplemente como «Aparecida») está histórica y teológicamente vinculado al papa Bergoglio de modo ineludible. Han dicho muchos –entre ellos el aquí presente obispo Castillo– que es imposible acceder a las definiciones más claras de la mente, el espíritu y el corazón del papa Francisco sin conocer el documento de Aparecida. Hay coherencias, frases, en su Exhortación Apostólica *Evangelii Gaudium*, documento programático de su pontificado, que son reflejos exactos de textos correspondientes en Aparecida.

Clave en Aparecida son los textos sobre el «Encuentro Personal con Jesucristo», expresión usada 49 veces, así como la Piedad Popular (258-265) y la Opción Preferencial por los Pobres (Aparecida 393-397).

El encuentro personal con Jesucristo desglosa la Teología Fundamental de la Fe de Francisco –citando a Benedicto XVI («Deus caritas est», 1), Aparecida dice:

> «No se comienza a ser cristiano por una decisión ética o una gran idea, sino por el encuentro con un acontecimiento, con una Persona, que da un nuevo horizonte a la vida y, con ella una orientación decisiva» (Aparecida, 243).

Aparecida nos habla de la Piedad Popular como un «locus», un sitio preferido para el encuentro con Jesucristo (Aparecida 258-265): Citando la Exhortación *Evangelii Nuntiandi* de San Pablo VI, Bergoglio y los obispos de Aparecida nos dice que la piedad popular «reflejan una sed de Dios que solamente los pobres y sencillos pueden conocer». (EN 48) Aparecida añade (incluyo aquí también citas de *Evangelii Nuntiandi* y *Evangelii Gaudium*):

> «Cristo mismo se hace peregrino, y camina resucitado entre los pobres. La decisión de partir hacia el santuario ya es una confesión de fe, el caminar es un verdadero canto de esperanza, y la llegada es un encuentro de amor . . . El amor se detiene, contempla el misterio, lo disfruta en silencio. También se conmueve, derra-

mando toda la carga de su dolor y de sus sueños» (Aparecida, 259). «Allí, el peregrino vive la experiencia de un misterio que lo supera» (Aparecida, 260). La piedad popular es «espiritualidad popular» o «mística popular» (Aparecida, 262). «Se trata de una verdadera espiritualidad encarnada en la cultura de los sencillos» (*Evangelii Gaudium*, 124, citando Aparecida 263).

Aquí se recoge, nos dice Francisco en *Evangelii Gaudium*, la triple distinción-en-la-unidad del acto de fe según Sto. Tomás de Aquino: Francisco nos recuerda los grados del acto de fe: «credere Deo» decir que «SÍ» al encuentro con la persona de Jesucristo que me sale al paso, y le da sentido a mi vida; «credere Deum» decir que «SÍ» a lo revelado en ese encuentro que experimento como un abrazo de amor, y por lo tanto, digno de fe; y «credere in Deum» el compromiso con la acción y la praxis que se coligen de lo anterior y me emplazan a la vivencia cristiana (EG 124). Apelando de nuevo a Aparecida, nos dice *Evangelii Gaudium*:

> «Es una manera legítima de vivir la fe, un modo de sentirse parte de la Iglesia, y una forma de ser misioneros» (EG 124; Aparecida 264).

Y en un clamor de apertura y abrazo de lo nuevo, nos dice Francisco:

> «¡No coartemos ni pretendamos controlar esa fuerza misionera!» (EG 124).

Aparecida encuentra igualmente eco en *Evangelii Gaudium* cuando habla de la Opción Preferencial por los Pobres (Aparecida, 393-397; EG 187-201). Este tema había sido proclamado enfática y firmemente por Juan Pablo II en su Discurso Inaugural de la Conferencia del CELAM en Puebla, en enero 28 de 1979, e incluido privilegiadamente en el Documento Final, 1134-1165. Juan Pablo II lo asume de nuevo en su Encíclica *Sollicitudo Rei Socialis*, 42.

Recordemos algunos textos (cito de Aparecida):

> «En el reconocimiento de esta presencia y cercanía, y en la defensa de los derechos de los excluidos se juega la fidelidad de la Iglesia a Jesucristo... El encuentro con Jesucristo en los pobres es

una DIMENSIÓN CONSTITUTIVA de nuestra fe en Jesucristo» (Aparecida, 257).

«Los rostros sufrientes de los pobres son rostros sufrientes de Cristo... Mateo 25: 40: 'Cuanto lo hicieron con uno de estos mis hermanos más pequeños, conmigo lo hicieron. Juan Pablo II destacó que este texto bíblico 'ilumina el misterio de Cristo'» (Aparecida, 393).

CRISTOLOGÍA Y ECLESIOLOGÍA

Nuestra Conferencia pone los ojos en la Cristología de Francisco: Jesús, en sus misterios, es la fuente misma de la santidad. Es en la vivencia plena de los misterios de su vida, en unión con Él, que nos hacemos santos (*Gaudete et Exsultate*). Hay todo un cristocentrismo en la Teología de la Creación del papa Bergoglio: el texto de *Laudato Si*, 100, arriba citado, lo resume todo: «Las mismas flores del campo y las aves que él contempló admirado con sus ojos humanos, ahora están llenas de su presencia luminosa» (LS 100). Jesús de Nazaret es el centro renovador de todo: es la Nueva Creación, la Nueva Humanidad, la Nueva Historia –y esto se experimenta solamente en el encuentro personal con su amor. Las palabras de *Evangelii Gaudium*, 264, son la elocuencia más íntima del Cristocentrismo ignaciano de Francisco:

> «Puestos ante Él con el corazón abierto, dejando que Él nos contemple, reconocemos esa mirada de amor que descubrió Natanael el día que Jesús se hizo presente y le dijo: 'Cuando estabas debajo de la higuera, te vi' (Jn 14: 8). ¡Qué dulce es estar frente a un crucifijo, o de rodillas delante del Santísimo, y simplemente ser ante sus ojos!».

La Cristología de Francisco llama y suscita su Eclesiología. El empeño de reforma de la Iglesia parte necesariamente de una Cristología, y desemboca en la Eclesiología misionera. ¡Los cristianos somos definidos como discípulos misioneros! Es la Eclesiología del riesgo, de la subversión, de la salida. De nuevo, apelamos a *Evangelii Gaudium* (49):

«Prefiero una Iglesia accidentada, herida y manchada por salir a la calle, antes que una Iglesia enferma por el encierro y la comodidad de aferrarse a sus propias seguridades».

Pero una Iglesia que entra en los espacios subversivos de la periferia donde solamente el grito del profeta puede sacudir sus cimientos osificados no puede ser concebida como la clásica pirámide, con la jerarquía a la cabeza y el resto de la oikoumene católica debajo. ¡Una Iglesia sinodal, he ahí la respuesta, coherente con la flexibilidad y libertad de la Iglesia apostólica! Una Iglesia donde los ministerios son suscitados por las necesidades del Pueblo de Dios, no donde los mismos son impuestos rígida e inmisericordemente sobre situaciones que claman acceso eucarístico y justicia social.

El 15 de septiembre de 2018, Francisco promulgó la Constitución Apostólica *Episcopalis Communio*, proponiendo el modelo sinodal de la Iglesia. Dejando a un lado el modelo piramidal, la apuesta sinodal de la Iglesia nos dice que es el Pueblo de Dios qua Pueblo quien es, con todos sus miembros, corresponsable por las opciones que definen y marcan los caminos de la Iglesia. ¡He aquí otro tema clave de nuestra Conferencia!

FRANCISCO: FUNDAMENTOS TEOLÓGICOS - SU EXÉGESIS DEL CONCILIO VATICANO II

En 1986, Jorge Mario Bergoglio viaja a Frankfurt, en Alemania, al teologado de Sankt Georgen, de la Compañía de Jesús, a proceder con su investigación sobre la teología y filosofía de Romano Guardini (1885-1968), tema de su proyectada disertación doctoral –proyecto no finalizado.

Guardini, uno de los teólogos y filósofos más importantes del período anterior al Concilio –en el cual influyó, aunque indirectamente– fue una mente de singular importancia para Bergoglio. Nombrado en 1923 Profesor de la cátedra de Filosofía de la Religión en Berlín, el primer académico católico en la muy protestante universidad de la capital alemana, Guardini fascina a Bergoglio con su filosofía de «los contrastes», o si se quiere, de los «opuestos».

Guardini publica un libro con ese título: *Die Gegensatz* – los contrastes u oposiciones. Dicho de forma simple, Guardini plantea que las realidades históricas de índole opuesta no se cancelan mutuamente en una síntesis, o sea, el proceso atribuido –correcta o incorrectamente– a Georg Wilhem Friedrich Hegel (1770-1831) más bien, los opuestos se unen en síntesis asimétrica, donde uno de los cuales predomina, sin abolir, al otro. Esta perspectiva tiene impacto radical –¡muy radical!– en la filosofía y teología de jesuita Bergoglio.

Tal impacto se patentiza en su Exhortación Apostólica *Evangelii Gaudium*, 222-237, donde el papa Francisco nos propone cuatro síntesis de «opuestos»: «El tiempo es superior al espacio», «La unidad prevalece sobre el conflicto», «La realidad es más importante que la idea», «El todo es superior a la parte». El tiempo no cancela el espacio, la unidad no cancela el conflicto, la realidad no cancela la idea, el todo no cancela a la parte.

El pensamiento del filósofo e historiador uruguayo, Alberto Methol Ferré (1929-2009), en su crítica de la Modernidad y sus reflexiones sobre el Concilio Vaticano II, argumenta de forma parecida. Refiriéndose a la tensión entre el Iluminismo y la modernidad católica, entre el contraste entre el sacerdocio católico y el ministerio protestante, Methol Ferré dice:

> «El Vaticano II, el nuevo Pentecostés de la Iglesia después de la Reforma Protestante y el Iluminismo, asume y trasciende ambas en las Constituciones *Lumen Gentium* y *Gaudium et Spes*, porque redescubre en sí mismo las legítimas demandas de la Reforma Protestante y la secularidad legítima del Siglo de las Luces»[3] (Alberto Methol Ferré, «Il risorgimento cattolico latinoamericano»).

---

[3] Massimo Borghesi, *Jorge Mario Bergoglio's Intellectual Journey*, trans. Barry Hudock (Collegeville, Minn: Liturgical Press, 2018), 152-153.

Lo anterior define el fundamento de la misión de Francisco como exégeta –intérprete– del Concilio Vaticano II, y más específicamente de la Constitución *Gaudium et Spes* sobre la Iglesia en el mundo actual: ¡el compromiso del cristiano en, y con, el mundo! *Gaudium et Spes*, 43, nos dice:

> «Se alejan de la verdad quienes, sabiendo que nosotros no tenemos aquí una ciudad permanente, sino que buscamos la futura, piensan que pueden por ello descuidar sus deberes terrestres, sin comprender que ellos por su misma fe están más obligados a cumplirlos, cada uno según la vocación a la que ha sido llamado . . . La separación entre la fe que profesan y la vida cotidiana de muchos debe ser considerada como uno de los errores más graves de nuestro tiempo . . .».

Aquí sentimos el hálito viviente del discipulado misionero, tal y como Francisco lo percibe: el compromiso con la justicia y la misericordia –que nos pueden acarrear, y de suyo nos acarrean persecuciones (*Gaudete et Exsultate*, 92)– es lo que define al cristiano. El mundo, y, tristemente, el mundo de la Iglesia, está lleno de lo que el papa Bergoglio llama «Nuevos Pelagianos». Estos se manifiestan, en sus propias palabras, por:

> «La obsesión por la ley, la fascinación por mostrar conquistas sociales y políticas, la ostentación en el cuidado de la liturgia, de la doctrina y del prestigio de la Iglesia, la vanagloria ligada a la gestión de asuntos prácticos, el embeleso por las dinámicas de autoayuda y de realización autorreferencial» (cito de *Gaudete et Exsultate*, 57; *Evangelii Gaudium*, 95).

EN CONCLUSIÓN:

Sí, por supuesto, la extensión y contracción de las nuevas periferias, que nos tocan a la puerta y que exigen una visión geopolítica diferente, la tragedia inenarrable de los abusos sexuales, que nos dicen que los modelos clericales de los ministerios han sido superados y humillados por el peso de sus propias arrogancias, la preterición injustificada, anti-bíblica, carente de fundamentos teológicos válidos, de la mujer de los ministerios y otras funciones en la Iglesia, injusticia que ha sido un objeto de preocupación incesante de Francisco, y, sin duda, esa otra tragedia y catástrofe de proporciones impensables, el horror, la humillación, las persecuciones, los racismos y xenofobias que ha suscitado el fenómeno de la inmigración, donde incontables números de nuestros hermanos y hermanas sufren la pérdida de todo: patria, trabajos, unidad familiar, atentados rapaces contra las definiciones más íntima de su dignidad humana. Todo esto –¡TODO!– tiene su momento y su lugar en nuestra Conferencia.

Pero volvemos al principio: en la penumbra de la derruida capilla de San Damiano: «Francisco, ve y restaura mi Iglesia, que, como ves, está cayendo en ruina» y, cabalgando por las cercanías –¡el leproso, el beso y el abrazo!

Resuenan y se vinculan, atravesando ocho siglos de historia, el alma y corazón de Francisco, hijo de Pietro y Pica Bernardone, con el alma y corazón de Francisco, hijo de Mario José Bergoglio y Regina María Sivori:

«Los pobres son el Evangelio»

«Dios se hizo periferia»

Sí, en verdad, el papa Francisco ha escuchado una llamada semejante: «Francisco, ve y restaura, repara mi Iglesia». «Francisco, besa y abraza al leproso».

¡El beso del leproso! El inicio de la reforma de San Francisco de Asís! ¡La razón de ser y el objetivo de nuestra Conferencia!

THE OBJECTIVES OF OUR CONFERENCE
Sixto García

WHY THIS CONFERENCE?

INTRODUCTION: SPIRIT AND MYSTICISM

Today is November 8, 2019. Our Conference begins, in a manner of speaking, 814 years ago, towards the end 1205, perhaps the early days of 1206, in the semi-ruined chapel of San Damiano, in the fringes of the villa of Assisi, in the Italian Umbrian country. Young Francis de Bernardone, the son of Pietro, one of the wealthiest burgers of Assisi, Francis, the soul of the parties that the young Tripudianti, the local society of carousers, celebrated often and for just any reason, listens to a voice that addresses him from the crucifix upon the altar: "Francis, go and repair my Church, which, as you can see, is falling into ruin." The young Francis first interprets the message as inviting him to repair the physical structure of the chapel . . . later, he discerns that his vocation is to restore and reform the universal Church – And – key point! – not long after this experience, riding in the outskirts of Asssi, he happens upon a leper, and, as his first biographers, Tomas de Celano and St. Bonaventure tell us – Francis dismounts and rushes to kiss and embrace the leper . . .

It is at that point when, on that most likely cold day of late 1205 or early 1206, that, according to some commentators, begins the reforming mission of St. Francis of Assisi; and its then, kissing a leper, when, mutatis mutandis, begins the history of this Conference.

Let us journey 808 years into the future: "The poor are the Gospel!" – Jorge Mario Bergoglio, pope Francis, tells a delegation from the CLAR (Confederación Latinoamericana de Religiosos – Latin American Confederation of Religious) – In this clamor, Francis defines the contours of his theology, his spirituality, his magisterium . . . and, quite obviously, without conscious anticipation, the reason and the limits of our Conference.

Here we have something much more substantial and seminal than a simple pious thought, or an exhortation to practice the bodily and spiritual works of mercy – This is the palpitating heart of Francis' magisterium! It has a heuristic definition without which it is impossible to discern the pilgrim byways of Francis' thought.

Perhaps further and fundamental support for the preceding may be found in the pope's words at the Mass celebrated on July 8, 2013 in the island of Lampedusa, the processing center for migrants arriving from North Africa and elsewhere in the Mediterranean, risking and often losing their lives in the crossing. This was his first official visit outside the Vatican: "The globalization of indifference has robbed us of our capacity to weep" – and the anguished question: "Cain, where is your brother," expanded later during his visit to the extermination camp of Auschwitz: "Adam, where are you?" – To weep for those who suffer, to practice compassion and mercy toward the poor, the hungry, the humiliated, the discarded – these words refuse the simplistic rubric of "pious works" – They are a way of living the Gospel – further yet, they are the only way to be a Christian!

We may add a third quote, as a symmetric context to these, our preliminary comments about our Conference:

> "God is eternal newness. He impels us constantly to set out anew, to pass beyond what is familiar, to the fringes and beyond. He takes us to where humanity is most wounded . . . God is not afraid! He is fearless! Unafraid of the fringes he himself became a fringe (Phil 2: 6-11; Jn 1: 14) So if we dare go into the fringes, we will find him there . . . (*Gaudete et Exsultate*, GE 135) – The peripheries, populated by the victims of history!

I here quote Fr. Benjamin González Buelta:

> "The journey through the existential peripheries that we cross at different moments of our lives, or those within which we dwell, in

solidarity with those who inhabit them, can make us witnesses that God dwells right there, very close to us, re-building life with infinite tenderness."[1]

The peripheries, however, are privileged spaces of Jesus' Paschal reality: again, quoting González Buelta:

"The dynamics of the Resurrection are the deepest reality of our lives, both when we watch and when we sleep."[2]

Francis himself has not been alien, in his pastoral ministries, to the peripheries. When he was appointed Archbishop of Buenos Aires in 1998, there were in the whole of the Archdiocese 10 "curas villeros," priests specifically appointed to the city slums; when he was elected to the see of Peter on March 13, 2013, there were 22.

Our Conference has, on the one hand, multiple objectives: the pre-history of Francis, the decisive influence of Ignatian mysticism upon his mind and heart, his place within the history and the development of theology in Latin America, and more particularly, within the Latin American Church, his exegesis of the spirit of the documents of the Second Vatican Council, specifically, the Constitution *Gaudium et Spes* on the Church in the word – and those themes that come up, like sparks flying off a flame, of his project of renewal and reform; to wit, the question of the reception of the Second Vatican Council, his transforming and renewing vision of a synodal Church that places the People of God, and not just the hierarchy, at the center of the dynamics and decisions of the Church – the impact of the new peripheries, the pressing questions which so strongly impact, move and hurt pope Francis' heart – in a particular way, the plight of immigrants, the scandal of sexual abuses, the still unadressed issue of the role of women in the Church, the rejection of Vatican II and of Francis' own

---

[1] Benjamín González Buelta, *Letra Pequeña*, trans. mine (Santander, Esp.: Sal Terrae, 2015), 57.

[2] Ibid., 47.

magisterium by so many Catholic communities, in the US in particular, but also elsewhere . . . these animadversions and hostilities should not surprise us: Francis is a prophets, and like the prophets of Israel of old, and those of today, he suffers the rigors that they suffered.

BUT, on the other hand, the Conference has only one central, seminal objective, that functions heuristically to discern the other derived objectives: the reflection and study of the many ways and forms assumed by Francis' commitment to the Gospel, a commitment of radical reform in the Church, indeed a reform not unlike that attempted by his namesake of Assisi: It is therefore, put in a fashion more coherent and faithful to Francis' Ignatian, Christocentric and Trinitarian heart, the call to a Paschal conversion, a conversion that begins in the heart of the Father, and which, impelled by the Holy Spirit, finds its fullness in the Heart of the Son, the definitive revelation of God, which Francis invites us to discover in the faces of the suffering and the oppressed!

Francis is a Jesuit, and, no doubt, St. Ignatius' mysticism defines the profiles of his theology and spirituality. I use the word "mysticism," "mystical" and "mystic" deliberately. Harvey Egan, S.J., perhaps the most accomplished expert in the mystical tradition in the US, wrote his book, "Ignatius Loyola, Mystic" – expanding from his 1973 Doctoral Dissertation at Münster, under Karl Rahner – to prove the identity of Ignatius as a mystic, rather than a simple strategist of the spiritual combat – There is a clearly defined mystical bent in the mind and heart of pope Bergoglio!

Within this perspective, the Ignatian "magis" (Spiritual Exercises SE 97) becomes the key to understand the impetus behind Francis' mission, but we also might do well in meditate upon the Third Way of Humility (SE 167):

> "The third is most perfect humility, namely, when – including the first and the second, and the praise and glory of his Divine Majesty being equal – in order to imitate and be more actually like Christ our Lord, I want and choose poverty with Christ poor rather

than riches, opprobrium with Christ replete with it rather than honors, and to desire to be rated as worthless and a fool for Christ, who first was held as such, rather than wise and prudent in this world!"

And finally we quote from his so-called Letter on Poverty, of August 7, 1547, addressed to the Jesuit community in Padua:

"I will simply say this: that those who love poverty, must love its sequel, in so far as it depends on them, such as eating, dressing, sleepless nights and being despised. If, on the contrary, someone should love poverty, but would not wish to feel any hardship nor any sequel of it, he would be someone too delicate and no doubt would show more the title than the possession of poverty, or he would love it in words but not in heart."

A most important theme, therefore, will be the study of Ignatian spirituality and mysticism, particularly as it was mediated by the 28th General of the Society of Jesus, Pedro Arrupe (1907-1999 – General, 10965-1983), received and existentially appropriated by Jorge Mario Bergoglio.

THEOLOGY OF CREATION: CHRISTOLOGY AND TRINITY

There is, however, another "mystic and pilgrim" journeying with pope Francis: his namesake, St. Francis of Assisi. Let us listen to his words: "(St. Francis of Assisi) was a mystic and a pilgrim, who lived in simplicity and in wonderful harmony with God, with others with nature and with himself. He shows us how inseparable the bond is between concern for nature, justice for the poor, commitment to society, and interior peace" (*Laudato Si*, 10).

There is a natural convergence of Ignatian and Franciscan mystical traditions in pope Bergoglio: the Principle and Foundation of St. Ignatius of Loyola, on the one hand, and the Canticle of Brother Sun (Canticle of the Creatures) of St. Francis of Assisi, on the other, sing in unison in the paragraph that best conveys the pope's Theology of Creation:

"Thus, the creatures of this world no longer appear to us under merely natural disguise because the Risen One is mysteriously holding them to himself and directing them toward fullness as their end. The very flowers of the field and the birds which his human eyes contemplated and admired are now imbued with his radiant presence" (*Laudato Si*, 100).

Creation displays a Trinitarian structure:

"St. Bonaventure went so far as to say that human beings, before sin, were able to see how each creature 'testifies that God is three' ... The Franciscan saint teaches us that each creature bears in itself a specifically Trinitarian structure."

Creation, Jesus Christ, the Trinity. The peripheries, those territories populated by those who still hang from their crosses, the marginalized, the humiliated, are the privileged place to encounter Jesus Christ – After all, let us remember and reiterate what we quoted before: God himself became periphery! (GE 135)

LATIN AMERICAN ROOTS

Poverty is not an end in itself, but rather the optimal mode of embracing those to whom Jesus showed his preferential love. Francis has his existential and intellectual roots inextricably interwoven with the history of South American continent, and more specifically, with the history of the Church's options in this context.

The 5 General Conferences of the Latin American and Caribbean Episcopal Conferences – CELAM – (Rio de Janeiro, 1955; Medellín, 1968; Puebla, 1979; Santo Domingo, 1992; Aparecida, 2007) have reflected the discernments of the Latin American Church before the difficult and complex realities which threaten to obliterate and drown the sense of dignity of its more vulnerable citizens: the poor, the persecuted and the humiliated, threatened by a tsunami of consumerism, obsession for wealth and power, and false messianic hopes . . .

The Document of Aparecida is historically and theologically linked to pope Bergoglio. Many have argued that it is impossible to access the mind, spirit and heart of pope Francis without reading and knowing this document. We find coherences, appropriations and quotes in Francis' Apostolic Exhortation *Evangelii Gaudium* drawn directly from Aparecida.

A key point in this document are the texts concerning the "Personal Encounter with Jesus Christ," an expression quoted 49 times – the same correspondence between both documents occur on the themes of Popular Religiosity (Aparecida 258/265) and the Preferential Option for the Poor (Aparecida 393-397).

The personal encounter with Jesus Christ unfolds pope Francis' Fundamental Theology of Faith – thus, quoting pope Benedict XVI (*Deus Caritas Est*," 1), Aparecida (243) says:

> "Being Christian is not the result of an ethical choice or a lofty idea, but the encounter with an event, a Person, who gives life a new horizon and a decisive direction."

Aparecida speaks to us about Popular Piety as a "locus," a preferred place for the encounter with Jesus Christ (Aparecida, 258-265). Quoting the Apostolic Exhortation *Evangelii Nuntiandi*, of Paul VI, Bergoglio and the bishops at Aparecida tell us that popular piety reflects "a thirst for God which only the poor and simple can know" (EN 48). Aparecida (259) adds:

> "Christ himself becomes pilgrim, and walks arisen among the poor. The decision to set out toward the shrine is already a confession of faith, walking is a true song of hope, and arrival is the encounter of hope. The pilgrim's gaze rests on an image that symbolizes God's affection and closeness. Love pauses, contemplates mystery, and enjoys it in silence."

Here we find the three-fold distinction in the unity of the option of faith, according to St. Thomas Aquinas. Francis reminds us of the degrees of the act of faith: "Credere Deo" – We say "YES" to the encounter with Jesus Christ that comes to meet me, and gives meaning to my life: – "Credere Deum" – I say "YES" to whatever is revealed in that encounter – it is an act of love, and love cannot deceive – "Credere in Deum" – the commitment with action and praxis that obtain from the preceding moments and demand from me a living communion with the Gospel – Quoting again from Aparecida (264: EG 124):

> "Popular spirituality is a legitimate way of living the faith, a way of feeling part of the Church and a manner of being missionaries."

We find likewise echoes of Aparecida in *Evangelii Gaudium* when it speaks of the Preferential Option for the Poor (Aparecida 393-397; EG 187-201) – This topic had been emphatically addressed by John Paul II in his Opening Discourse of the CELAM Conference in Puebla, Mexico, on January 28, 1979, and included in the Final Document (Puebla 1134-1165) – Let us reprise a few texts:

"In the recognition of this presence and nearness, and in the defense of the rights of the excluded, the Church's faithfulness to Jesus Christ is at stake. The encounter with Jesus Christ in the poor is a constitutive dimension of our faith in Jesus Christ" (Aparecida 257).

Francis will echo in *Evangelii Gaudium* the cry of Aparecida: "How many times the poor and those who suffer actually evangelize us!" (Aparecida 257; EG 198) – Again, it is worth reflecting on this defining principle: Our faith in Jesus Christ is at stake in our decision to commit (or not commit), radically and subversively, with the excluded! – This commitment is constitutive – let us repeat, constitutive-dimension of our faith in Jesus Christ!

CHRISTOLOGY AND ECCLESIOLOGY

Our Conference focuses so critically on pope Francis' Christology: Jesus, in his mysteries, is the very wellspring of holiness (GE 20). It is the full living out of the mysteries of His life that makes us saints – There is an evident Christocentrism in the pope's

Theology of Creation: the text from *Laudato Si*, 100, quoted above, bears repeating: The very flowers of the field and the birds which his human eyes contemplated and admired are now imbued with his radiant presence" – Jesus of Nazareth is the New Creation, the New Humanity, the New History – and this is experienced only in the personal encounter with his love. The words of EG 264 reflect the deepest eloquence of Francis' intimate Christocentrism:

> "How good it is to stand before a crucifix, or on our knees before the Blessed Sacrament and simply to be in his presence!"

Francis' Christology summons forth his Ecclesiology. His commitment to reform the Church flows inevitably from his Christology, into a Missionary Ecclesiology – Let us read EG (49) again:

> "I prefer a Church which is bruised, hurting and dirty because it has been out on the streets, rather than a Church which is unhealthy from being confined and from clinging to its own security."

But a Church that dares to enter into the subversive spaces of the peripheries where only the cry of the prophet can shake its ossified foundations cannot be conceived as the classical pyramid, with the hierarchy at its head, and the rest of the Catholic oikumene below – A synodal Church, that is the answer, coherent and consistent with the models of the early apostolic Church – A Church where ministries are called forth by the needs of the People of God, rather than being rigidly and mercilessly imposed upon situations which clamor for Eucharistic access and social justice.

On September 18, 2018, Francis promulgated the Apostolic Constitution *Episcopalis Communio*, proposing the synodal model – The Church's synodal option says that it is the People of God, qua People, which is, with all its members, co-responsible for the decisions that define the pathways of the Church – Here is another key theme of our Conference!

FRANCIS: THEOLOGICAL FOUNDATIONS – EXEGESIS OF THE SECOND VATICAN COUNCIL

In 1986, Jorge Mario Bergoglio goes to Frankfurt, Germany, to the Jesuit Theologate of Sankt Georgen, to pursue his scholarly research on the theology and philosophy of Romano Guardini (1885-1968), the topic of his projected doctoral dissertation – a project that would remain mostly unfinished.

Guardini, one of the most important philosophers and theologians of the pre-Conciliar period – a Council he influenced, however indirectly – was a mind of singular relevance for Bergoglio – Appointed in 1923 Professor of the Chair of Philosophy of Religion in Berlin – the first Catholic to be appointed full Professor in this very Protestant University – Guardini will fascinate Bergoglio with his philosophy of "contrasts" and "opposites."

Guardini published a book with that title: *Die Gegensatz* – He argues that historical, opposite realities do not cancel each other in a final synthesis, as Georg Wilhem Friedrich Hegel (1770-1831) had said – or is supposed to have said – but rather the come together in a synthesis where one of the opposites prevails over the other without cancelling it – an asymmetrical synthesis – This is reflected in the binomial tensions we find in EG (222-237): "Time is greater than Space," Unity prevails over Conflict," "Realities are more important than Ideas," "The Whole is Greater than the Part."

The philosophical systems of the Uruguayan philosopher and historian, Alberto Methol Ferre (1929-2009), in his critique of Modernity and his reflections on Vatican II, argues in a similar way. Commenting on the tension between Enlightenment and Modernity, between the Reformation and Catholic answers, Methol Ferre proposes that:

> "Vatican II, the new Pentecost in the Church after the Protestant Reformation and the Enlightenment, assumes and transcends both – in the Constituons Lumen Gentium and *Gaudium et Spes*, because

the Council rediscovers within itself the legitimate demands of the Reformation and the legitimate secularity of the Enlightment"[3]

The preceding considerations define the foundation of Francis' mission as a reformer of the Church, as an exegete of the Second Vatican Council, in particular, of the Constitution *Gaudium et Spes* on the Church in the World – the commitment of the Christian with the world – *Gaudium et Spes* (43) tells us:

> "It is a mistake to think that, because we have here no lasting city, but seek the city which is to come, we are entitled to shirk our earthly responsibilities . . . One of the gravest errors of our time is the dichotomy between the faith which many profess and the practice of our daily lives . . . "

Here we feel the living breath of missionary discipleship, just as Francis conceives it: the commitment with justice and mercy – a commitment which can bring upon us – and as a matter of fact, does bring upon us – persecutions and rejection (*Gaudete et Exsultate*, 92) is what really defines Christian identity. The world – and, sadly, the world of the Church as well – are full of what the pope labels as the "New Pelagians" – these are characterized – in Francis' own words, by:

> "An obsession with the law, an absorption with social and political advantages, a punctilious concern for the Church's liturgy, doctrine and prestige . . ." (quoting from *Gaudete et exsultate*, 57, and *Evangelii gaudium*, 95).

IN CONCLUSION:

Yes, of course, the extension and contraction of the new peripheries, which knock at our doors and demand a different geopolitical vision, the unspeakable tragedy of sexual abuses, which evince that the clerical models of ministry have been overcome

---

[3] Massimo Borghesi, *The Mind of Pope Francis: Jorge Mario Bergoglio's Intellectual Journey*, trans. Barry Hudock (Collegeville, Minn.: Liturgical Press, 2018), 152-153.

and humiliated by the weight of their own arrogances, the unjustified, anti-biblical and theological groundless marginalization of women from ministries and other ecclesial functions, and doubtlessly, that other tragedy and catastrophe of unthinkable proportions: the horrors, humiliations, the persecutions, the racisms and xenophobia kindled by the agony of migrants and refugees who have lost everything: homeland, jobs, family unity, the odious assaults on their human dignity – all of that – ALL! – will have its moment and place in our Conference . . .

But let us return to the beginning: in the dim light of the crumbling chapel of San Damiano, the voice is heard: "Francis, go and repair my Church, which, as you can see, is falling into ruin" – and riding in the vicinity of the town – the leper, the kiss and the embrace!

There echo in intimate union, bridging eight centuries of history, the soul and heart of Francis, the son of Pica and Pietro Bernardone, and the soul and heart of Francis, the son of Regina María Sivori and Mario José Bergoglio:

> "The poor are the Gospel"
> "God became a periphery"

Yes, indeed, pope Francis has listened to a similar call: "Francis, go and restore my Church" – "Francis, kiss and embrace the leper."

The kiss to the leper!! – The beginning of St. Francis of Assisi's reform! The reason and the objective of our Conference!

Sesión 1

Raíces de la ruta

IGNATIAN SPIRITUALITY AND THE LEGACY OF PEDRO ARRUPE, S.J.

Thomas Massaro, S.J.

When I first attempted to learn a bit of Spanish in my late twenties, as I approached my priestly ordination and wished to prepare myself for at least occasionally celebrating mass for Spanish-speaking communities, one of the first words I encountered was "calvo." Not surprising, is it? I was already by that time in my Jesuit seminary education rather prematurely bald, and luckily I maintained an amiable sense of humor about the good-natured kidding of my fellow students in that beginner program in Spanish language immersion. It may be unusual for a man quite as bald as I am to speak of the act of braiding hair, but I hope to employ that rich image to situate my central points in this address. Although nobody has ever attempted to introduce braids to my scalp (where could one even start?), I can readily appreciate the great skill involved in taking several individual tresses of hair or strands of other fibrous material and weaving together a beautiful and strong braid. A successful braid, whether of human hair or of fabric in a useful household item such as rope, or even in industrial material such as braided steel, is a great accomplishment of utility and creativity. And above all, each strand benefits from the relationship of proximity to its partners and neighbors. Something more than the sum of the parts emerges from the interweaving. The metaphor of braiding perfectly explains my method in this presentation.

The theological strands I hope to weave together today in this address are four in number:

First, select elements of Ignatian spirituality as it comes to us from the Spiritual Exercises of Saint Ignatius of Loyola and the five-hundred-year tradition of the Society of Jesus.

<u>Second</u>, the legacy of the Second Vatican Council, a truly pastoral ecumenical church council.

<u>Third</u>, the person of Pedro Arrupe, the outstanding Superior General of the Society of Jesus in the years following Vatican II.

<u>Fourth</u>, the papacy of Francis, especially his immensely important efforts at the renewal of a church re-energized for evangelization in ways that are effective, culturally sensitive, and oriented to the promotion of social justice.

There are, of course, additional strands of great importance in the task of understanding the agenda and approach of Pope Francis. Astute authors have already compiled entire libraries of books and articles documenting the profound theological, cultural and historical roots of his papal leadership. One thinks immediately of the distinctive thought and culture of the Latin American church, and specifically of his heritage as an Argentinian influenced by theology of the people (teología del pueblo) and the larger continent-wide movement of liberation theology. Fortunately, later speakers at this international conference will bring their immense expertise in these areas to benefit all of us. You need not be very patient, as two of the most promising addresses follow mine immediately this afternoon. Allow me to limit my exercise in braiding to the weaving together of just these four strands already mentioned, which are plenty ambitious for a brief address. Again, they are: 1) Ignatian spirituality; 2) Vatican II; 3) Pedro Arrupe; and 4) Pope Francis himself. The central point I will be making is that these four realities cohere in remarkable ways, producing a splendid vision of church and discipleship that we so desperately need in our new millennium. Catholics today are truly fortunate to drink from the deep wells of life-giving water provided to us by Ignatius, by the Council Fathers at Vatican II, by "Servant of God" Pedro Arrupe and now by Pope Francis himself.

First, let us highlight those elements of Ignatian spirituality relevant to our understanding of Pope Francis and his priorities for the renewal of the church today. The first and perhaps most obvious ethical practice associated with the Spiritual Exercises of Saint Ignatius involves the discernment of spirits, and this aspect of Jesuit spirituality has certainly left its mark on Pope Francis, even though he has not lived in a Jesuit community or participated in ordinary Jesuit life since becoming a bishop in 1992. The value of responsible discernment is ingrained in us Jesuits in all that we do, personally and collectively. It is more than a matter of merely wise decision-making or even the practice of the exquisite prudence we prize in temporal affairs; true Ignatian discernment always includes ample reference to God as the primary author of all that exists, pointing always to the One Who draws us forward in mission.

When we are tempted to settle for what is comfortable or convenient, the Ignatian spiritual theme of the *magis* impels us forward to do more, to sacrifice further, to give without counting the cost, to cite the words of the Prayer for Generosity so popular in Ignatian circles. Mystic that he was, Saint Ignatius strove to respond without hesitation to the promptings of the Holy Spirit, and did his utmost to instruct his companions about what constitutes a truly authentic decision, or election as he refers to it. The proper course of action is the one that cooperates most fully with God's grace, that advances the divine will for the world, and that "helps souls," to cite a recurring phrase in the Jesuit Constitutions that Ignatius himself penned.

There is no room here for selfish concern, not even the subtle variety of self-centeredness captured by the word self-righteousness — when you are utterly persuaded that you know exactly what is right for another person. Both Ignatius and Pope Francis display an extreme aversion to forcing anything down the throat of a person who might be wavering between alternative courses of action. In typical and recurring displays of great pastoral sensitivity, each of these masters of discerning love takes account of human weakness, even if it opens them up to charges of laxity as they attempt to respect the Christian freedom of fellow travelers. As Francis insists, pastors seek to form consciences, not to replace or compel consciences. Likewise, Saint Ignatius encouraged open dialogue and scholarly disputations with Protestants in the era of Luther and Calvin. Francis is also a proponent of dialogue even when it raises eyebrows. Many objected to his initiative in drafting and signing the "Document on Human Fraternity for World Peace and Living Together," a joint statement signed by Sheikh Ahmed el-Tayeb, Grand Imam of Al-Azhar, on 4 February 2019 during his visit to Abu Dhabi in the United Arab Emirates.

As another example, the most prominent criticisms of *Amoris Laetitia*, the apostolic exhortation of Pope Francis on "Love in the Family," center on pastoral wisdom he shares in the document's eighth chapter, which bears the title "Accompanying, Discerning and Integrating Weakness" and which addresses the needs of families attempting to grapple with crises of commitment, utter breakdown, and resulting deep pastoral need. To his credit, Francis even here refuses to despair of the emblematic Jesuit quest for "finding God in all things," even amidst the shattering of a family unit. With the heart of a pastor, Francis is eager to apply the medicine of mercy wherever possible, just as Ignatius so often included explicit allowance for special needs or extenuating circumstances in his spiritual writings and even in his guidance for the internal governance of the Jesuit order and its works. Two men, centuries apart chronologically, share a similar commitment to testing the spirits and making decisions on the basis of God's ways, not one's own preconceptions or desires. While neither is immune from occasional mis-steps, each aims to implement discerning love in ways that respect every creature of the Almighty.

We could treat innumerable further points of similarity between Ignatius and Francis, and more broadly between the tradition of Ignatian spirituality and the apostolic visions of the current pope. The remaining insight that I am most eager to share involves the congruence between the Ignatian theme of spiritual health and freedom, on one hand, and the concern for the material well-being of all people, on the other hand. Not many scholars of Jesuit sources highlight the great concern of Ignatius for the materially poor, so popular perceptions sometimes err in imagining the Founder of the Society of Jesus as somehow socially disengaged or even other-worldly in orientation—someone for whom this earth is perhaps a mere waiting room for the afterlife, thus diminishing the urgency of feeding the hungry and providing a secure existence for all. That is not the Ignatius I know, and I venture to say that Pope Francis would not recognize a socially indifferent Ignatius either. Ignatian spirituality lends itself precisely to inner-worldly involvements that echo the call of Jesus in Matthew 25 to care for the concrete physical needs of our hard-pressed neighbors. To downplay these concerns is to overlook how Ignatius approached people holistically, as amalgams of both body and soul, and how often Ignatius spoke of sharing all we have, both our spiritual gifts and the material resources that are gifts of God intended to support all people.

Perhaps the best witness to these concerns of Ignatius, even more eloquent than his actual words preserved in sixteenth-century documents, is the record of Jesuit efforts at addressing poverty and lifting up the marginalized over the past 500 years. It was no escapist spirituality that inspired Alberto Hurtado, one of the most recently canonized Jesuit saints, to start the *Hogar de Christo* movement to serve the desperate and homeless in Chile. We could easily cite many examples of Jesuits and their apostolates in countries around the world to amplify this point about the continuous concern for social justice on the part of those inspired by Ignatian spirituality to make a material difference. Two who come to mind immediately are Father Horace McKenna working so hard to meet the dire needs of the poor for decades in this nation's capital, and Father Rutilio Grande assisting the forgotten in farming villages such as Aguilares and El Paisnal in El Salvador, engaging in a bold apostolate which would lead to martyrdom, as it eventually did for his close friend Saint Oscar Romero. For every Jesuit conducting research in libraries or offering spiritual direction in retreat houses, there is another working on the front lines of the fight against poverty. Ignatian spirituality inspires the full range of these acts of service to church and world. All these efforts are important and all are Ignatian in inspiration and in substance.

The Ignatian vision is intent on discerning God's presence in all of reality, and it does not avert its eyes from poverty, suffering and injustice. Rather, it supports the two types of efforts to assist the poor: first, the direct provision of material assistance in acts of charity, and second the indirect efforts of social justice advocacy that seek to change political and economic structures and thus to ameliorate the social conditions that harm so many of God's children. Ignatius may have departed the scene before we spoke much of structural change, social justice or "the church of the poor," but his spiritual progeny, including Pope Francis, have embraced the noble enterprise of lifting up the poor who are especially beloved to Jesus. And the more you know about Ignatius, the more you will appreciate the social justice dimensions of his spiritual and ecclesial vision. When we consider below the contributions of Pedro Arrupe, often considered the "second founder" of the Society of Jesus, it is easy to perceive in him the full flowering for our times of these aspects of the Ignatian vision. More on that point shortly.

But we cannot consider Arrupe without first taking up the second of our four topics to be braided together. Vatican II of course was the Church council that provided the context and opportunity for Arrupe to lead his Jesuit brothers forward along the path of social justice ministry. The changes wrought by Vatican II favoring a more activist spirituality opened a door through which Arrupe would lead the Society of Jesus to promote social transformation. As my friend and longtime colleague, the Jesuit church historian John O'Malley, is fond of saying, Vatican II is significant for its style as much as the substance of the groundbreaking documents it produced. Its eagerness to embrace the best of human culture rather than to condemn, its tendency to laud secular progress rather than to cast a suspicious eye upon human rights and freedoms, its openness to the rightful autonomy of secular spheres of life—all these qualities and others allowed the Catholic Church to rise from the defensive crouch it had assumed since at least the time of the French Revolution. The implications for the social mission of the church were profound indeed. Freed now to embrace its status as truly a world church, not just a European creation, it could at long last disavow colonialism and its many destructive legacies in warped political and economic systems that privilege a small elite and oppresses majority poor populations throughout the developing world.

The breakthrough document within my own field of expertise, Catholic social teaching, was of course *Gaudium et Spes*, the Pastoral Constitution of the Church in the Modern World, which was overwhelmingly approved by a vote of the Council fathers at the very end of the Council's final session in 1965. Even the document's title signals a commitment to embrace all that is good about the modern world, rather than to disengage or retreat from it. The opening lines of that document issue a clarion call for social justice, as the church identifies herself in an unprecedented way with the poor and marginalized of the world. Much in synch with Ignatian spirituality, this pastoral constitution commits the church to renewed efforts to listen to the promptings of the Holy Spirit, including the aspirations of the poor and oppressed for a better life. Specifically mentioned in paragraph 9 of the document are the hopes of women, workers and ethnic minorities to advance in society. Later parts of that stirring document chart the way forward for a church dedicated to cultural sensitivity, social dialogue, peacemaking and the full range of constructive social engagements. No more ghetto Catholicism, no more disembodied, aloof, world-rejecting spirituality. Especially impressive is how *Gaudium et Spes* fits hand-in-glove with previous Vatican II documents that reformed the church's practices in liturgy and mission activity, that revised its self-perception through adopting an updated ecclesiology, that deepened its understanding of theological sources such as Scripture and the patristic tradition, and at long last reevaluated its relationship to other faith communities and affirmed its appreciation of other religious traditions.

Later in this conference, we will be hearing much about the reception of the Second Vatican Council in Latin America, including the contribution of successive CELAM conferences (especially those at Medellín, Puebla and Aparecida). Along with the development of liberation theology, the achievements of these continent-wide episcopal conferences indicate that Latin America has surely now become a "source church" leading global Catholicism in increasingly prominent ways in recent decades. For now, we transition to the third strand of this account, the contribution of Pedro Arrupe, the Basque Jesuit who served as Superior General of the Society of Jesus from 1965 to 1983. Arrupe attended both the final session of Vatican II and the Medellin conference, drawing inspiration from each great gathering of church leaders as he set the course for the Jesuit order he was entrusted to lead. His active participation in both assemblies amplified the global vision he had already acquired; although born in Spain and educated in Europe and North America, Arrupe had served for decades as a missionary in Japan, where Christians are a tiny, often persecuted minority. There he had endured imprisonment as a suspected spy, including many weeks in solitary confinement during World War II; he even survived the atomic blast at Hiroshima while overseeing the Jesuit novitiate in the suburbs of that city when it was brutally struck on August 6, 1945. Everything about the biography of Arrupe testifies to a remarkable boldness of vision grounded on a mystical closeness to God which he maintained even through the debilitating stroke he suffered in 1981 and right up to his death in 1991. These are the qualities supporting the cause for his canonization, which was formally introduced in Rome on February 5, 2019.

We could spend hours recounting the great spiritual and apostolic achievements of Pedro Arrupe. In order to illustrate his contributions to social justice ministry, grounded so thoroughly in Ignatian spirituality, I will cite just a few of his many initiatives. To start with a modest one internal to Jesuit governance, Father Arrupe helped establish an annual collection to provide resources for pressing needs that Jesuits encounter in their global work. During the season of Lent, every Jesuit is asked to make a free-will contribution to FACSI, the acronym for the Latin phrase signifying the charitable and apostolic fund, administered by Father General himself. Although the funds raised from a few thousand men who practice the vow of poverty are quite limited, the collection and distribution of this money gives each of us a stake in the struggles for justice unfolding within the communities served by our brother Jesuits. The fund is a concrete way of living out the commitments that were articulated in the Thirty-second General Congregation (or GC 32), a worldwide meeting of Jesuit delegates that met in Rome over several months in 1974 and 1975 to deliberate on the core identity and ministerial engagements of the Society of Jesus. Most such congregations convene primarily upon the death of a Superior General to elect a new leader, but this momentous one was initiated by Pedro Arrupe while he was still very much alive and intending to serve many more years in office! Because the deliberations and overall agenda reflected his desire to rededicate the Society to the justice dimensions of our faith, the event is often called "Arrupe's Congregation." The sixteen final Decrees of GC 32 constitute a clarion call to orient the works of Jesuits around the world to "the service of faith and the promotion of justice." That phrase forms the title of Decree Four, the longest document and the one that describes the Jesuit mission today. The signature motif of social justice is repeatedly recognized in these documents as an integral element and requirement of the gospel of Jesus Christ—not just for Jesuits, but for all who profess Christ.

When I entered the Jesuit novitiate in Boston in 1983, Arrupe was still alive but had already resigned for health reasons, soon to be succeeded by Peter-Hans Kolvenbach. I distinctly recall how all we novices were issued a stack of books that contained the collected essays and important addresses of Arrupe, and which served as the basis for countless hours of study and discussion. Besides being inspired by this man's commitment to social justice, which I have done my best to emulate in my own professional career as a scholar of Catholic social teaching, I was also very impressed by how strategic and downright clever Arrupe instinctively was. He knew well that it is not enough to adopt a formal commitment to principles such as the promotion of justice or the option for the poor. If you really want to change the world, you must discover and develop realistic and effective means to accomplish your goals, to forge concrete plans and provide resources to keep the momentum going. The questions that sparked his imagination were often "how" questions. He would ask: with diminishing numbers of Jesuits available for ministry these days, how may we accomplish the mission by tapping new energies found throughout the people of God? His habitual shorthand expression for this quest, endearing though not quite grammatical, was: How to do? How to do?

Arrupe demonstrated a deep appreciation, to cite just one example, for the "multiplier effect." Even a small pebble, if dropped strategically at the center of a still pond, can produce surprisingly strong ripples that reach all corners of the pond. Similarly, Arrupe followed his hunch that we could accomplish more together if we widened the circle of contributors. It is thus no coincidence that during his years as General, Jesuit provinces and apostolates around the world became more deliberate about sharing Ignatian spirituality with ever-expanding groups of people—alumni of Jesuit schools, colleagues in institutions where Jesuits serve, people of all ages who step up to volunteer in pastoral and apostolic programs that amplify the initiatives that Jesuits may sponsor but cannot fully staff. After all, you need not be a vowed member of a religious order to accomplish great things for the Kingdom, and do so in a distinctive Ignatian rhythm. As a Jesuit, I can think of nothing dearer to me than my lay partners in mission. Arrupe's creativity in investing in the Ignatian formation of our colleagues opened up numerous new opportunities around the world. Today, we witness a proliferation of programs that take full advantage of the multiplier effect—from Jesuit Volunteer Corps to Ignatian programs for young and mid-career professionals and even for retired associates who pray together and volunteer their skills to accomplish social justice goals. A new model has emerged of Jesuits as animators of apostolates which depend upon the energy and expertise of so many collaborators. An especially creative umbrella organization serving these purposes is the Ignatian Solidarity Network, which engages in witness, education and advocacy specifically for social justice, and includes people of all ages.

All these initiatives multiply our partners and increase the reach of Ignatian spirituality in a world so deeply in need of inspiration. While this model of outreach is not entirely new, and of course cannot be attributed to Arrupe alone, I believe that Father Pedro is right now looking approvingly down from heaven upon every creative strategy we develop for extending the Ignatian charism in ways he encouraged and inspired. I further believe that he planted many such seeds with his famous address to alumni of Jesuit schools, delivered in Valencia, Spain on the feast of Saint Ignatius in 1973. There he challenged his listeners to be "men and women for others" and implicitly rededicated all Jesuit schools to the noble task of education for justice. May our partners continue to multiply, may the influence of Ignatian spirituality continue to expand like ripples on a pond.

Beyond the educational sector, Arrupe effected an enormous change with a November 1980 letter in which he announced the launch of the Jesuit Refugee Service, with its three-fold approach of accompaniment, service, and advocacy for some of the most vulnerable people on earth. In 2018, according to its annual report, JRS served nearly 678 thousand people in 56 nations, including front-line countries (with many internally displaced persons), transit countries (often hosting large refugee camps), and receiving countries like the US (where the largest need is for resettlement assistance and sponsorship resources for displaced families). I cannot think of any work more important than serving, accompanying and advocating for this share of the 68 million refugees who seek assistance in their moment of greatest vulnerability in these xenophobic times. Sadly, despite "punching above its weight" in impressive ways decade after decade now, JRS has the capacity to reach only one percent of the total global population of displaced persons. Nowadays, JRS is especially dedicated to providing educational resources (so those in refugee camps can continue to learn, at any age) and psychosocial services, since the mental health needs of traumatized refugees are so often tragically falling through the cracks. The "advocacy" leg of the triangle finds JRS personnel lobbying legislatures around the world for better funded refugee resettlement programs and more rational and predictable asylum systems, as people flee for their lives from violence and severe human rights violations.

We hardly need to leave behind anything about Arrupe as we turn to the fourth and final strand to be woven together in our Ignatian braid: the current papal ministry of Francis. One unmistakable feature of the discourse of the pope is how frequently he invokes such phrases as the culture of inclusion, the culture of encounter, the culture of accompaniment and the culture of dialogue. Commentators have criticized him for employing a verbal tic of sorts, but I would contend that it is more than a tic, it is a veritable echo—a repetition in just slightly different words of many of the themes and values espoused by Pedro Arrupe, Inclusion, encounter, accompaniment, dialogue – we could add a few further ones such as mercy and tenderness – were also affirmed by Vatican II and have been supported by Ignatian spirituality for hundreds of years now. Our Ignatian braid is a tight one indeed!

Since Francis burst on the global scene upon his election, observers of all stripes have been trying to figure out exactly what makes him tick--what drives his energies and what accounts for his social and pastoral priorities? As with many riddles, the answer may be hiding within plain sight. By his own admission in interviews and writings, nothing influences Francis more profoundly than his Jesuit background and spirituality. Sure, he appreciates Franciscan spirituality, but his true spiritual DNA is thoroughly Ignatian. How could it be otherwise? To paraphrase the title Gustavo Gutiérrez chose for his book on the distinctive spirituality associated with Latin America and its rich spiritual cultures, Francis "drinks from his own well." The Ignatian spirituality he imbibed as a young Jesuit continues to exert strong influence within Francis as a source and resource.

Other presenters at this conference will surely spell out in considerable detail the significance of many papal initiatives and decisions of Francis. I have time merely to note a coincidence, which turns out to be no mere coincidence at all when we consider the perduring influence of Ignatian spirituality on the pontiff. On February 19, 2019, Arturo Sosa, the Venezuelan Jesuit who had joined the line of successors of Arrupe as Superior General, promulgated a letter announcing four apostolic preferences of the Society of Jesus for the coming decade. Coming at the culmination of a sixteen-month process of broad consultation, these preferences of course do not displace or exclude other legitimate Jesuit priorities, but they do provide renewed focus for Jesuit efforts worldwide. The four are: 1) To show the way to God through the Spiritual Exercises and discernment; 2) To walk with the poor, the outcasts of the world, those whose dignity has been violated, in a mission of reconciliation and justice; 3) To accompany young people in the creation of a hope-filled future; and 4) To collaborate in the care for our Common Home.

I hardly need mention how closely these Jesuit preferences match the initiatives of Pope Francis. He repeatedly emphasizes the first item regarding spiritual renewal and discernment, as when he displays his profound pastoral concern for families in crisis in *Amoris Laetitia*. The second item, regarding accompanying victims in our world of injustice, matches closely the concern of Francis for refugees and other poor people, a social concern captured well by his insistence that nobody be treated as *descartables*, people worthy for nothing but to be thrown away and discarded. The third item regarding youth will bring a knowing smile to the face of anyone who has witnessed the delight Francis displays when in the company of youth, such as at World Days of Youth, or anyone who has read his beautiful apostolic exhortation *Christus Vivit* that captured so splendidly the spirit of the Synod on Youth over which Francis enthusiastically presided in 2018. The fourth Jesuit preference item contains the very subtitle of Francis's ecological encyclical *Laudato Si'* which has inspired renewed faith-based environmental awareness and activism throughout the world.

It is quite enough to establish that Francis and the Society of Jesus are on the same page. It is of no consequence to speculate on who got on that page first. Interestingly, Father Sosa kindly released the Spanish text of a letter he received from Pope Francis two weeks before the public announcement of the four preferences, thanking Sosa for graciously sharing the content of the forthcoming announcement a full month before the rollout. So Francis knew in advance what was coming from the Jesuit headquarters and approved fully. But that set of facts does not address the question of to what extent the Jesuit leadership borrowed ideas from Francis, or whether perhaps the pope has been borrowing all along from the leadership of the Society of Jesus. In the end, it is hardly an either/or proposition when two such parties are drinking deeply from the same rich Ignatian well, replete with the influence of Arrupe whom both Francis and Sosa frequently cite and so evidently admire.

If I were to add a final word, a word that Francis would surely approve, that word would be "relax." Just as Jesus came proclaiming that his yoke is easy and his burden light (see Matthew 11:30), we who aspire to follow the path pioneered by the likes of Ignatius Loyola and Pedro Arrupe should not feel pressured to "do it all," that is, to exceed the natural limits of our physical and mental energies. One key theme of Ignatian spirituality is self-knowledge, and knowing that we are not God is a wonderful grace, if you are open to receiving it. If you are already a busy person, as we all seem to be in this frenetic digital age, the proper goal is to focus your efforts and establish strong spiritual priorities. We should all aspire to become truly "contemplatives in action"—people with Christ at our center—Christocentric rather than egocentric. Rather than doing simply more things, employ prudence so as to do a few of the most important things more deliberately and reflectively, in light of God's calling. That is why I love the fact that the four apostolic preferences mentioned above come with a reminder that they should not function as a checklist or action plan consisting of additional things to be done, by Jesuits or anyone else for that matter. The four preferences provide, rather, a path to spiritual renewal and potentially greater social justice orientation. There is a parallel here to what Arrupe accomplished in challenging Jesuit schools to emphasize more deeply than before education for justice. The reforms called for did not consist of adding new material to crowded existing curricula, but rather it constituted a challenge to highlight the justice dimension that has come to infuse all our schools as allies in the struggle for justice. I join Arrupe (and Francis and Ignatius for that matter) in contending that you can undergo substantial reorientation in a way that will not drive you crazy, but rather in a way that brings you closer to God in a spiritual style that is relaxed and effective at the same time. Our aspirations for justice may never be completely fulfilled in this life, but we surely find inspiration in our forebears such as Ignatius, Arrupe and now Pope Francis.

I hope that the braiding of these four elements (Ignatius, Vatican II, Arrupe and Francis) has shed light not merely on each of them individually, but also on their inter-relation. Each gains much currency from its juxtaposition to the others, and we all benefit from how they have worked together to inspire social justice efforts under the banner of the Cross in our times.

HITOS HISTÓRICOS Y OPCIONES DE LA IGLESIA LATINOAMERICANA

Ana María Bidegaín

> *El Concilio Vaticano II*
> *fue como un viento huracanado.*
> *Transformó nuestras vidas de raíz.*
> *Foi uma nova luz, un novo amanhecer.*
> *Fue una verdadera revolución cristiana.*
> *Fue como una Pascua de Resurrección.*

Estas frases conmovedoras expresan el impacto que tuvo el concilio Vaticano II entre las congregaciones religiosas femeninas latinoamericanas, recogidas en una larga caminada con ellas entre 1992 y 2001 que me permitió conocer cómo se vivió la recepción del Concilio entre estas mujeres tan imprescindibles en la vida de la iglesia como invisibilizadas. (Bidegain 2003) Pero en realidad, algo semejante podrían haber dicho otros sectores de la iglesia: laicado, sacerdotes, obispos, en el inmediato post concilio.

Las reflexiones que voy a compartir tienen su origen en varios trabajos que tuve la oportunidad de realizar como investigadora sobre el laicado organizado (Bidegain 1979, 1985) o sobre los obispos (Bidegain 1918), o acompañar en mi trabajo docente sobre los movimientos sacerdotales (Romero), que nacieron buscando recibir de la mejor manera el Concilio Vaticano II y en seguimiento al mensaje cristiano.

Es menester aclarar que en la iglesia católica siempre han existido diversas maneras de recibir y vivir el mensaje, eso ha hecho que la iglesia, socio-históricamente no haya sido monolítica. Voy a enfocarme y referirme en gran parte, a la iglesia católica, que como parte de su recepción del Concilio Vaticano II, ha querido ser una iglesia sinodal y de los pobres, como lo propone el Papa Francisco, y es el eje de este encuentro.

1. LAS RAÍCES HISTÓRICAS

A fines del XIX y en la primera mitad del siglo XX, luego de un fuerte y doloroso período de confrontación con los estados liberales, se logró una reacomodación y en muchos casos una reintegración de la iglesia en el estado, facilitada por el fracaso del liberalismo y el establecimiento de los estados benefactores de las décadas de 1940-1950. Estos estados, conocidos en la historiografía latinoamericana como populistas, buscaron a las iglesias locales para que le suministrara los recursos humanos y organizativos que los ayudara a atender las necesidades sociales. Mientras el estado brindaba recursos financieros, conseguía la legitimidad de la iglesia y ampliaba la base social electoral para lograr estabilidad social y política.

Las órdenes y congregaciones religiosas, en particular femeninas, cumplieron un papel esencial en este proceso atendiendo las obras sociales, en especial la educación, sobre todo de la mujer, fortaleciendo la conquista de sus derechos sociales y políticos hacia mediados de siglo. Desde 1930, a instancias de Roma, se había organizado la Acción Católica, que con sus diversas ramas coordinaba la actividad laical y por medio de sus congresos y otras instancias pastorales tomaba conciencia de las grandes disparidades sociales y la necesidad de participar políticamente, creando un partido inspirado en la doctrina social de la iglesia y aceptando las ventajas del modelo democrático propuesto por J. Maritain. En varios países se fundaron Partidos Demócratas Cristianos y tuvieron su primer congreso continental en Montevideo, en 1949. Para entonces, Universidades Católicas fueron fundadas o revitalizadas, muchas con soporte pontificio. Se crearon nuevas diócesis en casi todos los países y se fortalecieron los seminarios con la presencia de religiosos extranjeros. De manera, que hacia 1950 la iglesia gozó, en la mayoría de los estados de América

Latina y el Caribe, de una posición confortable, consolidándose en todos los estados, como una institución fuerte y en crecimiento, con gran influencia social.

El evento organizativo clave y novedoso fue la Primera Conferencia General del Episcopado Latinoamericano inmediatamente después del congreso Eucarístico de Río de Janeiro, en agosto de 1955, y la creación del CELAM. Dom Helder Camara, de Brasil, y Mons. Manuel Larraín, de Chile, junto con otros obispos, preocupados por la fragmentación de la labor eclesial, la debilidad en las comunicaciones y los urgentes problemas religiosos en América Latina, insistieron en la necesidad de una instancia de coordinación y apoyo episcopal. Sumado a esto, estaba la preocupación de Mons. Samoré, quien había sido Nuncio en Bogotá, y se percató de la necesidad de crear un organismo pastoral latinoamericano y había ya hecho una propuesta en Roma en ese sentido. Entre los problemas que más preocupaba a los obispos era la escasez de clero y la masividad del catolicismo latinoamericano para lo cual propusieron la venida de clero, religiosos y religiosas de Europa y de los Estados Unidos.

Varias transformaciones y preocupaciones venían manifestándose en el seno de la Iglesia desde la década de los '50 que fueron preparando el camino del Concilio Vaticano II e influenciaron a los obispos. Es el caso de los movimientos litúrgicos y bíblicos y todas las actividades desarrolladas por la Acción Católica. Estos movimientos apostólicos, ligados a los obispos, por un mandato, hicieron al laicado partícipe del proceso de evangelización. La metodología (Ver-Juzgar-Actuar) utilizada en los movimientos especializados (JOC, JEC, JUC, JIC, JAC) está a la base de la metodología que desde *Mater et Magistra* (1961) ha usado la Iglesia en muchas oportunidades. Lo esencial en todo este esfuerzo pedagógico de la Acción Católica Especializada fue la formación de la persona que, viviendo los valores cristianos, se convirtieran en «sujetos de su propia historia» y fueran capaces de ayudar a transformarla para que el amor de Dios pudiera vivirse en plenitud.

Junto con esta gran movilización del laicado que precedió y acompañó al Concilio, hay que mencionar transformaciones en otras esferas de la vida de la iglesia en Europa, dado el enorme impacto que tuvieron en la preparación del Concilio y sobretodo en América Latina. Me refiero al cambio operado con la creación de la Misión de Francia, en 1941, por el cardenal Suhard ante la constatación científica de la «apostasía de las masas» fundamentada en los estudios del sociólogo Le Bras que mostraron la necesidad de cambiar de métodos pastorales. Del libro *France Pays de mission?* (1941), de dos sacerdotes asesores de la JOC, Henri Godin y Yves Daniel, y de las encuestas minuciosamente establecidas por Fernand Boulard, también sacerdote, sociólogo y asesor de la JAC francesa (*Carte religiuese de la France rurale*, 1947). Estas obras llevaron al replanteamiento del trabajo pastoral y, entre otras realizaciones, desembocaron en el nacimiento de «los curas obreros», apoyados por el Cardenal Suhard y sustentados teológicamente por el padre M.D. Chenu (Aubert 1975).

Los estudios del canónigo Fernad Boulard tenían ante todo un interés pastoral y fueron base de su trabajo posterior a nivel urbano (Isambert 1977). Como señala Francisco Antonio Niño (1996), fueron estos estudios los que llevaron a plantear la pastoral de conjunto como una respuesta concreta a la problemática manifestada en las ciudades, en particular, el proceso creciente que entonces denominaban «descristianización» y para lo cual la organización tradicional de la parroquia no podía responder. Los estudios de la sociología religiosa en América Latina despuntaron con los aportes de los franco-belgas, sobre todo cuando a instancias del recién creado CELAM, se establecieron centros del FERES (Federación Internacional de Estudios e Investigaciones Sociales y Socio Religiosas) que investigaron y publicaron una serie de estudios relacionando estructuras eclesiásticas con cambio social y religioso en el continente, dando sustento a varias decisiones pastorales a nivel nacional y continental.

Desde muy temprano en la década de los '60, posibilitada por la consolidación y multiplicación de las Conferencias Episcopales Nacionales, se concretó la visita del Canónigo Boulard a la mayoría de los países latinoamericanos para ayudar en la estructuración de los primeros planes de pastoral de conjunto a niveles diocesanos.

Otras iniciativas surgieron o se revitalizaron y llegaron a América Latina, desde los Estados Unidos como los y las religosas de Maryknoll y otras congregaciones expulsadas de China. Desde España, Italia, Bélgica, Alemania, llegaron sacerdotes, religiosos y religiosas, como las fraternidades de los hermanos y hermanas de Charles de Foucauld, los sacerdotes del Prado y los compañeros Emaús, formado por el Padre Pierre para ayudar a los indigentes. Estas experiencias tuvieron el valor de hacer que sectores importantes de la iglesia se acercaran real y concretamente a la realidad de los pobres. Los dominicos franceses, con Luis Lebret a la cabeza, crearon en 1942 los grupos de Economía y Humanismo en Francia y realizaron varias misiones, creando centros de investigación en muchos países latinoamericanos en la década de los cincuenta. En 1958, fundaron el IRFED, Instituto de Investigación y Formación dedicados a los problemas de desarrollo, en los entonces llamados países del Tercer Mundo. En la década siguiente, inspiraron la encíclica *Populorum progressio* de Paulo VI e hicieron comprender a los católicos las razones de la pobreza de dos tercios del mundo y la concentración de la riqueza en el otro tercio, debido a los nuevos lazos coloniales establecidos después de la segunda guerra mundial y la manera como se habían configurado los procesos de descolonización.

Ya Pío XII, percibiendo las enormes dificultades, había hecho un llamado a las iglesias ricas para apoyar las iglesias con menos recursos materiales e intelectuales en lo referente a la formación del clero y del laicado. Por un lado, se crearon importantes agencias de ayuda financiera[1] para diversos proyectos de

---

[1] Como Adveniat, Missereor en Alemania, CCFD en Francia, Entre-aide et Fratenité en Bélgica. Etc.

las diócesis en los países con mayores carencias, y por otro, en las universidades católicas europeas, se otorgaron becas para la formación del clero secular y regular, religiosas y laicado, no sólo en teología y filosofía, sino también en ciencias sociales y otras disciplinas para favorecer el desarrollo en esos países[2].

Sin embargo, surgieron dificultades. En 1954, la burocracia romana influyó para que la experiencia de los sacerdotes obreros fuera suspendida. Empezaron a percibirse tensiones que se agudizaron y manifestaron en el Concilio posteriormente. Esto tuvo gran impacto en Francia y en el resto del mundo, en particular en los países donde la experiencia de los curas obreros había tenido cabida. La preocupación de la curia romana era el encuentro que necesariamente se daba entre estos sacerdotes con los marxistas en las organizaciones y movimientos sociales, establecidos en los barrios populares en defensa de los derechos de las poblaciones trabajadoras y empobrecidas. Preocupación que, dado del contexto de Guerra Fría, fue y siguió siendo sobredimensionada porque, aunque había diálogo y puede ser un acercamiento en la forma de analizar, entender y nombrar la realidad, las motivaciones y sentido de la orientación del trabajo, eran muy diferentes y no se percibió que se perdía la oportunidad de estar allí donde más era necesaria la presencia cristiana.

Paul Gauthier (1914-2002), uno de los profesores del Seminario en Paris de entonces, para comulgar con los pobres y la Iglesia, solicitó autorización de su obispo y para irse a trabajar como un obrero en un país empobrecido. La experiencia impactó a muchos laicos, sacerdotes y religiosas y la propuesta de construir una Iglesia del lado de los pobres tuvo mucho seguimiento. Gracias a esto, no pocos latinoamericanos/as se instalaron en las

---

[2] Merece destacarse el caso de una pareja, los señores Morren, hijos de familias de la burguesía belga, miembros activos de los movimientos de Acción Católica especializada, que pusieron su fortuna y trabajo personal para crear en la universidad de Lovaina, un fondo especial para la asignación de becas para la juventud de los países en desarrollo, en particular los latinoamericanos.

periferias urbanas entre los pobres, mientras se desarrollaba el Concilio. Muchos sacerdotes europeos y norteamericanos del clero secular y regular formados en esta nueva perspectiva pastoral se desplazaron como misioneros, profesores de seminarios o a hacerse cargo del trabajo de parroquias en las periferias urbanas o en apartados lugares rurales de América Latina.

2. LOS HITOS HISTÓRICOS

En enero de 1959, Juan XXIII convocó a la celebración de un concilio ecuménico. El 11 de septiembre de 1962, en un mensaje radio difundido dijo: «Otro punto luminoso. Ante los países subdesarrollados, la Iglesia se presenta tal y como es y quiere ser: la Iglesia de todos y particularmente la Iglesia de los pobres» (Juan XXIII 1962). Lo que tuvo un gran impacto en América Latina y en los sectores que habían venido levantando esa preocupación.

Desde el inicio de la primera sesión del Concilio en octubre de 1962, se reunió un grupo informal de obispos y teólogos asesores en el colegio belga de Roma con la idea de seguir debatiendo el concepto propuesto por Juan XXIII de "iglesia de los pobres". Lo constituían personas provenientes de diferentes regiones del mundo. Este grupo, no era homogéneo, pero fue creciendo en las primeras sesiones del Concilio y lograron que pasaran varias propuestas. como el de la unión de los cristianos y el de la pobreza de una manera diferente y nueva (1975, Tomo 5).[3] Al

---

[3] En la discusión, sobre la Iglesia de los pobres, siempre hay dos aspectos relacionados: por una parte, está el tema de la pobreza que debe practicar la iglesia y, por otra, la atención y el servicio que la Iglesia debe dar a los pobres. Los números 8 de *Lumen Gentium* y 5 de *Ad Gentes* suelen citarse como los textos que hacen referencia a la Iglesia de los pobres, pero en el conjunto de los documentos se encuentra una muy nutrida referencia al tema como ha sido resaltado por Planellas (2014): *Sacrosanctum Concilium* (sobre la Liturgia), *Lumen Gentium* (constitución dogmática sobre la Iglesia), *Gaudium et Spes* (sobre la Iglesia en el mundo actual), *Presbyterorum Ordinis* (sobre la vida y el ministerio de los sacerdotes), *Optatam Totius* (sobre la formación pastoral),

grupo se unieron Dom Manuel Larraín, de Chile y Dom Helder Cámara de Brasil, entonces presidentes y vicepresidente del CELAM, quienes atrajeron a muchos otros latinoamericanos. Estas reuniones no sólo prepararon la participación de los obispos en el Concilio sino que les permitieron debatir con autores de primera línea las nuevas corrientes teológicas y opciones pastorales novedosas.

En noviembre de 1965 se reunió un grupo de unos cuarenta obispos, incluidos varios latinoamericanos, a celebrar la eucaristía en la Catacumba de Domitila y, al finalizar, firmaron un documento por el cual se establecía un pacto entre los firmantes que al retornar a sus diócesis se comprometían a adoptar una vida sencilla, despojada de posesiones y una nueva actitud pastoral orientada a los pobres y trabajadores. Debido al lugar donde se celebró, se lo conoce como el «Pacto de las Catacumbas» (Planellas,2014; Pikasa, 2015; Beozzo 2015).

Después del Concilio, en octubre de 1966 se realizó en Mar del Plata, Argentina, una Asamblea Extraordinaria del CELAM sobre «La Iglesia y la integración de América Latina», buscando tener una visión de conjunto sobre la realidad socio-económica del continente y aplicando las grandes encíclicas sociales del Concilio y haciéndose cargo de los planteamientos y propuestas de la CEPAL y los avances, sobre todo las promesas, del gobierno demócrata-cristiano de Frei, en Chile.

Para entonces, todavía estaba vivo el espíritu de la propuesta de Kennedy de la Alianza para el Progreso que proponía que la mejor manera de evitar el avance del comunismo era realizar una revolución verde. Ella consistía, primero, en una reforma fiscal, para que los estados tuvieran los recursos necesarios para establecer las grandes reformas sociales que eran necesarias; segundo, proponía terminar con la propiedad latifundista, por medio de reformas agrarias, que permitieran el acceso a la tierra

---

Perfectae Caritatis (sobre la vida religiosa), *Apostolicam actuositatem* (sobre el apostolado laico) y *Ad Gentes* (sobre la actividad misionera).

a medianos y pequeños propietarios, los que, a su turno, serían la base consumidora de los productos industriales que América Latina estaba en capacidad de producir. Ambos aspectos, el fiscal y la división de la tierra, irritó a los terratenientes latinoamericanos, que se mostraron como sus grandes oponentes y empezaron a mirar, también con malos ojos, las propuestas de desarrollo que empezaban a debatirse en el seno de la Iglesia, especialmente las acciones de varios obispos, que decidieron poner tierras de la Iglesia en manos campesinas desarrollando cooperativas agrarias.

Desde ese mismo año de 1966, se produjeron una serie de reuniones de diversos departamentos del CELAM. La primera fue de Pastoral en Baños, Ecuador, sobre la «Pastoral de Conjunto» donde se profundizó la necesidad de tener una pastoral concertada y organizada, fortaleciendo la pastoral de conjunto y el esfuerzo de muchos obispos en varias diócesis como hemos mencionado.

Las propuestas de *Populorium progressio* (1967) fueron adaptadas a las realidades locales y los episcopados produjeron una serie de documentos en línea con la doctrina social de la iglesia, en la que diversos sectores de la iglesia eran convocados al compromiso social.[4] Grupos sacerdotales se organizaron en diversos países para exigir una profunda recepción de nuevas líneas de pastoral social establecidas por el Concilio. Las órdenes religiosas masculinas, como los salesianos, jesuitas, también reorientaron sus esfuerzos para una pastoral acorde con la doctrina social. Los jesuitas establecieron centros de investigación y acción social –CIAS– e impulsaron órganos de difusión como la revista *Mensaje* de Chile, con impacto continental.

En febrero de 1967 se realizó en Buga, Colombia, la reunión del departamento de educación sobre «la Misión de las Universi-

---

[4] *Misión de la Jerarquía en el Mundo de hoy* (Brasil, nov. 1967). *Semianrio Sacerdotal* (Chile, oct-nov. 1967). *Declaración de la Iglesia Boliviana* (Bolivia, feb. 1968). *Desarrollo e integración del País* (México, 1968).

dades Católicas en América Latina», que tuvo gran repercusión dada la situación por la que atravesaba la vida universitaria latinoamericana. Hasta entonces las universidades latinoamericanas, en particular las públicas nacionales, habían formado a la élite y a los futuros dirigentes políticos de todos los partidos. Este era un espacio privilegiado, y considerado el natural, para el debate y la gestación de ideas, de proyectos y propuestas políticas nacionales.

Hasta los '60, el acceso a la universidad era una promesa, para las clases medias, que al final de las carreras universitarias aseguraba una posición laboral y social. Sin embargo, los cambios demográficos, unidos a los tecnológicos y nuevos modelos de desarrollo, mostraban un cambio radical y ya nadie podía tener asegurado su futuro. Aunque existía el movimiento obrero y empezaban a organizarse los de los campesinos, los movimientos estudiantiles eran los movimientos sociales con más incidencia política y quienes recibieron con mayor fuerza el impacto del cúmulo de acontecimientos que a fines de los '60 sacudían al mundo y en especial a la juventud.

Al asesinato del presidente John Kennedy, en 1963, que se mantiene en la impunidad, se sumaron los ecos de los movimientos sociales y civiles que sacudían a la sociedad estadounidense: mujeres que empezaban a reclamar por las desigualdades; estudiantes que se oponían a la guerra de Vietnam y acunaban el movimiento hippie, buscando nuevos estilos de vida; hombres y mujeres que se unían al movimiento pacífico liderado por el pastor Martin Luther King, mostrando la crudeza de una sociedad racista y desigual. Eran hechos que prendían las alarmas sobre las dificultades de una sociedad que se proyectaba como modelo.

Europa, otro faro de la modernidad, era sacudida por el Mayo Francés, que replanteó la manera tradicional que los partidos tenían de hacer política de espaldas a la diversidad social, el impacto del proceso industrial tecnológico en la naturaleza y la propuesta de una nueva lectura e interpretación del marxismo, que se articulaba por fuera de los cánones del comunismo soviético.

A esto se sumó el avance de los tanques rusos sobre Praga, que mostraba con crudeza el autoritarismo soviético y tornaba las miradas sobre otras experiencias revolucionarias en otras partes del mundo, como la revolución China, que propuso que la vanguardia revolucionaria podía ser campesina. La emergencia de los países descolonizados de África y Asia que, junto a América Latina, buscaban una vía diferente, no alineada, formando el bloque de los países del Tercer Mundo.

Entre sectores de los cristianos europeos se vio como posible y hasta necesario el diálogo entre marxismo y cristianismo, y el nacimiento de una izquierda cristiana o al menos progresista y abierta al diálogo con las propuestas del personalismo de Mounier. La ruptura de moldes también pasaba por la presencia creciente de mujeres en las universidades y la lectura de Simone de Beauvoir, aunque con poco impacto, fue sentando las bases para el feminismo que despuntó más tarde.

Lo que en Europa era una fiesta, en América Latina se convirtió en tragedia. Por un lado, la revolución cubana mostró la lucha armada como una vía para buscar cambios políticos, que unida a la corrupción de líderes políticos tradicionales, el cierre de opciones políticas para el libre juego democrático, o el establecimiento de dictaduras, llevó a que surgieran una disparidad de organizaciones armadas. Cabe mencionar que, aunque estas nunca lograron ser la única, ni la opción preferida por la mayoría del estudiantado católico, las organizaciones armadas tuvieron mucho impacto, en especial por la entrada a las filas guerrilleras de Camilo Torres, sociólogo y capellán universitario, quien muere prontamente en 1966 (Bidegain 2016).

El viraje de la política norteamericana hacia América Latina, después del asesinato de Kennedy, desfiguró a la Alianza para el Progreso. De la reforma fiscal y agraria, se pasó a distribuir ayuda financiera, para comprar armamento y anticonceptivos junto con el impulso de campañas antinatales. A consecuencia de esta nueva política entonces, aumentó la ayuda financiera a los gobiernos latinoamericanos y el fortalecimiento del armamentismo de las fuerzas militares y policiales, con el propósito de frenar el temido avance comunista y empoderar militarmente a los estados que se inspiraban en la seguridad nacional, estableciendo dictaduras como lo hizo Brasil en 1964, Argentina en el 1968, luego vendrían Chile y Uruguay en 1973.

Las movilizaciones y manifestaciones callejeras de los estudiantes fueron reprimidas con una violencia militar desmedida provocando masacres como las de la Plaza de las Tres Culturas –Tlatelolco– en Méjico, el asesinato de líderes estudiantiles, el encarcelamiento, la tortura, desaparición y exilio de la juventud estudiantil y de la clase media en los '70 desde Méjico hasta el Cono Sur, junto con otros sectores tradicionalmente reprimidos como los trabajadores urbanos y rurales.

En abril de 1968, en Melgar, Colombia, se reunió el Departamento de Misiones cuyo primer presidente fue Mons. Valencia Cano. Bajo su liderazgo, se hizo una revisión profunda del trabajo misionero hacia la promoción de las personas en las comunidades afro e indígenas para que se convirtieran en sujetos de sus propios proyectos y destino, en consonancia con el Concilio Vaticano II. Esto fue decisivo para la promoción humana de los pueblos indígenas y comunidades afrodescendientes.

A pedido del CELAM, Paulo VI convocó, el 28 de enero de 1968, a la Segunda Conferencia General del Episcopado Latinoamericano a realizarse en la ciudad de Medellín, entre el 26 de agosto y el 7 de septiembre del mismo año sobre «la presencia de la iglesia en la actual transformación de América Latina». Infortunadamente, el evento se realizó sin la participación de uno de sus principales gestores, Mons. Larraín que murió trágicamente en un accidente automovilístico, al atravesarse una carreta en su camino en junio de 1966.

La preparación de la reunión se llevó adelante a través de un «Documento de Trabajo» preparado en Bogotá por la Secretaría General del CELAM, que fue enviado a todos los episcopados del continente, con un análisis sobre la situación y el compromiso de la Iglesia y los cristianos frente a esta realidad.

3. LAS OPCIONES DE LA IGLESIA LATINOAMERICANA DE CARA AL CONCILIO VATICANO II

Dos opciones quiero recalcar: pobreza y sinodalidad. Fueron muchos los obispos que al regresar del Concilio aceptaron el desafío de vivir de manera sencilla y vendieron sus palacios episcopales para financiar proyectos de diversa índole para beneficio de los pobres y se fueron a vivir a casas humildes en barrios marginalizados de las periferias y otros decidieron vivir con total sencillez en una habitación de las casas donde funcionaba también el arzobispado. Dejaron sus vestimentas y el uso de los ornamentos ostentosos, pero sobretodo, les dieron un gran giro a los proyectos pastorales (Beozzo 2015).

Al mismo tiempo, varios obispos vieron la necesidad de realizar sínodos diocesanos llamando a sacerdotes pero también religiosos/sas y al laicado a repensar a la luz de los documentos conciliares la misión de la iglesia en las condiciones históricas de cada lugar. Las pequeñas comunidades constituidas por todos los sectores del Pueblo de Dios, y las reuniones de asambleas diocesanas, propiciaron experiencias únicas de sinodalidad, que permitieron el crecimiento y madurez del laicado en comunión y participación. (Dabezies, 2018) Experiencias que fueron fortalecidas por los documentos emanados de la reunión episcopal en Medellín.

La Iglesia de los pobres como concepto teológico fue retomada en América Latina en sus grandes Concilios de Medellín (1968) y Puebla (1979), lo cual ha sido ampliamente estudiado (Scatena 2008) y desarrollado por la teología latinoamericana.[5] Pero quiero recalcar que la recepción no fue sólo teórica, sino

---

[5] Ampliamente conocido es el trabajo pionero de Gustavo Gutiérrez, *Teología de la Liberación*, (1971) quien indudablemente en sus diversas obras fue profundizando en este concepto fundamental. De la misma época los trabajos de Juan Luis Segundo, Teología abierta para el laicado adulto (1968-1972) y los de Lucio Gera que junto con Juan Carlos Scannone desarrollan la Teología del Pueblo y profundizan en la opción preferencial por los pobres y más recientemente, "la opción preferencial por los excluidos".

vivencial. Por una parte, por el crecimiento exagerado de la migración campo-ciudad, que, aunque había comenzado décadas atrás, en la década del 60 dejó al descubierto enormes barriadas no sólo de poblaciones pobres sino miserables, sin siquiera una mínima alfabetización. Debían pasar de un mundo agrario casi en el paleolítico, a convivir en ciudades modernas que exigían para cualquier labor estar medianamente alfabetizados. Apenas sobrevivían en una sociedad donde crecían barrios de opulencia y ellos eran cada vez más marginalizados. Allí ya desarrollaban su labor, diversos sectores eclesiales, como mencioné. Por eso, esta propuesta de construir una iglesia de los pobres tuvo en América Latina tanta aceptación y alentó a que se profundizara la labor que se venía desarrollando con las nuevas propuestas y reflexiones emanadas del Concilio. Muchos sacerdotes del clero secular y regulares, en la misma perspectiva, pidieron ser enviados a los barrios que, día a día, recibían a esos campesinos, a quienes el proceso de modernización y transformación agraria despedía de los campos y hacía que se hacinaran en las periferias urbanas. No pocos sacerdotes habían optado por la propuesta de «curas obreros» que vivían de sus salarios y se integraban a formas de trabajo que les permitía un contacto cotidiano y un conocimiento vivencial de estos migrantes campesinos. Allí establecían sus viviendas y fundaban nuevas parroquias a menudo acompañadas de comunidades de laicos o religiosos.

De igual manera, en distintas ciudades del continente, no pocas parejas de jóvenes profesionales formados en la Juventud Universitaria Católica, inspirados en la fe y búsqueda de justicia, resolvieron irse a vivir a los barrios populares junto y como los pobres. La idea y el espíritu era apoyar la formación de movimientos sociales en las barriadas y empoderar a los ciudadanos para que se organizaran y lucharan por derechos fundamentales que les eran conculcados como el trabajo, el techo, la educación, la salud, el transporte y todo tipo de servicios públicos.[6] En algunos casos, cuando no fueron reprimidos por autoridades eclesiásticas o políticas, estos trabajos de promoción social florecieron y crearon ONGs al servicio de las comunidades. Posibilitaron el nacimiento de movimientos sociales exigiendo servicios básicos como agua potable o energía eléctrica y a veces terminaron articulados con proyectos y grupos políticos diversos, incluidos revolucionarios (Bidegain, 2009).

Dentro de esta «ida al pueblo» como se decía, merece especial mención el proceso de vida inserta llevada a cabo por las comunidades religiosas femeninas. Un sector de ellas, pertenecientes a diversas comunidades, a la luz de las reflexiones emanadas del esfuerzo de regresar a las fuentes, a la busqueda de lo esencial de sus carismas y vivir en profundidad *Perfectae Caritatis*, decidieron irse a vivir a los barrios populares con los pobres y como los pobres. Pasaron de vivir en sus ricas instituciones a depender de sus salarios, como maestras rurales o enfermeras en pequeños puestos de salud, como campesinas, obreras en fábricas, trabajadoras en diversos niveles de la producción.

Eligieron vivir entre los pobres, en barrios carentes de servicios públicos, no por amor a la pobreza o porque eso les ayudara a santificarse, sino como una manera de solidarse con el pobre, protestar contra la injusticia social y, sobretodo, porque estando cerca de ellos, podían saber cómo y en qué momento llevarles la buena nueva del evangelio, hablarles del amor de Dios y ayudarlos a organizarse para que salieran de la marginación social, política, cultural y religiosa en que vivían. Junto con la decisión de insertarse en la vida de los pobres estaba la de apoyar el trabajo pastoral y la misión de la Iglesia como lo habían solicitado los

---

[6] Podríamos citar muchos casos y experiencias que conocimos personalmente, pero creo importante se revise el primer párrafo de la Introducción del libro de G. Gutiérrez (1971, 1), cuando dice: Este trabajo intenta una reflexión, a partir del Evangelio y de las experiencias de hombres y mujeres comprometidos con el proceso de liberación, en este subcontinente de opresión y despojo que es América Latina.

obispos en el Concilio y luego lo harían en Medellín. Por eso, establecer y acompañar las comunidades eclesiales de base fue la tarea pastoral más importante de estas mujeres religiosas. Desde allí preparaban a las comunidades para vivir su experiencia de fe y descubrir la presencia de Dios a la par de luchar por los derechos que les eran negados.

Los estudiantes católicos no eran ajenos a toda esta situación: vivían en ella y, comprometidos con ella, trataban de dar testimonio y hacer vida el mensaje evangélico. Los organizados en los movimientos apostólicos de la Acción Católica especializada, JEC y JUC, contaban con un secretariado latinoamericano que, por medio de publicaciones periódicas, establecieron importantes conversaciones sobre los aspectos de la realidad social, política, cultural y eclesial de los movimientos estudiantiles. Estas publicaciones, distribuidas por el continente y elaboradas por ellos mismos o por los asesores eclesiásticos, analizaban sus experiencias de fe en medio de tal realidad, al igual que difundían reportes sobre reuniones y congresos, con propuestas metodológicas y reflexiones teológicas, que les permitía profundizar en la fe y entender el contexto en el que vivían. A la profusión de publicaciones, de los y para los estudiantes pero que llegaba a muchos otros sectores del ambiente cristiano latinoamericano, se sumaba la articulación con el equipo de profesionales e intelectuales reunidos en torno a la publicación de la *Revista Víspera* que, por medio de la red de los movimientos, hacía presencia en toda la región con gran impacto en el conjunto eclesial; este trabajo contaba con un fuerte respaldo institucional y financiero, con un diálogo fluido, no sólo entre autoridades locales, sino con el CELAM a través de sus departamentos. El diálogo con estudiantes e intelectuales de iglesias protestantes históricas era también fluido, fortaleciendo el ecumenismo, sobre todo con el Movimiento de Estudiantes Cristianos (MEC), el grupo Iglesia y Sociedad en América Latina (ISAL), y la revista *Cristianismo y Sociedad*.

Pero también hay que mencionar que existieron obispos, sacerdotes y religiosos, religiosas y laicado que prefirieron continuar con el proyecto de la Iglesia de Cristiandad, propuesto antes del Concilio, que les parecía una mejor opción así fuera para conservar el espacio social que la Iglesia tenía en cada estado nación. El documento tuvo resistencias entre sectores del episcopado colombiano que prepararon un contradocumento que fue el inicio de la muestra de las tensiones en el seno de la Iglesia. En Colombia, Venezuela y, al principio, en Centroamérica y el Caribe les resultó difícil apropiarse del discurso del Concilio. De hecho, ya en el mismo Concilio, algunos obispos colombianos habían manifestado su desacuerdo con algunos puntos y el director de *Catolicismo*, al editorializar que era un deber aplicar inmediatamente las decisiones conciliares, fue despedido. Al comenzar la reunión, los obispos colombianos presentaron un documento llamado *Documento mayoritario del episcopado colombiano*, que, utilizando la retórica tradicional, comienza aceptando los graves problemas que se denuncian en el documento preparatorio. Sin embargo, luego dicen que no les parecía oportuno privilegiar una visión tan pesimista. Según su contradocumento, enfocarse en las dificultades del continente, como en la inequitativa distribución del ingreso, podía malograr las posibilidades de la región, además de resultar peligroso porque podía estimular la discordia. Por lo tanto, advierten que sería mejor centrarse en la caridad, que era el factor esencial en la tarea social y en la búsqueda de armonía entre las clases. El Documento terminaba sin reconocer ninguna responsabilidad de los dirigentes políticos, del sistema económico imperante, o de la iglesia. Por el contrario, concluía exaltando los innumerables aportes de la Iglesia a los diferentes pueblos de la región (Arias 1987). Sin muchas consecuencias inmediatas, el documento fue desechado, porque se solicitó que lo firmaran para pasarlo a votación y nadie quiso firmarlo. La reunión se realizó como estaba prevista, usando el documento de consulta enviado por el CELAM.

Como dice Carriquiri: «No hubo en Medellín cuestionamiento alguno a la doctrina, la institución y a autoridad de la Iglesia. (...) En efecto, en Medellín emergen vigorosamente dos temas mayores: el de los pobres y el de la liberación» (Carriquiri 2005). Se centra en la realidad latinoamericana, con todos sus dolores, pero también sus esperanzas, buscando ser coherente con esa búsqueda de lo propio, esa autoconciencia característica de la época y que permitió que el mensaje de Medellín fuera apropiado por la gente y mantuviera vigencia hasta nuestros días. El primer documento se centró en la situación de miseria que, vivida colectivamente, es una injusticia que clama al cielo, y que, establecida en estructuras injustas, generan una violencia institucionalizada que atenta contra la paz. Se dirige a los pobres y hace un llamado a toda la iglesia para que se acerque a ellos y en ellos encuentre a Dios.

Los constructores de la «iglesia de los pobres» pasaron de hacer de los pobres el centro de sus obras de misericordia a convertirlos en sujetos de la transformación social por amor y fidelidad al mensaje evangélico, empoderándolos para que ellos mismos fueran agentes de su propio proyecto histórico. Si bien el camino fue indicado por el propio Concilio, se produjeron contradicciones e inmediatamente no fue bien acogido por los poderosos, que vieron en esta pastoral una semilla de liberación popular.

4. LA PERSECUSIÓN A LA IGLESIA DE LOS POBRES

Sabido es que Nelson Rockefeller en su reporte *Informe Rockefeller* de agosto del 69, además de darle un espaldarazo a los gobiernos dictatoriales en América Latina, y recomendar el fortalecimiento de las fuerzas armadas mediante el entrenamiento y la venta de armamento a los estados latinoamericanos, señaló a la juventud y a la Iglesia como vulnerables a la penetración subversiva. Hasta ahora se consideraba que, por este comentario de Rockefeller, era él quien primero había llamado la atención de la dirigencia norteamericana y la alarma internacional, sobre la supuesta infiltración marxista en la Iglesia y entre la juventud.

Sin embargo, la documentación que manejamos nos muestra que independientemente de la información y atención con que las autoridades estadounidenses hacían su labor de inteligencia, en realidad fueron latinoamericanos, quienes prendieron las alarmas y crearon el imaginario de que toda la Iglesia latinoamericana estaba infiltrada por el marxismo.

El presidente Carlos Lleras Restrepo, quien recibió a Paulo VI en Bogotá el 22 de agosto de 1968, visitó al presidente Richard Nixon en la Casa Blanca el 13 de junio de 1969, acompañado del Canciller Alfonso López Michelsen, el embajador Misael Pastrana y Rodrigo Botero, secretario privado del Presidente. En esta visita de estado, Lleras Restrepo denunció a la Iglesia Latinoamericana. Cuando fue a despedirse al final de su visita oficial, fue interrogado por el presidente Nixon acerca de un comentario realizado el día anterior sobre que la iglesia latinoamericana era fuente de una de las dos tendencias radicales en el continente.

> El presidente Lleras dijo que muchos de los obispos y sacerdotes en varios países se habían involucrado en asuntos universitarios, laborales y estudiantiles, utilizando los mismos lemas y conceptos que los marxistas. Por lo tanto, hablaban de «imperialismo», «explotación capitalista». La mayoría de ellos eran de buenas intenciones, muchos de ellos difusos y vagos en sus análisis, y todos ellos perturbados por los signos visibles de la pobreza y los agravios sociales. Él pensaba que muchos de estos clérigos radicales estaban influenciados por los marxistas. (…) El presidente Lleras observó que algunos de los misioneros extranjeros, por ejemplo, algunos de los sacerdotes de Maryknoll, habían tomado este tipo de línea revolucionaria. (…)
>
> El presidente Nixon dijo que le gustaría que la misión Rockefeller informara sobre la Iglesia y el papel que ésta desempeña en América Latina. También le pidió al Sr. Meyer que preparara un análisis cuidadoso de los hechos para él, y particularmente sobre qué es

lo que parece haber causado que partes de la Iglesia se radicalizaran. A él le gustaría que esto incluyera informes de nuestras varias misiones. (Casa Blanca 1969, 1-2)

En LACIIR, hemos empezado a hacer seguimiento a estos voluminosos informes que, de acuerdo a lo solicitado por Nixon, fueron enviados por las misiones al Departamento de Estado y que deben ser estudiados. Sonia Scheuren Acevedo, (2016) hizo un barrido general sobre la documentación, enviada desde diversas misiones, sobre la persecusión a la teología de la liberación y Sigifredo Romero (2014) se focalizó en el caso del seguimiento realizado a Dom Helder Cámara.

La prensa norteamericana y luego la latinoamericana, sin mucha investigación, no demoraron en lanzar titulares acusando a los «Obispos Rojos» en cada uno de los países, generando una gran confusión y conflictos en la sociedad y en la iglesia. Buscaban, así, el descrédito de la iglesia y generar contradicciones y molestias entre sectores de las mismas diócesis, mientras que los obispos latinoamericanos, alarmados, no siempre atinaban a tener claridad de lo sucedido. Las élites latinoamericanas, acostumbradas a oír el mensaje de una iglesia que solía apoyar el *statu quo*, ahora quedan consternadas al constatar que la institución religiosa defendía los derechos de todos y particularmente los derechos de los pobres. Se produjeron, entonces, muchas tensiones porque los acusadores de izquierda y de derecha buscaban sacar partido de la situación. Todos manejaban medias verdades y las campañas de difamación eran continuas contra miembros de la iglesia. En Ecuador la policía buscaba a un Señor Medellín que, aunque resulte graciosa la anécdota, muestra la falta de investigación y seriedad con que trabajaban las fuerzas represivas. En el mismo Ecuador, un grupo de obispos invitados a su diócesis por Mons. Proaño fueron detenidos por más de veinticuatro horas. De una manera u otra, a muchos obispos los convirtieron en el blanco de acusaciones y persecuciones que muchas veces terminaron en el destierro, la prisión, la tortura y el martirio de ellos y de muchísimos hombres del clero, religiosos y laicos y muchísimas mujeres religiosas y laicas.

Grandes figuras episcopales que habían participado en el Concilio, firmando el Pacto de las Catacumbas, sufrieron también la represión y hasta el martirio, como Mons. Angelelli de Argentina, o el exilio como Mons. Mendiharat de Uruguay. Desgraciadamente, las autoridades eclesiales defensoras de un modelo de iglesia de cristiandad muchas veces consintieron estos atropellos y las instancias de poder reprimieron estas experiencias de construcción de la «iglesia de los pobres». Es muy sorprendente que, de este pequeño universo de veintiún obispos seleccionados para la elaboración del libro *Obispos de la Patria Grande*, cuatro encontraron la muerte en accidentes y dos tuvieron que dejar sus diócesis.

En el ámbito eclesial, se manifestaron diversas tendencias o corrientes y se radicalizaron las posiciones, sin mucho debate interno, que fueron creando tensiones que duraron por muchos años. Por un lado, se cristalizó un grupo conservador que rechazó el Concilio y Medellín, o gran parte de lo que en estas altas instancias oficiales de la Iglesia se proponía. Lo conformaban algunos obispos, clero y laicos. En el otro extremo, estaban pequeños grupos conformados mayormente por laicos, pero también algunos clérigos y religiosos, que se declararon pro-marxistas, y terminaron creando o afiliándose a partidos políticos. En medio, los llamados «liberacionistas», que influenciaron y eran influenciados por la teología de la liberación, aceptando el uso de conceptos marxistas en sus análisis, pero sin participar necesariamente de partidos o grupos revolucionarios. Otro sector era el progresista moderado, defensor de los derechos humanos y que aceptaba las propuestas conciliares y de las conferencias episcopales teóricamente, pero no lograba avanzar en la práctica porque temían concretar reformas que los sacaran de su espacio de confort.

También hay que tener en cuenta, que la condenación que sufrieron estos seguidores de la «iglesia de los pobres» se extendió al propio concepto que, si bien fue muy aceptado en los '60 y '70, quedó desplazado de la literatura teológica, histórica y de las ciencias sociales a partir de los '80, a pesar de ser un concepto presente desde el inicio de la iglesia. Se lo identificó con una crítica a las iglesias de los países ricos, o a sectores ricos de la iglesia latinoamericana por mantenerse instaladas y defender ante todo una iglesia de poder. También se lo asoció exclusivamente a la teología de la liberación, que para algunos autores europeos y latinoamericanos no pasa de ser una teología proscrita y, aún, la consideran muerta.

Sin embargo, la «iglesia de los pobres» que fuera animada por estos obispos, ha sido una iglesia resiliente. Permanece viva en los sufrimientos y en las esperanzas de mujeres y hombres de todo el continente. Recibe con entusiasmo al Papa Francisco, hijo de la iglesia latinoamericana, que clama por «una Iglesia pobre y para los pobres». La confianza en su mensaje y la alegría que muestran las comunidades pobres al recibir a Francisco, en sus viajes a América Latina encuentra su fuente en una viva memoria colectiva de esa historia profética de la «iglesia de los pobres». Cuando dicen que al fin un Papa viene a visitarlos y a ponerse de su lado, reconocen gozosos la presencia de Jesucristo que, despojándose de sí mismo y tomando forma de siervo, se acerca a los pobres (cf. Flp 2,7). La «iglesia de los pobres» que viene del Evangelio y que en los últimos tiempos volvieron a recordar Juan XXIII y Pablo VI, hoy sigue cuestionándonos, alentándonos, hermanándonos. «Hace falta llamarnos unos a otros, hacernos señas, como los pescadores, volver a considerarnos hermanos, compañeros de camino, socios de esta empresa común». (Papa Francisco en Colombia)

Referencias

Alberigo, Giuseppe (dir.)
1999 -2008 La Historia del Concilio Vaticano II. Lovaina-Salamanca: Peeters & Sígueme.

Arias Trujillo, Ricardo
2009 «El episcopado colombiano en los años 1960». En: *Revista de Estudios Sociales* 33(agosto), 79-90.

Aubert, Roger
1975 *Nueva Historia de la Iglesia.* T. 5. Madrid: Edic. Cristiandad.

Beozzo, Oscar
2015 *El Pacto de las catacumbas. Una Iglesia servidora y pobre.* Sao Paulo: Paulinas.

Bidegain, Ana María
2009 *Participación y protagonismo de las mujeres en la historia del catolicismo latinoamericano.* Buenos Aires: Edit. San Benito.
2016 «¿Por qué la jerarquía católica 'no entendió' a Camilo? La Iglesia católica colombiana en tiempos de Camilo Torres». *Pasos* 169, 7-22.

Carriquiry, Guzman
2005 «Recapitulando los 50 años del CELAM, en camino hacia la V Conferencia». Conferencia dictada en Lima el 17 de mayo de 2005. CELAM.

Casa Blanca
1969 «Informe Rockefeller». Informe presentado al Presidente Richard Nixon por la Misión a América Latina encabezada por el Señor Nelson A. Rockefeller el 30 de agosto de 1969.

CELAM, Bogotá
2018 *Obispos de la Patria Grande. Pastores, Profetas y Mártires.*

Gauthier, Paul
1964 *Los Pobres, Jesús y la Iglesia.* Barcelona: Ed. Estela.

Gutiérrez, Gustavo
1971 *Teología de la Liberación: Perspectivas.* Lima: CEP.

Isambert, Francois
1977 "In Memoriam Fernand Boulard (1898-1977)". En: *Arch. Sc. Soc. des Rel.*, 44(2), 303- 305.

Niño, Francisco Antonio
1996 *La iglesia en la ciudad.* Roma: Ed Pontificia Univ. Gregoriana.

Pikaza, Xavier y José Antunes da Silva (eds.)
2015 *El pacto de las Catacumbas. La misión de los pobres en la Iglesia.* Navarra: Verbo Divino.

Planellas I Barnosell, Joan
2014 *La Iglesia de los pobres en el Concilio Vaticano II*. Barcelona: Herder.

Romero, Sigifredo
2014 "The Progressive Catholic Church in Brazil, 1964-1972: The Official American View". Tesis de Maestría. *FIU Electronic Theses and Dissertations*. 1210. Disponible en: http://digitalcommons.fiu.edu/etd/1210

Scatena, Silvia
2008 *In poulo pauperum: la Chiesa latinoamericana dal Concilio a Medellín (1962-1968)* Bologna: Il moulino.

Scheuren Acevedo, Sonia
2016 "The Opposition to Latin American Liberation Theology and the Transformation of Christianity, 1960-1990". Tesis de Maestría. FIU Electronic Theses and Dissertations. 2454. Disponible en: http://digitalcommons.fiu.edu/etd/2454

RAÍCES TEOLÓGICAS Y PROSPECTIVA TEOLÓGICO-PASTORAL DEL PAPA FRANCISCO EN «APARECIDA» Y «EVANGELII GAUDIUM»

Rodrigo Guerra López

INTRODUCCIÓN

El Pontificado del Papa Francisco es un momento de gracia para la Iglesia católica y para el mundo entero. Fácilmente esta afirmación puede parecer un mero «lugar común» o un recurso «retórico» al momento de intentar presentar parte del perfil teológico-pastoral de Francisco. Sin embargo, nos atrevemos a iniciar de esta manera para subrayar algo que tiene una importancia capital en orden a una comprensión adecuada de los elementos que vamos a exponer en esta ocasión.

En efecto, es fácil pensar en «lo que sucede al interior del mundo» en términos de tiempo cuantificado, de sucesión de instantes, de hechos que se acumulan uno tras otro. Esta es la idea de tiempo como krónos y que eventualmente deriva en una comprensión de la historia en la que lo específico humano y divino se disuelven en la inmanencia. Lo imprevisible termina resultando incognoscible. Cuando el tiempo sólo es afirmado como sucesión cuantificable de instantes, es muy difícil interpretar la irrupción de lo no previsto, de lo no-determinado, de lo radicalmente gratuito, es decir, se vuelve muy oscuro el hecho de la libertad humana y de la eventual libertad divina que actúa en la historia. Precisamente por ello, en la comprensión cristiana de la temporalidad, el krónos está habitado de Kairós, es decir, de irrupciones imprevistas que desafían la rigidez de un universo determinista. Esas irrupciones no pueden ser «deducidas» a partir de conceptos o a partir de la mera acumulación de antecedentes pasados. Justamente lo propio de un Kairós, es que sucede y porque sucede, nuestra inteligencia y nuestro corazón, se abren a un horizonte trascendente: la libertad existe. Hay algo en el universo que trasciende al propio universo y revela, en el fondo, su consistencia última: el origen de todo no es un mecanismo impersonal, una ley necesaria, una «razón suficiente». El origen de todo es un Amor que nos precede, que nos sostiene en el ser y que gratuitamente –a través de Jesucristo– nos redime del mal y de la muerte.

¿Qué es el tiempo como Kairós? Es la dimensión cualitativa, significativa y originariamente libre que abraza y da sentido al tiempo como krónos[1]. El Kairós, es todo momento de gracia, en el que no sólo sucede algo sorprendente e imprevisible, sino que a través de eso que acontece, logramos advertir que en realidad el tiempo es como la participación de un acto de Amor trascendente que se dilata en el espacio. Todo lo que sucede, entonces, no cae en el vacío de la nada o del olvido, luego de acaecer. Todo posee su sentido último, su relación explicativa, desde ahora, en la acción providente de una Misericordia que nos rescata del nihilismo.

El pontificado del Papa Francisco es un Kairós, es decir, es un «momento de gracia». El difícil contexto eclesial y social que rodeó a Benedicto XVI parecía devenir en una catástrofe. La renuncia del Papa Ratzinger, sorprendió aún a sus más cercanos adeptos y colaboradores. Y precisamente, esa «sorpresa», fue el telón de fondo sobre el que aconteció «Francisco»: un obispo argentino, jesuita y fuertemente inmerso en la vida pastoral de la Iglesia en América Latina.

Cuando decimos que el pontificado de Francisco es un Kairós, no deseamos insinuar que esté libre de las fronteras en las que se encuentra todo ser humano. Su testimonio y su palabra están llenos de límite y fragilidad. Sin embargo, no es a pesar de su límite sino precisamente a través de él que una gracia grande

---

[1] Véase, al menos: B. FORTE, «El tiempo, esplendor de Dios», en Revista Teología: Revista de la Facultad de Teología de la Universidad Católica Argentina, Tomo XLI, n. 83, año 2004, p.p. 7-17.

está llegando a la Iglesia. La gracia no se conoce directamente sino por sus efectos. No podemos aquí enumerar todo el proceso de renovación personal y comunitaria que se están suscitando gracias a Francisco. Simplemente, anotemos que la renovación del Concilio Vaticano II está alcanzando uno de sus momentos más decisivos gracias a este hombre que ha sido elegido Sucesor de Pedro.

A continuación, de manera suscinta, exploraremos algunas de sus raíces y dos de los momentos en que su historia personal ha contribuido a que la Iglesia amplíe su horizonte en fidelidad al evangelio: Aparecida y *Evangelii Gaudium.*

1. LOS ORÍGENES IGNACIANOS DE BERGOGLIO

No es fácil describir el perfil teológico-pastoral de Francisco. Algunos ya lo han hecho de manera amplia y calificada al describir su vida o al presentar su itinerario intelectual[2]. Nos concentramos en algunos aspectos estrictamente teológico-filosóficos ya que por un lado suelen ser los menos explorados y por otro nos permiten un esclarecimiento particular.

Francisco ha madurado su vocación sacerdotal gracias a la Compañía de Jesús. En algún momento pensó en ser dominico pero la providencia lo acercó a los jesuitas. Dentro de la Compañía pronto descubrió que existían diversas lecturas del propio carisma. La lectura rigorista, legalista y que absorbía la libertad individual en pos de la universalidad era la propia del Epítome del Instituto preparado por el P. Dochowski SJ. Por otra parte, la atmósfera introducida por el Padre Arrupe, Prepósito de la Com-

---

[2] Cf. A. IVEREIGH, El gran reformador, Ediciones B, Barcelona 2016; M. LÓPEZ CAMBRONERO – F. MERINO ESCALERA, Planeta, Barcelona 2013; A. RUBÉN PUENTE, La vida oculta de Bergoglio, Libros Libres, Madrid 2014; M. BORGHESI, Jorge Mario Bergoglio: una biografía intelectual, Encuentro, Madrid 2018; B. Y. LEE – T. L. KNOEBEL (EDS.), Discovering Pope Francis: The Roots of Jorge Mario Bergoglio's Thinking, Liturgical Press, Collegeville 2019.

pañía de Jesús, intentaba conciliar lo universal y lo particular, la norma y la libertad, la gracia y la naturaleza, manteniendo su tensión. La lectura de la revista Christus, la amistad con el P. Miguel Fiorito y el deseo de vivir el camino de los Ejercicios espirituales ignacianos más en clave existencial que ascético-disciplinar lentamente forjarían en Bergoglio un peculiar perfil que le permitirá reconocer en diversos polos en tensión, no un camino para la violencia sino una invitación para el reconocimiento de uno de los tejidos más delicados e importantes de la estructura del mundo y de la lógica de la revelación[3].

Entre 1962 y 1964 Jorge Mario Bergoglio descubre una obra que marcará de manera importante su vida espiritual, su comprensión filosófica y su enfoque teológico para siempre. Nos referimos al libro de Gaston Fessard, *La dialéctica de los Ejercicios espirituales de San Ignacio de Loyola*[4]. Fessard, gracias a su amistad con Alexandre Kojeve, había logrado comprender la dialéctica hegeliana de una manera singularmente aguda. Sin embargo, para Fessard, las tensiones dialécticas que él logra detectar en la estructura de la realidad, las interpreta a la luz de Maurice Blondel y no de alguna modalidad de pensamiento dialéctico-idealista[5]. Este es un tema particularmente complejo que ameritaría una explicación amplísima[6]. Simplemente, nosotros decimos que para Fessard, siguiendo en ello a Blondel, la acción humana entraña siempre la capacidad de optar por bienes concretos, limitados, y la tensión constitutiva y natural hacia una realidad sobrenatural que cumple y excede la condición humana. Dicho de modo sintético: el ser humano posee un deseo natural de lo sobrenatural, que nunca es exigible sino que acontece como

---

[3] En lo que sigue, seguimos a M. BORGHESI, Jorge Mario Bergoglio: una biografía intelectual, op. cit., Cap. I.
[4] Mensajero-Sal Terrae, Colección Manresa, Bilbao 2010.
[5] Cf. M. BLONDEL, La acción, BAC, Madrid 1995.
[6] Cf. J. C. SCANNONE, La filosofia de la azione di Blondel e l'agire di Papa Francesco, en La Civiltà Cattolica, n. 3969, 2015, p.p. 216-233.

don. Bergoglio no estudia a Blondel directamente. Sin embargo, los temas y problemas blondelianos le llegan a través de Fessard y del P. Miguel Ángel Fiorito.

Por ejemplo, Bergoglio meditará el elogio sepulcral ignaciano tal y como Fiorito lo explica inspirándose en Fessard. El texto base es el siguiente: «No estar constreñido por lo que es más grande, estar contenido en lo que es más pequeño, ¡esto es divino!»[7]. Y Bergoglio, por su parte, dirá: «Sin retroceder ante lo que es más elevado, plegarse para recoger lo que es aparentemente pequeño al servicio de Dios; o bien, tendiendo a lo que está más alejado, preocuparse de lo que está más cerca»[8].

De esta manera, el Papa Francisco, encontrará una clave propiamente espiritual para buscar siempre lo mayor en la dedicación continua por lo más modesto y cotidiano. De algún modo, no son dos cosas que desde la lejanía se tensionan, sino una misma que posee un rostro bifronte: la naturaleza y la gracia, el llamado trascendente de Dios en la singularidad de la circunstancia concreta. De este modo, la dialéctica entre lo grande y lo pequeño, propia de la espiritualidad ignaciana, se torna en una perspectiva que lo abrirá a otras lecturas y autores en las que la «oposición de contrarios» y lo que luego llamará la «tensión bipolar» tendrán un papel central.

En el libro de Massimo Borghesi dedicado a rastrear la historia de la configuración intelectual de Bergoglio se mencionará a un autor no identificado pero que desarrolla reflexiones importantes sobre la teología del «como si», a Karl-Heinz Crumbach, a Gabriel Hevenesi y a otros que le permiten a Bergoglio descubrir que las relaciones entre gracia y naturaleza no son las

---

[7] La expresión de San Ignacio: "Non coerceri a maximo, contineri tamen a minimo, divinum est", es comentada en: M. A. FIORITO, "La opción personal de S. Ignacio", en Ciencia y fe, XII, 1956, p.p. 43-44. Y en Idem, "Teoría y práctica de Gaston Fessard", en Ciencia y fe, XIII, 1957, p.p. 350-351.

[8] J. M. BERGOGLIO – PAPA FRANCISCO, Nel cuore di ogni padre. Alle radici della mia spiritualità, BUR Rizzoli, Milano 2016, p. 282, n. 4.

de dos realidades superpuestas o colocadas una en seguida de otra. En efecto, la común interpretación semipelagiana consistente en pensar que el hombre ha de actuar como si todo dependiera de él y solamente luego, Dios, actúa para premiarlo con su gracia, no es propia del pensamiento del Papa. Al contrario, él descubrirá que en la persona humana real, existe una tensión dialéctica por la que obrar como si todo dependiera del hombre, implica actuar como si él no hiciera nada y Dios lo hiciera todo. Afirmar uno solo de estos polos –la importancia de la acción humana para las transformación personal o social o la acción divina que sostiene y conduce la historia–, destruye la cuestión en su drama y en su misterio.

2. EL RECHAZO DE LA TEOLOGÍA POLÍTICA Y LA AFINIDAD AGUSTINIANA DE BERGOGLIO

Por esto, no será raro que Jorge Mario Bergoglio, ante las coyunturas políticas que le tocará vivir tanto en Argentina como en general en América Latina, no simpatizará ni con los proyectos de cambio político que prometen redención social ni con las respuestas puramente espiritualistas y abstractas. Más aún, la manipulación política de la fe la repugnará de manera especial. Su afinidad natural con el peronismo no le impedirá reconocer que los nacionalistas involucrados en las fuerzas armadas y que colocan consignas como «Cristo vence» en los aviones con los que se busca amedrentar y eventualmente reprimir al pueblo reunido en la Plaza de Mayo de Buenos Aires, mezclan de un modo indebido religión, política y nacionalismo: «no se puede defender al pueblo matando al pueblo», dirá en el libro-entrevista con el Rabino Skorka[9]. Este será el origen de la crítica constante de Bergoglio a la teología política tanto de derechas como de izquierdas.

---

[9] J. BERGOGLIO – A. SKORKA, Sobre el cielo y la tierra, Editorial Sudamericana, Bs. As. 2011.

Hacia 1970, Bergoglio conocerá a Amalia Podetti, filósofa especialista en Husserl, en Hegel y con valiosas intuiciones sobre el pensamiento histórico-político de San Agustín. Ella le ayudará a descubrir que la unidad de la especie humana no es contradictoria a la multiplicidad de culturas, pueblos y formas históricas. Para Podetti, América Latina es una cultura genuinamente cristiana. La síntesis cultural del pueblo latinoamericano expresa una vocación universal desde su propia particularidad cultural. Es desde esta «periferia» del mundo que significa Latinoamérica que el «centro» puede descubrir un horizonte nuevo. Así mismo, Amalia Podetti dirá que no hay que confundir la Ciudad de Dios con la Iglesia y la Ciudad del Hombre con el Estado[10]. Las interpretaciones de la Ciudad de Dios de San Agustín que no logran captar que las denominadas «ciudades» son estados del corazón humano con un sentido escatológico más que conformaciones institucionales, caracterizan a algunos sectores conservadores argentinos, brasileños y mexicanos, con los que Bergoglio nunca se sentirá identificado.

Años después, cuando el Arzobispo de Buenos Aires se acerque al pensamiento de Joseph Ratzinger sobre estos asuntos, descubrirá una afinidad profunda con él[11]. Estas preocupaciones continuarán dentro del Pontificado de Francisco. El 4 de marzo de 2019, dirigirá un importante discurso para los católicos comprometidos en la política, en el que citando a San Oscar Arnulfo Romero volverá sobre estas mismas ideas: la organización, las estrategias, no se identifican con la Iglesia. La Iglesia trasciende toda forma de acción política. Más aún, una misma fe, puede dar lugar a compromisos políticos de diverso signo. Sólo así, sin instrumentalizar la fe en la acción política, los católicos pueden ser

---

[10] Cf. A. PODETTI, La irrupción de América en la historia, Centro de Investigaciones Culturales, Bs. As.
[11] Un lugar en el que se percibe esta influencia es: J. M. BERGOGLIO, "Educare è scegliere la vita", en Neituoi occhi è la mia parola. Omelie e discorsi di Buenos Aires 1999-2013, p.p. 193 y s.s.

realmente libres para vivir su fe y al mismo tiempo libres para trabajar apasionadamente por la mejora de las condiciones de vida en este mundo[12]. En el fondo: ser católico en la política es una «identidad en tensión»[13]. Dios no abandona la acción de los católicos en la política pero en su nombre no deben escudarse los proyectos de transformación del mundo, por sanos que estos sean.

Parece fácil afirmar estas ideas. Sin embargo, desde finales de los años sesenta y aún a comienzos de los años noventa, la Compañía de Jesús y otras realidades eclesiales, se encuentran desgarradas entre quienes buscan la transformación revolucionaria para la instauración del Reino y quienes emprenden iniciativas "contra-revolucionarias" para la salvaguarda de la civilización occidental cristiana. Aparentemente opuestos, los grupos católicos de izquierda y derecha radicales, incurren en vicios similares que muestran en lo profundo sus raíces comunes. Agudamente Massimo Borghesi apunta que "el pensamiento antinómico ve en la contradicción entre el mesianismo revolucionario y la cruzada anticomunista de los hombres de uniforme una tragedia sin fin". En esta dolorosa escisión, «que marca el tiempo histórico, es donde [Bergoglio] forma su pensamiento»[14].

3. LA BÚSQUEDA DE SUPERACIÓN DE LAS IDEOLOGÍAS Y LA IMPORTANCIA DE LA "TEOLOGÍA DEL PUEBLO"

¿Cómo superar la tentación de la radicalización propia de la guerra fría? ¿Cómo superar los planteamientos ideológicos que por la izquierda y la derecha parecen definir los escenarios? ¿Acaso la solución está en alguna postura de «centro» más o menos equidistante de las realidades en conflicto o en alguna teoría que

---

[12] Cf. FRANCISCO, Discurso a un grupo de la Comisión Pontificia para América Latina, 4 de marzo de 2019.

[13] Cf. J. M. BERGOGLIO, «Prólogo» a C. AGUIAR RETES – R. GUERRA LÓPEZ, Católicos y políticos. Una identidad en tensión, Agape, Bs. As. 2006.

[14] M. BORGHESI, Jorge Mario Bergoglio. Una biografía intelectual, op. cit., p. 81.

ofrezca un compromiso más tenue ante el mundo latinoamericano que reclama respuestas? Bergoglio descubre que la superación de la contradicción no se logra por vía de las ideologías aún pretendidamente adjetivadas como «cristianas». En 1976, luego del asesinato de tres sacerdotes y dos seminaristas en Buenos Aires, escribirá: «Estamos divididos porque nuestra adhesión a los hombres ha sido sustituida por la adhesión a sistemas e ideologías. Hemos perdido el sentido del hombre y del pueblo concreto con todas sus experiencias históricas y sus aspiraciones más claras. No debemos escuchar solo la llamada de coherencias sistemáticas que pretenden manipular a los hombres sobre la base de sus intereses. El hombre, que es origen, sujeto y fin de toda institución, ha sido absorbido y manipulado por ellas»[15].

Esta mirada, se inserta en el contexto de la teología del pueblo, es decir, la versión de la teología de la liberación elaborada por la «Escuela del Río de la Plata» en la que la opción por los pobres y el reconocimiento de la conflictividad social no cede al socio-análisis marxista sino que lo corrige a través de un enfoque histórico-cultural en el que la relación del «Pueblo de Dios» como corazón del pueblo permite mirar que el sujeto de la liberación cristiana no es una clase social ni una vanguardia ilustrada sino precisamente la comunidad de personas unidas por su historia y su cultura, por su lengua y su religión, por sus valores y por sus sueños de futuro[16]. El sujeto de la liberación cristiana no excluye a nadie, pero se basa en la dinámica solidaria y profética de los más pobres y humillados, con los que Cristo se identifica, con los que Cristo se hace presente como un «sacramento»[17]. Esta modalidad de «teología» reconoce en la piedad popular, en

---

[15] J. M. BERGOGLIO-PAPA FRANCISCO, Testimonanza di sangue (CIAS, Bs. As. 1976), trad. It. En Pastorale sociale, Jaca Book, Milano 2015, p. 243.
[16] Cf. R. LUCIANI, El Papa Francisco y la Teología del Pueblo, PPC, Madrid 2016; Cf. J. C. SCANNONE SJ, La teología del pueblo. Raíces teológicas del papa Francisco, Sal Terrae, Maliaño 2017.
[17] Cf. SAN PAULO VI, «Homilía para los campesinos colombianos», 23 de agosto 1968.

la fe del pueblo sencillo, un lugar teológico fundamental. Es ahí, en una experiencia empírica concreta de Iglesia en movimiento, y no en una idea abstracta, donde emerge un camino educativo distinto al que ofrecen las ideologías.

La «teología del pueblo» es una noción polisémica que puede referirse al menos a: a) una cierta praxis pastoral; b) una reflexión en acto segundo sobre esa praxis pastoral; c) los miembros de la primera generación de esta «escuela»; d) todos los que de algún modo en sentido genérico y más allá de la primera generación de esta escuela simpatizamos con este enfoque y sus acentos. En cualquier caso, la teología del pueblo, en sus diversas acepciones reconoce que un grupo de personas, atentos a la enseñanza del Concilio Vaticano II y a la realidad de América Latina, buscan responder sin caer en ideologías de izquierda o de derecha al drama de nuestros pueblos y de nuestras Iglesias. Hombres como Lucio Gera, Rafael Tello, Justino O´Farrell, Guillermo Sáenz, Gerardo Farrell, Juan Bautista Capellaro y otros serán la primera generación que educó a muchos más.

Hoy contamos aún con exponentes importantes de la teología del pueblo en personas como Juan Carlos Scannone SJ, Carlos Galli, Jorge María Bergoglio SJ y contamos con una herencia profunda de sus contribuciones en las Asambleas Generales del Episcopado Latinoamericano. Jorge Mario Bergoglio SJ, forma parte de esta atmósfera y llevará en su persona y en sus reflexiones, el legado de esta «escuela». Ya sea como Provincial de los jesuitas, ya sea como Arzobispo de Buenos Aires o como Pontífice de la Iglesia católica, las intuiciones centrales de la teología del pueblo aparecerán y reaparecerán a lo largo de todo su ministerio. Para Bergoglio, es justo esta manera de mirar a la teología la que permite ir más allá de las ideologías de derecha e izquierda, que como decíamos, en su contradicción y en su simetría, denotan que son hijas de una misma madre: el racionalismo, la Ilustración.

En el pueblo, sobre todo en el más pobre, con todo y sus límites, encontramos una vacuna para el efecto destructor de las ideologías. Durante un retiro en los años setentas Bergoglio dirá: «Lo peor que puede ocurrirle a un ser humano es dejarse arrastrar por las 'luces' de la razón… Nuestra misión, por el contrario, es descubrir las semillas de la Palabra en la humanidad, el logoi spermatikoi»[18].

Estas semillas se hallan en todos lados, entremezcladas con errores e idolatrías. Sin embargo, lo importante es rescatarlas para desde ahí, anunciar el evangelio al que no cree aún. Dicho de otro modo, el Pueblo no es químicamente puro, pero contiene en su entraña una dosis de verdad, de bien, de belleza que lo hace un factor de resistencia al racionalismo univocista y simplificador. En el Pueblo, encontramos al «santo Pueblo fiel de Dios», como le gusta decir a Francisco hasta el día de hoy.

Es fácil hablar de «pueblo» y reincidir nuevamente en un planteamiento ideológico. Por eso, Bergoglio nos dice: «En la Biblia está que nosotros somos un pueblo santo; San Pedro dice: 'pueblo santo, rescatado por la sangre de Cristo', y además, se nos invita a ser fieles. (…) La gente que sigue a Jesús, siempre mira a Jesús y a la Virgen, tiene una fidelidad básica direccional… Y poco a poco empecé a hablar del Pueblo santo de Dios, del Pueblo fiel de Dios, y la expresión que más me llena es el 'santo Pueblo fiel de Dios»[19].

¿Qué papel juega, entonces, el Pueblo de Dios en la teología del pueblo? ¿Acaso es un mero objeto de conmiseración? La respuesta es negativa. El Pueblo de Dios es infalible in credendo como señala el Denzinger. El Pueblo es en medio de sus dificultades, alegrías y esperanzas, una suerte de depósito de la fe. Por ello, Bergoglio dice: «Cuando quieras saber qué es la Madre Iglesia, andá al Magisterio… Pero cuando quieras saber cómo cree la Iglesia, andá al pueblo fiel. El Magisterio te enseñará

---

[18] J. M. BERGOGLIO, «Nuestra fe», en Mente abierta, corazón creyente, p. 28. Originalmente en Meditaciones para religiosos, Ediciones Diego Torres, Bs. As. 1982.

[19] Citado por A. Ivereigh, El Gran Reformador, p. 160.

quién es María, pero nuestro pueblo fiel te enseñará cómo se la quiere a María»[20].

En hombres como Lucio Gera, como Juan Carlos Scannone SJ, o como Jorge Mario Bergoglio, existe una muy fundamental desconfianza hacia la ilustración racionalista y sus élites. Las élites racionalistas, lastradas de ideología, con frecuencia creen que pueden arrogarse el poder de determinar cómo debe pensar o actuar el pueblo y por tanto la negación del carácter profético que posee por su pertenencia a Cristo. En la teología del pueblo, la cuestión es muy otra. El papel de la teología es el de expresar reflexivamente la fe de un pueblo en el que Cristo realmente está. La teología del pueblo no rechaza el uso de la inteligencia, no es una claudicación postmoderna en versión latinoamericana. Lo que realiza la teología del pueblo es una reorientación: vuelve a las personas y a sus comunidades, vuelve a mirar con fe que Dios actúa en la historia a través de su Iglesia, vuelve en el fondo a creer que más allá de teorías, el cristianismo es una experiencia antes que un conjunto de conceptos más o menos bien definidos.

4. EL ENCUENTRO CON METHOL, CON GUARDINI Y CON BALTHASAR

Otras tres fuentes de inspiración ayudan a Bergoglio a perfilar su pensamiento. Por un lado, Methol Ferré, filósofo uruguayo, «tomista silvestre» como gustaba decirse a sí mismo, dialoga en innumerables ocasiones con Bergoglio. Methol ha reflexionado de una manera original sobre la identidad de los pueblos latinoamericanos, ha colaborado en el CELAM y ha asistido a la Conferencia General del Episcopado Latinoamericano en Puebla. A diferencia de muchos otros autores de su tiempo ha logrado

---

[20] J. M. BERGOGLIO, «Una institución que vive su carisma: Apertura de la Congregación Provincial XV», 2 de agosto 1972, en Meditaciones para religiosos, op. cit.

descubrir una interpretación analítica y diferenciada de la modernidad a través de Augusto del Noce. Esta lectura le permitirá por una parte evitar las fáciles condenas a los verdaderos progresos reflexivos de la humanidad y por otra hacer una crítica más aguda y sutil de las verdaderas raíces del mundo contemporáneo. Para Methol, América Latina es la realización más relevante de la modernidad barroca, de la modernidad católica, es decir, de un proyecto alternativo al de la Ilustración. La «Patria grande», por ello, es parte del sueño que es preciso impulsar y fortalecer en el presente y hacia el futuro[21].

Bergoglio en 1986 así mismo se encuentra con la obra de Romano Guardini. Este encuentro es relativamente tardío. Sin embargo, significativo. Bergoglio viaja a Frankfurt para hacer su tesis doctoral sobre las oposiciones polares en Guardini. Leyéndolo no sólo amplía sus reflexiones sobre la dialéctica que existe al interior de muchas realidades sino que aprende las razones profundas para hacer una crítica al paradigma tecnocrático y al abuso y distorsión que representa el poder contemporáneo. Francisco dirá en una entrevista a Antonio Spadaro SJ:

> La oposición abre camino, una calle para recorrer. Hablando en general debo decir que amo las oposiciones. Romano Guardini me ha ayudado con un libro suyo importante para mí sobre la oposición polar. Él hablaba de una oposición polar en la que los dos opuestos no se anulan. Tampoco sucede que un polo destruya al otro. No hay ni contradicción ni identidad. Para él la oposición se resuelve en un plano superior. Sin embargo, en la solución se mantiene la tensión polar. La tensión permanece, no se anula. Los límites han de ser superados sin negarlos. Las oposiciones ayudan. La vida humana está estructurada de forma oposicionista. Y eso es lo que sucede ahora también en la Iglesia. Las tensiones no han de

---

[21] A. METHOL-FERRÉ, Il Risorgimento Cattolico Latinoamericano, CSEO-incontri, Bologna 1983.

ser necesariamente resueltas y homologadas, no son como las contradicciones[22].

Así mismo, para Bergoglio, Jesucristo no es un concepto o un paquete de valores. Jesucristo es síntesis real de aquello que a veces se aprende de manera puramente conceptual. Es preciso recordar que muchos años después de que Feuerbach publicara su libro sobre la esencia del cristianismo, Romano Guardini se atrevió a afrontar el mismo desafío y escribió un libro con el mismo título, pero que sin embargo, responde a esta cuestión de manera distinta:

> El cristianismo no es, en último término, ni una doctrina de la verdad ni una interpretación de la vida. Es esto también, pero nada de ello constituye su esencia nuclear. Su esencia está constituida por Jesús de Nazaret, por su existencia, su obra y su destino concretos; es decir, por una personalidad histórica. Algo semejante, en cierto modo, a lo que con estas palabras quiere decirse lo experimenta todo aquel para el que adquiere significación esencial otra persona. Para él no es ni «la humanidad» ni «lo humano» lo que reviste importancia, sino esta persona concreta. Ella determina todo lo demás, y tanto más profunda y ampliamente cuanto más intensa es la relación. Puede llegarse incluso a que todo: el mundo, el destino y el cometido propio, pasen a través de la persona amada, a que ésta se halle contenida en todo, a que se la vea a través de todo y a que todo reciba de ella su sentido. En la experiencia de un gran amor todo el mundo confluye en la relación yo-tú, y todo cuanto sucede se convierte en un acontecimiento dentro de su ámbito. El elemento personal al que se refiere en último término el amor, y que representa la más elevada entre las

---

[22] A. SPADARO, «Le orme di un pastore. Una conversazione con Papa Francesco», introducción a J. M. BERGOGLIO-PAPA FRANCESCO, Nei tuoi occhi è la mia parola. Omelie e discorsi di Buenos Aires 1999-2013, op. cit., p XIX.

realidades del mundo, penetra y determina todo lo demás: espacio y paisaje, la piedra, el árbol y los animales...23

Más adelante dirá: «El momento decisivo en el orden de la salvación es, sin embargo, Cristo mismo. No su doctrina, ni su ejemplo, ni la potencia divina operante a su través, sino simple y escuetamente su persona»[24].

La esencia del cristianismo es Cristo, es decir, una realidad personal irreductible e inderivable. Esto lo podemos decir de manera más abreviada afirmando que el cristianismo es un acontecimiento (Ereignis): es algo que irrumpe como don, no es una exigencia de la historia. Del mismo modo como una persona humana no es cabalmente explicada como persona cuando se extrae su contenido individual y sólo se centra la atención en lo que tiene en común con otros seres humanos, la Persona de Cristo es vaciada de su contenido real cuando sólo se mira su humanidad, su conducta, su gentileza y no se reconoce su especificidad como un sujeto único, irrepetible e insustituible que ingresa dentro de la historia.

En el esplendor de la verdad que descubro en una Persona, en la belleza de un encuentro, los seres humanos podemos encontrar no sólo la verdad de manera teórica sino la verdad que responde a la vida, es decir, la verdad que nos hace libres. Bergoglio dice:

> Al resplandecer en la belleza, la verdad nos regala en esta luz su claridad lógica. El bien que aparece como bello trae aparejado consigo la evidencia de su deber ser realizado. ¡Cuántos racionalismos abstractos, y moralismos extrinsecistas verían aquí la posibilidad de su curación si se abrieran a pensar la realidad primero como bella, y sólo después como buena y verdadera! (…) El resplandor del encuentro produce ese «estupor» metafísico propio de la revelación humana y divina. (…) Sólo quien se muestra des-

---

[23] R. GUARDINI, La esencia del cristianismo, Cristiandad, Madrid 2006, p.p. 16-17.
[24] Ibidem, p. 45.

lumbrado ante la belleza puede iniciar a sus alumnos en el contemplar. Sólo quien cree en la verdad que enseña puede pedir interpretaciones veraces. Sólo quien vive en el bien –que es justicia, paciencia, respeto por la diferencia en el quehacer docente– puede aspirar a modelar el corazón de las personas que le han sido confiadas. El encuentro con la belleza, el bien, la verdad, plenifican y producen un cierto éxtasis en sí mismo. Lo que fascina nos expropia y arrebata. La verdad así encontrada, o que más bien nos sale al encuentro, nos hace libres[25].

Este tipo de ideas brotan de una asimilación personal de algunas de las intuiciones más centrales de la teología de Hans Urs von Balthasar[26]. Los trascendentales del ser, –la verdad, la bondad y la belleza– son un camino cognoscitivo y una pedagogía permanente para la evangelización. El cristianismo es un encuentro con una Persona que manifiesta a través de su atractivo la verdad sobre la vida. Este encuentro invita a no hacer prosélitos sino a adherirse a Jesús a través de un afecto, de una rendición libre del corazón sin la cual la fe cristiana se vuelve meramente una metáfora.

5. JORGE BERGOGLIO Y «APARECIDA»

Durante la V Conferencia General del Episcopado Latinoamericano Jorge Mario Bergoglio, Arzobispo de Buenos Aires, fungió como Coordinador de la comisión de redacción. Esta experiencia le permitió vivir no sólo de primera mano una experiencia sinodal fraterna en la que obispos de las más diversas procedencias y personalidades tuvieron cita, sino que logró captar el sentir eclesial de la región, ser testigo de las discusiones y de los diagnósticos, y gradualmente, aprender del trabajo de muchos que más allá de él construyen una Iglesia pluriforme en sus distintas diócesis. Al escribir estas líneas me pregunto: si hubiese

---

[25] J. M. BERGOGLIO, «Mensaje a las comunidades educativas», 23 de abril de 2008.
[26] Cf. H. U. VON BALTHASAR, Gloria, Encuentro, Madrid 1997, 7 vols.

que escoger un par de parágrafos de Aparecida que de alguna manera sinteticen las preocupaciones más centrales de Bergoglio ¿cuáles serían? Creo que sin lugar a dudas, los parágrafos 11 y 12 son como un resumen de todo el documento, de su perspectiva fundamental y de su dimensión metodológica. Leámoslos con atención:

> La Iglesia está llamada a repensar profundamente y relanzar con fidelidad y audacia su misión en las nuevas circunstancias latinoamericanas y mundiales. No puede replegarse frente a quienes sólo ven confusión, peligros y amenazas, o de quienes pretenden cubrir la variedad y complejidad de situaciones con una capa de ideologismos gastados o de agresiones irresponsables. Se trata de confirmar, renovar y revitalizar la novedad del Evangelio arraigada en nuestra historia, desde un encuentro personal y comunitario con Jesucristo, que suscite discípulos y misioneros. Ello no depende tanto de grandes programas y estructuras, sino de hombres y mujeres nuevos que encarnen dicha tradición y novedad, como discípulos de Jesucristo y misioneros de su Reino, protagonistas de vida nueva para una América Latina que quiere reconocerse con la luz y la fuerza del Espíritu. No resistiría a los embates del tiempo una fe católica reducida a bagaje, a elenco de algunas normas y prohibiciones, a prácticas de devoción fragmentadas, a adhesiones selectivas y parciales de las verdades de la fe, a una participación ocasional en algunos sacramentos, a la repetición de principios doctrinales, a moralismos blandos o crispados que no convierten la vida de los bautizados. Nuestra mayor amenaza 'es el gris pragmatismo de la vida cotidiana de la Iglesia en el cual aparentemente todo procede con normalidad, pero en realidad la fe se va desgastando y degenerando en mezquindad'. A todos nos toca recomenzar desde Cristo, reconociendo que 'no se comienza a ser cristiano por una decisión ética o una gran idea, sino por el encuentro con un acontecimiento, con una Persona, que da un nuevo horizonte a la vida y, con ello, una orientación decisiva'. En efecto, existen un conjunto de nuevas circunstancias latinoamericanas y mundiales que obligan a un replantea-

miento... Vivimos un cambio de época, cuyo nivel más profundo es el cultural[27].

Esto quiere decir que todo el paradigma, todo el paquete de certezas que dan seguridad a las personas y a los pueblos, y que ha caracterizado a toda una época, hoy se encuentra en proceso de mutación, revisión y regeneración. En medio de este escenario que conlleva importantes dosis de incertidumbre, de lo que se trata es de reproponer el evangelio tomando en cuenta el modo cómo este ha llegado a nuestra historia y la ha conformado desde dentro. Esto no descansa tanto en un plan o proyecto estratégico más o menos genial. No descansa en el perfeccionamiento del «management» pastoral sino en la existencia empírica de verdaderos discípulos y misioneros que aunque no conozcan de estrategias y calidad total se dejen interpelar primariamente por el acontecimiento de Jesucristo, siempre irreductible a cualquiera de sus teorizaciones. Por eso, es un engaño creer que el trabajo pastoral se reduce a la repetición de ciertas fórmulas, de ciertas normas, de ciertos conceptos. Confundir lo esencial cristiano con un conjunto de valores, con una cierta conducta ética, o con un perspicaz discurso teológico es una reducción gnóstica y eventualmente moralista de la fe. Por eso, en Aparecida y luego, posteriormente, el Papa Francisco, no se cansarán de repetir una expresión que proviene de Benedicto XVI y en el fondo de la tradición que atraviesa por Balthasar, De Lubac, Guardini, Kierkegaard y que se remonta a San Agustín y más en el fondo, a toda pastoral auténtica en América Latina y en cualquier parte del mundo: no se comienza a ser cristiano por una decisión ética o por una gran idea sino por el encuentro con un acontecimiento, con una Persona viva[28].

Pidiéndo perdón por la insistencia nos atrevemos a decir esto mismo de otro modo: el Kerygma no es la ley natural o los

---

[27] V CONFERENCIA GENERAL DEL EPISCOPADO LATINOAMERICANO, Aparecida, n. 44.
[28] Cf. BENEDICTO XVI, *Deus caritas est*, n. 1.

«valores cristianos». Toda la ética basada en la ley natural en su conjunto puede ser una valiosa brújula orientativa pero no provee la salvación. La salvación la trae Jesucristo que murió y resucitó realmente, por ti y por mí. El Kerygma no es la proclamación de nuestra coherencia personal. Es el anuncio breve y gozoso de que nuestra incoherencia ha sido perdonada por Alguien más grande que nuestro pecado y nuestra traición.

Así las cosas, la Iglesia no es una comunidad de puros, de cátaros, sino de pecadores que han sido perdonados y que en su propia carne pueden experimentar los signos de la Resurrección. Es precisamente desde esta experiencia que una persona puede comprender en profundidad la invitación a ser discípulos-misioneros, a anunciarse no a sí mismo sino a la acción de Dios al interior de nuestra historia.

6. FRANCISCO PROCLAMA *EVANGELII GAUDIUM*

Precisamente, el Papa Francisco continúa y amplía las intuiciones más profundas de Aparecida en *Evangelii Gaudium*. Esta Exhortación en cierto sentido es la proclamación explícita de la superación de cualquier espiritualidad intimista que en nombre de la cercanía con Dios renuncia a sumergirse en la entraña del mundo. El Papa nos dirá a este respecto:

> Nadie puede exigirnos que releguemos la religión a la intimidad secreta de las personas, sin influencia alguna en la vida social y nacional, sin preocuparnos por la salud de las instituciones de la sociedad civil, sin opinar sobre los acontecimientos que afectan a los ciudadanos. ¿Quién pretendería encerrar en un templo y acallar el mensaje de san Francisco de Asís y de la beata Teresa de Calcuta? Ellos no podrían aceptarlo. Una auténtica fe –que nunca es cómoda e individualista– siempre implica un profundo deseo de cambiar el mundo[29].

---

[29] FRANCISCO, Exhortación apostólica *Evangelii Gaudium*, n. 183.

«Cambiar el mundo» es un concepto muy ambicioso. Francisco no nos desea instalar en una actitud voluntarista que sostiene la vida a partir de frases o de arranques emotivos. Lo que desea es hacer énfasis en que acoger auténticamente el anuncio del evangelio y experimentar una nueva humanidad son dos fenómenos inescindibles: «Desde el corazón del Evangelio reconocemos la íntima conexión que existe entre evangelización y promoción humana, que necesariamente debe expresarse y desarrollarse en toda acción evangelizadora»[30]. Por ello, ¡qué riesgoso es abrazar a Jesucristo como si solo fuera un mensaje para la vida privada y creer que la transformación del mundo es para otros pero no para nosotros! Francisco si bien reconoce la importante tarea y la especificidad de los fieles laicos no restringe este llamado de servicio sino lo redescubre como una obligación para todos: «¡Qué peligroso y qué dañino es este acostumbramiento que nos lleva a perder el asombro, la cautivación, el entusiasmo por vivir el Evangelio de la fraternidad y la justicia! La Palabra de Dios enseña que en el hermano está la permanente prolongación de la Encarnación para cada uno de nosotros»[31].

Francisco cita Mt 25,40; Mt 7,2; Lc 6,36-38 para recordarnos que es imposible concebir la esencia de la identidad cristiana sin responder a la interpelación de los hermanos que sufren necesidad. Lo que expresan estos textos es la absoluta prioridad de la «salida de sí hacia el hermano» como uno de los dos mandamientos principales que fundan toda norma moral y como el signo más claro para discernir acerca del camino de crecimiento espiritual en respuesta a la donación absolutamente gratuita de Dios[32].

Así las cosas, *Evangelii Gaudium* no es la enunciación de una «teoría» que eventualmente debe realizarse en una cierta

---

[30] EG 178.
[31] EG 179.
[32] EG 179.

«práctica pastoral». *Evangelii Gaudium* es la conciencia reflexiva de un movimiento práctico. Es un «darnos cuenta» de lo que sucede en el Pueblo de Dios que es la Iglesia cuando sigue con fidelidad a Jesucristo. Dios va adelante. El Reino de Dios se anticipa. Francisco lo que hace es ayudarnos a Reconocerlo.[33] De hecho, Benedicto XVI también ya lo había señalado con gran fuerza: el mensaje cristiano no es solo «informativo» sino «performativo».[34] No es el recuerdo melancólico de un taumaturgo del pasado, sino el anuncio valiente de que la vida puede ser de otro modo, la vida toda, gracias a la realización ahora y aquí, dentro del tiempo y junto con él, del misterio cristiano.

El diagnóstico realizado por Francisco en *Evangelii Gaudium* está acompañado por el amplio capítulo IV dedicado explícitamente a la dimensión social de la evangelización. En él, Francisco muestra cómo la dimensión social de la evangelización no es un añadido posterior o secundario a la buena noticia sobre el Reino. Por el contrario, «lo social» es una dimensión constitutiva de la evangelización.

Confesar que el Hijo de Dios asumió nuestra carne humana significa que cada persona humana ha sido elevada al corazón mismo de Dios. Confesar que Jesús dio su sangre por nosotros nos impide conservar alguna duda acerca del amor sin límites que ennoblece a todo ser humano. Su redención tiene un sentido social porque «Dios, en Cristo, no redime solamente la persona individual, sino también las relaciones sociales entre los hombres». Confesar que el Espíritu Santo actúa en todos implica

---

[33] Véase también: "El Reino que se anticipa y crece entre nosotros lo toca todo y nos recuerda aquel principio de discernimiento que Pablo VI proponía con relación al verdadero desarrollo: «Todos los hombres y todo el hombre». Sabemos que «la evangelización no sería completa si no tuviera en cuenta la interpelación recíproca que en el curso de los tiempos se establece entre el Evangelio y la vida concreta, personal y social del hombre»" (EG 181).

[34] BENEDICTO XVI, *Spe salvi*, 2.

reconocer que Él procura penetrar toda situación humana y todos los vínculos sociales.[35]

De esta manera, Francisco corrige la frecuente tentación de mirar a la «pastoral social» como un aspecto adyacente, propio de agentes de pastoral inquietos y un tanto revoltosos. Por el contrario, lo que nos recuerda se encuentra en plena continuidad con el Magisterio de Juan Pablo II y de Benedicto XVI. Baste recordar que el primero, en su Encíclica programática *Redemptor hominis,* colocaba como intuición central que Jesucristo revela al hombre lo que el hombre es y por lo tanto que todo lo humano y todo ser humano es auténtico camino para la Iglesia. Esto tiene una consecuencia importante: toda pastoral posee una cristología y una pneumatología implícitas.

Cuando una pastoral prescinde parcial o totalmente de la dimensión social de la evangelización tal y como la Doctrina social de la Iglesia lo enseña, la cristología implícita asume –sin desearlo– una cristología en la que la encarnación es ficticia, inspiracional o tenue. Dicho de otro modo, la cristología docetista reaparece de una forma inédita a través de nuestra omisión. Así mismo, cuando la acción social de los cristianos no se encuentra en el núcleo del anuncio del evangelio, en el fondo, se afirma que el Espíritu Santo se encuentra retraído, que Él no persevera sosteniendo a la Iglesia. Una pneumatología retraída o contraída suele estar asociada a un implícito pelagianismo que desconfía de la acción de Dios y privilegia el esfuerzo de la voluntad y las capacidades organizativas de la Iglesia.

«Evangelizar es hacer presente en el mundo el Reino de Dios»[36]. Y el Reino de Dios nos precede. Durante un cierto tiempo expresiones como «construir el Reino» o «extender el Reino» fueron interpretadas en algunos ambientes como sinónimos de acción, de proyecto, de propuesta surgida desde nuestras fuerzas. En sus versiones más problemáticas, «el Reino» se

---

[35] EG 178.
[36] EG 176.

concibió como una suerte de estrategia «vértice-base», en la que es preciso conquistar prioritariamente a las élites para influir «desde arriba» al cuerpo social. Esta estrategia, en ocasiones revestida de una retórica aparentemente ortodoxa, propone la realización puramente humana de la vida moral como sinónimo de santidad. Dicho de otro modo, introduce una dinámica inversa a la que podemos encontrar en Flp 2, 6-11. No es la kénosis de Dios la que nos acerca al Reino sino la constitución de una aristocracia espiritual, un cierto reducto de pureza y corrección.

Francisco ha sido sumamente sensible a esta cuestión. Este es uno de los puntos en los que puede percibirse con mayor claridad la continuidad esencial entre él y Benedicto XVI. Precisamente, Joseph Ratzinger, poco antes de ser elegido afirmaba:

> La tentación de transformar el cristianismo en moralismo y de concentrar todo en la acción moral del hombre es grande en todos los tiempos. (...) Creo que la tentación de reducir el cristianismo a moralismo es grandísima incluso en nuestro tiempo (...) Dicho de otro modo, Agustín enseña que la santidad y la rectitud cristianas no consisten en ninguna grandeza sobrehumana o talento superior. Si fuera así, el cristianismo se convertiría en una religión para algunos héroes o para grupos de elegidos[37].

La vida cristiana no consiste en la conformación de algún tipo de grupo de élite (económica, espiritual, etc.), en alguna modalidad de acción social organizada, o en la imitación mecánica de algunos rasgos de la conducta de Jesús[38]. La vida cristiana es docilidad a la amistad incondicional que nos ofrece una Presencia que salva, que perdona, que restaura, que libera. Presencia real, no metafórica, de Jesús en la Eucaristía, en la

---

[37] J. RATZINGER, «Presentación del libro El Poder y la Gracia. Actualidad de San Agustín» en 30 Giorni, n. 5, 2005.
[38] «Este es el horrendo y oculto veneno de vuestro error: que pretendéis hacer consistir la gracia de Cristo en Su ejemplo y no en el don de Su persona». [SAN AGUSTÍN DE HIPONA, Contra Iulanium, Opus imperfectum].

Palabra de Dios y en la carne concreta de todos, en especial, de los más pobres[39].

Este es el contenido del anuncio cristiano. Así es como, «La aceptación del primer anuncio, que invita a dejarse amar por Dios y a amarlo con el amor que Él mismo nos comunica, provoca en la vida de la persona y en sus acciones una primera y fundamental reacción: desear, buscar y cuidar el bien de los demás»[40]. La caridad específicamente cristiana surge del amor de Dios por el hombre, y desde ahí, se extiende a todos sin acepción de personas. Y por ello, «la verdadera esperanza cristiana, que busca el Reino escatológico, siempre genera historia»[41].

7. A MODO DE CONCLUSIÓN: LA VIDA SE ACRECIENTA DÁNDOLA

Terminamos nuestra reflexión simplemente citando un último texto del Papa Francisco. En estas breves líneas Francisco busca reubicar cuál es nuestro lugar en toda esta aventura. Dicho de otro modo: ¿Tenemos que ver con admiración pero a la distancia la persona y la enseñanza del Papa Francisco? Eso no puede ser. Quien escucha a Francisco de manera lejana, como si le hablara a «otros», no entiende nada. Francisco nos dice a cada uno de nosotros en *Evangelii Gaudium*:

> «La vida se acrecienta dándola y se debilita en el aislamiento y la comodidad. De hecho, los que más disfrutan de la vida son los que dejan la seguridad de la orilla y se apasionan en la misión de comunicar vida a los demás». Cuando la Iglesia convoca a la tarea evangelizadora, no hace más que indicar a los cristianos el verdadero dinamismo de la realización personal: «Aquí descubrimos otra ley profunda de la realidad: que la vida se alcanza y madura a medida que se la entrega para dar vida a los otros. Eso es en definitiva la misión». Por consiguiente, un evangelizador no debería

---

[39] Cf. JUAN PABLO II, *Ecclesia in America*, n. 12.
[40] EG 178.
[41] EG 181.

tener permanentemente cara de funeral. Recobremos y acrecentemos el fervor, «la dulce y confortadora alegría de evangelizar, incluso cuando hay que sembrar entre lágrimas [...] Y ojalá el mundo actual –que busca a veces con angustia, a veces con esperanza– pueda así recibir la Buena Nueva, no a través de evangelizadores tristes y desalentados, impacientes o ansiosos, sino a través de ministros del Evangelio, cuya vida irradia el fervor de quienes han recibido, ante todo en sí mismos, la alegría de Cristo»[42].

---

[42] EG 10

Sesión 2

Una nueva fase en la recepción del Concilio Vaticano II

LA REFORMA COMO CONVERSIÓN PASTORAL Y SINODAL
ECLESIOGÉNESIS DE UNA RECEPCIÓN CONCILIAR

Rafael Luciani

INTRODUCCIÓN

Con el Papa Francisco se inaugura una nueva fase en la recepción del Concilio Vaticano II caracterizada por un giro eclesiológico que ha generado un proceso de *transición* de una Iglesia occidental y mono-cultural, que ha estado centralizada en Roma y el primado, a otra mundial e intercultural que abre paso a la autoridad de las Iglesias locales[1]. Esto ha logrado desencadenar un proceso de reformas que afectan directamente a los *estilos de vida*, las *prácticas de discernimiento* y las *estructuras de gobierno*.

Pero no podemos caracterizar esta nueva fase de la recepción conciliar sin encontrar sus raíces en el contexto eclesial latinoamericano. La *V Conferencia General del Episcopado de América Latina y el Caribe* reunida en *Aparecida* aporta tres elementos a tomar en cuenta en la cadena de transmisión de la actual recepción conciliar que llega a Francisco. Los obispos ahí reunidos afirmaron: «nos motiva la eclesiología de comunión del *Concilio Vaticano II*, el *camino sinodal* en el postconcilio y las anteriores *Conferencias Generales del Episcopado Latinoamericano*» (*Aparecida* 369).

En su reciente discurso con ocasión del 40 aniversario de *Puebla —la III Conferencia General del Episcopado Latino-*

---

[1] Rahner describía la relevancia del Concilio en los siguientes términos: «las cosas están por tanto así: o la Iglesia ve y reconoce estas diferencias esenciales de las otras culturas, en el seno de las cuales debe llegar a ser Iglesia mundial, y de ese reconocimiento saca las consecuencias necesarias con audacia paulina, o bien permanece como una Iglesia occidental, a fin de cuentas, traicionando de esta manera el sentido que ha tenido el Vaticano II». Karl Rahner, "Theologische Grundinterpretation des II. Vatikanischen Konzils", en *Schriften zur Theologie. Band 14*, Benzinger Verlag, Einsiedeln 1980, 298.

americano—, el Papa Francisco trazó, con mayor precisión, esta línea de recepción[2]. Habló del Concilio, pero luego señaló a *Evangelii nuntiandi* en relación al camino sinodal emprendido por Pablo VI, y las Conferencias de *Puebla* y *Aparecida* refiriéndose al magisterio Latinoamericano. En esta cadena, dice Francisco, se encuentran las raíces de *Evangelii Gaudium*[3], la visión programática de su pontificado. Sin embargo, cuando se refirió específicamente a las raíces latinoamericanas, no podemos pasar por alto que valoró la eclesiología del Pueblo de Dios de *Puebla*, pero no tomó en cuenta a *Santo Domingo*, y además reconoció la labor profética de Gustavo Gutiérrez, fundador de la teología de la liberación[4].

Esta articulación de la recepción conciliar hace que las reformas eclesiales que ha emprendido se comprendan a partir de dos procesos que se implican mutuamente: la *conversión pastoral* y la *conversión sinodal*. La relación que existe entre estas dos nociones explica la *eclesiogénesis* que estamos viviendo desde el inicio del pontificado de Francisco. La *conversión pastoral* representa la raíz genuinamente latinoamericana de la recepción, y la *conversión sinodal* la continuidad y profundización del espíritu del Concilio. Y de ambas surge, entonces, lo que podemos

---

[2] «Se puede decir que Puebla sentó las bases y abrió caminos hacia Aparecida. Curioso que de Puebla se salta a Aparecida. Santo Domingo, que tiene sus méritos, pero quedó ahí. Porque Santo Domingo estuvo muy condicionada por los compromisos. Y el santo Obispo de Mariana, que fue el redactor ahí, tuvo que negociar con todos para que saliera; algo sirve, que es bueno, pero no tiene la convocatoria ni de Puebla ni de Aparecida. Bueno, son los vaivenes de la historia, sin disminuir la calidad de Santo Domingo, pero Puebla fue un pilar y salta a Aparecida». http://w2.vatican.va/content/ francesco/es/speeches/2019/october/documents/papa-francesco_20191003_celam.html

[3] «La *Evangelii nuntiandi* es un documento decisivo, de gran riqueza, en el camino post-conciliar de la Iglesia. Más aún *Evangelii gaudium* es un elegante plagio de *Evangelii nuntiandi* y del documento de Aparecida. Saben, salto de ahí. Siguiendo su estela y junto con el Documento de Aparecida, vino la Exhortación apostólica *Evangelii gaudium*». http://w2.vatican.va/content/francesco/es/speeches/2019/october/documents/papa-francesco_20191003_celam.html

[4] «Tenemos a *l'enfant terrible* de aquella época que supo profetizar y llevar adelante las cosas» http://w2.vatican.va/content/francesco/es/speeches/2019/october/documents/papa-francesco_20191003_celam.html

llamar una *conversión ministerial*, como ha acontecido en el Sínodo para la Amazonía.

Nuevamente, se actualiza la hermosa circularidad hermenéutica que aconteció entre la Iglesia latinoamericana y el magisterio universal bajo Pablo VI. Así como *Populorum Progressio* enriqueció e impulsó a la *II Conferencia General del Episcopado Latinoamericano* reunido en *Medellín*, en 1968, y *Medellín* luego aportó conceptos como liberación a la *Evangelii Nuntiandi* de Pablo VI en 1975, con Francisco está aconteciendo algo análogo. La especial afección del Papa Montini por América Latina, y lo que él llamó el *afecto preferencial por los pobres*, encuentra hoy en el Papa Francisco el reconocimiento de una larga tradición eclesial que se ofrece como *fuente* de conversión y reforma para toda la Iglesia Universal. Es con este espíritu que podemos comprender la relevancia de estas dos nociones.

1. LA VÍA DE LA CONVERSIÓN PASTORAL

En *Evangelii Gaudium*, Francisco llama a entrar en un estado de «perenne reforma» (*EG* 26). La *vía* por la que avizora este camino es la de la *conversión pastoral*. Así lo manifiesta en la misma Exhortación al decir:

> «sueño con una opción misionera capaz de transformarlo todo, para que las costumbres, los estilos, los horarios, el lenguaje y toda estructura eclesial se convierta en un cauce adecuado para la evangelización del mundo actual más que para la autopreservación. La reforma de estructuras que exige la conversión pastoral sólo puede entenderse en este sentido: procurar que todas ellas se vuelvan más misioneras, que la pastoral ordinaria en todas sus instancias sea más expansiva y abierta, que coloque a los agentes pastorales en constante actitud de salida» (EG 27).

De este modo, la *conversión pastoral* es presentada como la condición sin la cual no habrá una verdadera reforma eclesial. Ella implica revisar «costumbres, estilos, horarios, lenguaje y toda la estructura eclesial» a la luz de una «constante actitud de salida» al mundo (*EG* 27)[5]. Esta es la clave, como lo había manifestado durante su intervención a los cardenales previo al cónclave, cuando sostuvo que «la Iglesia está llamada a salir de sí misma e ir hacia las periferias».

No se trata de un mero cambio de lugar social, sino del lugar *hermenéutico*, desde donde se ve al mundo y se discierne la identidad y la misión de la Iglesia a la luz de los signos de los tiempos. Al culminar el Concilio, en una entrevista, el Cardenal Suenens se refirió a la superación del modelo piramidal y jerárquico preconciliar. Para explicar la dificultad que este cambio conllevaría usó la metáfora de las dos miradas. La primera responde a «la dirección común de la mirada que parte *del centro hacia la periferia*». La segunda, sin embargo, surge del «acercamiento que va *de la periferia hacia el centro*»[6]. Siguiendo esta metáfora, podemos decir que para Francisco no se trata de buscar nuevos métodos para un anuncio más eficaz del Kerygma, sino de vivir en un constante proceso de conversión —personal y estructural— a partir de una *permanente actitud de salida hacia las periferias*. Al ir a las periferias, el regreso al centro supone una conversión, un modo de proceder eclesial que, estando ya en la base, llama a reconstruir la comunión entre todos los sujetos y niveles hasta llegar a constituirnos en Pueblo de Dios.

---

[5] «Progresivamente, emerge la comprensión de una Iglesia más «carismática» que «estructural», que sin desconocer el valor de su necesaria organización interna, se revitaliza no por sus innumerables esfuerzos estructuralistas, ni por sus organizaciones y programas, sino porque la fuerza le proviene del Espíritu Santo, que alienta y unifica la misión común de los diversos, obligándola a «expropiarse», a desposeerse de sí misma, buscando ser más para el «Otro» y para los «otros», porque su misión está «fuera de sí». Resulta evidente que, para la realización de esta propuesta de una «Iglesia en salida», es necesaria una «conversión pastoral» que asuma que «toda renovación en el seno de la Iglesia debe tender a la misión como objetivo para no caer presa de una especie de introversión eclesial» (EG 27)". Cristián Roncagliolo, «Iglesia en salida: una aproximación teológico pastoral al concepto de Iglesia en *Evangelii Gaudium*», *Teología y Vida* 55/2 (2014) 362.

[6] Entrevista: «*La unidad de la Iglesia en la lógica del Vaticano II*. El cardenal Suenens contesta las preguntas de José Broucker», *El Ciervo*, 184 (junio de 1969) 4.

Esta *salida* —que es fruto del proceso de conversión pastoral— no es un acto puntual, sino el modo de estar en *permanente estado de misión* (*EG* 25) en medio de los pueblos de esta tierra (*EG* 115). Es el evento que habilita la actualización continua del acontecimiento fundacional del cristianismo, releyendo la tradición cristiana a la luz de cada nuevo contexto sociocultural en el que se realiza, siempre en relación recíproca a los destinatarios del anuncio. Se trata, pues, de priorizar el modo ambiental, antes que doctrinal o tematizado, de realizar y comunicar la misión eclesial en el mundo, porque el Evangelio no se anuncia como un imperativo sobre la realidad sociocultural local (*AG* 10-11).

El origen de la noción *conversión pastoral* se encuentra en la *IV Conferencia General del Episcopado de América Latina y el Caribe* reunida en *Santo Domingo* en 1992. Ahí se la definió en los siguientes términos:

> «la Nueva Evangelización exige la *conversión pastoral* de la Iglesia. Tal conversión debe ser coherente con el Concilio. Lo toca todo y a todos: en la conciencia y en la praxis personal y comunitaria, en las relaciones de igualdad y de autoridad, con estructuras y dinamismos que hagan presente cada vez con más claridad a la Iglesia, en cuanto signo eficaz, sacramento de salvación universal» (*SD* 30).

El texto apunta a una profundización de la eclesiología conciliar. En cuanto a la conversión de las mentalidades, pide revisar la misión de la Iglesia, tanto en su ser como en su quehacer, a lo que se refiere como conversión de la *conciencia* y la *praxis*. Según el espíritu del texto, el cambio se verifica, de modo concreto, en el ejercicio de la *autoridad*, cuando ésta se viva a la luz de relaciones de *igualdad* que broten del *sensus fidelium*. Sobre esta base, se pide, entonces, la conversión de las *estructuras* a partir de la creación de *dinamismos* o procesos internos que favorezcan al mejor cumplimiento de la misión de la Iglesia en el mundo. De este modo, en el documento de *Santo Domingo*, la noción de *conversión pastoral* es propuesta como un eje orgánico y estructurador de toda la génesis y la organización eclesial, afectando «a todo y a todos(as)» en relación con los estilos de vida (praxis personal y comunitaria), los ejercicios de autoridad y poder (relaciones de igualdad y de autoridad), y los modelos eclesiales (estructuras y dinamismos).

La tradición latinoamericana continúa y profundiza esta senda en la *V Conferencia General del Episcopado de América Latina y el Caribe* reunida en *Aparecida*, en el 2007. La *conversión pastoral* (368-370) es ahora situada con relación a «reformas espirituales, pastorales e institucionales» (*Aparecida* 367), por lo que, dando un paso más, se considera necesario "abandonar las estructuras caducas que ya no favorezcan la transmisión de la fe" (*Aparecida* 365). El documento de *Medellín* —*II Conferencia General del Episcopado Latinoamericano* en 1968— ya había pedido superar el modelo preconciliar de cristiandad por estar «basado en una sacramentalización con poco énfasis en la previa evangelización» (*Medellín* 6,1).

Siguiendo el método del Concilio y el espíritu de *Medellín*, la Conferencia de *Aparecida* parte de «la escucha de los signos de los tiempos en los que Dios se manifiesta» (*Aparecida* 366) y propone, como primer paso para lograr una verdadera reforma, pasar «de una pastoral de mera conservación a una pastoral decididamente misionera» (*Aparecida 370*). Al situar este paso en relación con la identidad misionera de la Iglesia (*Aparecida* 347) plantea, entonces, un modelo a seguir, el de «comunidad de comunidades evangelizadas y misioneras» (*Aparecida* 99) que sitúa a todos los fieles en conjunto como sujeto colectivo evangelizador. En otras palabras, lo que cualifica a la identidad de los miembros eclesiales es la condición *discipular-misionera* que brota de la igualdad de todos(as) en la dignidad del bautismo. En el nuevo modelo «la conversión pastoral requiere que las comunidades eclesiales sean comunidades de *discípulos misioneros* en torno a Jesucristo, Maestro y Pastor. De allí nace la actitud de apertura, de diálogo y disponibilidad para promover la corresponsabilidad y participación efectiva de *todos los fieles* en la vida de las comunidades cristianas» (*Aparecida* 368). De este modo se parte de una profunda correlación existente entre la conversión pastoral, el modelo eclesiológico y la gestión eclesial.

Al asumir esta categoría —*conversión pastoral*—, *Aparecida* resitúa el modelo de Iglesia comunión al interno del modelo *Pueblo de Dios*, generando un *modo eclesial de proceder sinodal* en el que «los laicos deben participar del *discernimiento*, la *toma de decisiones*, la *planificación* y la *ejecución*» (*Aparecida* 371). La emergencia en *Aparecida* de estos primeros indicios de una eclesiología en clave sinodal —que incluye a todos(as) en los procesos de *discernimiento, toma de decisiones, planificación* y *ejecución*— radica en que haber sostenido que somos *Pueblo de Dios evangelizador* (*Aparecida* 157). Por tanto, «la vocación al discipulado misionero es *con-vocación* a la comunión en su Iglesia» (*Aparecida* 156) entre los diversos sujetos y niveles que la conforman. En este contexto, la eclesiología *discipular-misionera* de *Aparecida* —base fundamental para comprender a Francisco— lleva el germen de una Iglesia sinodal. Esto es articulado, de un modo extraordinario, cuando describe al obispo en el marco del Pueblo de Dios: «*junto con todos los fieles y en virtud del bautismo, somos, ante todo, discípulos y miembros del Pueblo de Dios*. Como todos los bautizados, y junto con ellos, queremos seguir a Jesús, Maestro de vida y de verdad, en la comunión de la Iglesia» (*Aparecida* 186).

Al asumir la *vía de la conversión pastoral* la eclesiología latinoamericana logra superar la primacía que otorgó el sínodo de 1985 al modelo de comunión vertical y nos sitúa nuevamente en la línea de una comunión horizontal y fluida, tanto *ad intra* —entre todos los bautizados—, como *ad extra*, —con toda la humanidad. La consecuencia es que se produce una *inversión de la pirámide preconciliar eclesial* que conlleva la necesidad de emprender una *reforma orgánica* que no sólo resitúe a los estilos de vida y a los modos de relacionarse, sino que replantee las dinámicas y el manejo del poder en las estructuras eclesiales a la luz de la eclesiología del Pueblo de Dios. Esto supone, pues, retomar la senda del servicio a las necesidades reales de las personas y los pueblos, que han de inspirar a las «decisiones, programas, mecanismos y procesos» de la Iglesia en su misión por «la promoción integral de los pobres» (*EG* 204).

2. SUPERAR LA PIRÁMIDE ECLESIAL PRECONCILIAR

Al haber puesto el acento de la vocación cristiana en la pertenencia a movimientos eclesiales, la Institución eclesiástica fue generando un proceso de clericalización de los ministerios[7]. Para Francisco una de las causas está en la pérdida del «contacto directo con el Pueblo de Dios».[8] Esta frase pudiera sonar ingenua, sin embargo, no lo es. Hay que entenderla a la luz de lo que explicó el cardenal Suenens a poco tiempo de finalizar el Concilio:

> «la Iglesia, vista a partir del bautismo y no ya de la jerarquía, apareció así desde el principio como una realidad sacramental y mística antes de ser también una sociedad jurídica. *Descansa en su base: el pueblo de Dios, en vez de hacerlo sobre su punto, la jerarquía*. La pirámide de nuestros manuales había sido invertida: un prelado romano pudo escribir que se trataba de una verdadera revolución copernicana. Por este hecho mismo, también el obispo, y con ello voy directamente a su pregunta, debe volver a *situarse en el pueblo de Dios* que le ha sido confiado: estar más cerca aún de su clero y de sus fieles; en igualdad de condiciones con ellos, incluso en cuanto a la vestimenta»[9].

Francisco expresa este mismo sentir del Concilio al afirmar que:

> «en esta Iglesia, como en una *pirámide invertida*, la cima se encuentra por debajo de la base. Por eso, quienes ejercen la autoridad se llaman «ministros»: porque, según el significado originario de la palabra, son los más pequeños de todos. Cada Obispo, sir-

---

[7] Cf. Alberto Parra, «El proceso de sacerdotalización. Una histórica interpretación de los ministerios eclesiales», *Theologica Xaveriana* 28 (1978) 79-100.

[8] Francisco, *Felicitaciones navideñas a la curia romana* (21 de diciembre de 2013) https://w2.vatican.va/content/francesco/es/speeches/2013/december/documents/papa-francesco_20131221_auguri-curia-romana.html

[9] Entrevista: «*La unidad de la Iglesia en la lógica del Vaticano II*. El cardenal Suenens contesta las preguntas de José Broucker», *El Ciervo*, 184 (junio de 1969) 5.

viendo al Pueblo de Dios, llega a ser para la porción de la grey que le ha sido encomendada, *vicarius Christi*, vicario de Jesús, quien en la Última Cena se inclinó para lavar los pies de los apóstoles (cf. *Jn* 13,1-15). Y, en un horizonte semejante, el mismo Sucesor de Pedro es el *servus servorum Dei*»[10].

Aunque hoy en día la imagen de una pirámide invertida sigue siendo incompleta para las reformas por hacer, no podemos olvidar que se refiere a un cambio radical del modelo eclesiológico y no a su mera renovación. El Vaticano I (1869-1870) en la constitución *Pastor Aeternus* había edificado la eclesiología sobre la imagen de una *sociedad perfecta*, destacando la centralidad del primado a la luz de la infalibilidad papal por encima del colegio episcopal y el laicado, de modo que lo jurídico se sobreponía a lo comunional. En este esquema el magisterio residía de forma plena en el Papa y sólo por participación en el colegio episcopal. El modelo reinante era el de la pirámide, fruto de la reforma gregoriana, que distinguía de manera absoluta y contrapuesta a la *ecclesia docens* —como único sujeto activo y depositario del poder de interpretar y enseñar— de la *ecclesia discens* —sujeto pasivo de escucha y obediencia. Esta visión había quedado bien resumida en el *Decreto de Graciano* que distinguía dos clases o status de personas en razón de su potestad: los clérigos y los laicos, los que presiden y los que obedecen o súbditos[11].

Durante el Concilio Vaticano II este modelo fue motivo de debate pues implicaba superar mentalidades y estructuras inspiradas en el triunfalismo, el juridicismo y el clericalismo que habían determinado a la vida y misión de la Iglesia por casi un mi-

---

[10] Francisco, *Discurso en la Conmemoración del 50 Aniversario de la institución del Sínodo de los Obispos* (17 de octubre de 2015) http://w2.vatican.va/content/francesco/es/speeches/2015/october/documents/papa-francesco_20151017_50-anniversario-sinodo.html

[11] Juan Fornés, «Notas sobre el «Duo sunt genera Christianorum» del *Decreto de Graciano*», *Ius canonicum* 60 (1990) 607-632. Especialmente 622-623 relacionado con el paso del reconocimiento de una radical igualdad de todos al ser cristianos, *Christifideles*, ejerciendo funciones diversas, al sistema de *Christianitas* medieval que instaura un doble estamento jerárquico en razón del poder: el eclesiástico y el secular.

lenio. Durante las discusiones conciliares, Mons. Joseph De Smedt describió este giro con gran parresia:

> «ustedes están familiarizados con la pirámide: papa, obispos, sacerdotes, cada uno de ellos responsables; ellos enseñan, santifican y gobiernan con la debida autoridad. Luego, en la base, el pueblo cristiano, más que todo receptivo, y de una manera que concuerda con el lugar que parecen ocupar en la Iglesia ... [Sin embargo] *en el Pueblo de Dios, todos estamos unidos los unos con los otros, y tenemos las mismas leyes y deberes fundamentales*. Todos participamos del sacerdocio real del pueblo de Dios. El Papa es uno de los fieles: obispos, sacerdotes, laicos, religiosos, *todos somos [los] fieles* ... Debemos tener cuidado [por lo tanto] al hablar sobre la Iglesia para no caer en un cierto jerarquismo, clericalismo, y obispolatría o papolatría. *Lo que viene primero es el Pueblo de Dios*»[12].

No sólo se estaba partiendo de la base, como si el cambio pudiera ser reducido a una mera reubicación de los lugares en una nueva pirámide, sino que, sobre todo, se estaban *incluyendo a todos los sujetos eclesiales en esa base periférica como punto de encuentro y de salida hacia el centro*. Decir que «todos somos fieles y lo que viene primero es el Pueblo de Dios» apela a un *nuevo modo de proceder eclesial* que concede primacía a dos principios fundamentales: (a) «el todo sobre las partes», resaltando la común dignidad bautismal y participación de todos por igual en el sacerdocio común[13], (b) «de la periferia al centro»,

---

[12] Cf. *Acta Synodalia Sacrosancti Concilii Oecumenici Vaticani II*, 32 tomos, Typis Polyglottis Vaticanis, Ciudad del Vaticano, 1970-99, 1/4, 142-44.

[13] "En virtud de esta catolicidad, cada una de las partes colabora con sus dones propios con las restantes partes y con toda la Iglesia, de tal modo que el todo y cada una de las partes aumentan a causa de todos los que mutuamente se comunican y tienden a la plenitud en la unidad. De donde resulta que el Pueblo de Dios no solo reúne a personas de pueblos diversos, sino que en sí mismo está integrado por diversos órdenes. Hay, en efecto, entre sus miembros una diversidad, sea en cuanto a los oficios, pues algunos desempeñan el ministerio sagrado en bien de sus hermanos, sea en razón de la condición y estado de vida, pues muchos en el estado religioso estimulan con su ejemplo a los hermanos al tender a la santidad por un camino más estrecho". *Lumen gentium* 13.

llamando a un ejercicio horizontal del *sensus omnium fidelium* desde donde se integre y articule a la totalidad del pueblo de Dios, el colegio episcopal y el sucesor de Pedro, pero en ese orden específico; a saber, *primero el pueblo de Dios (todos), luego los obispos (algunos) y finalmente el Obispo de Roma (uno)*.

En este contexto, es que Francisco dice que «el Papa no está, por sí mismo, por encima de la Iglesia; sino dentro de ella como *bautizado entre los bautizados* y dentro del Colegio episcopal como *obispo entre los obispos*»[14]. Esto supone lo que había avizorado en el 2013 como parte esencial de la reforma: la «conversión del papado» como paso hacia una necesaria descentralización en la Iglesia (*EG* 32). El principio del ministerio jerárquico queda enmarcado en la búsqueda de la unidad y no en la verticalidad del mandato, lo cual lleva a la reflexión del ejercicio de la colegialidad en un doble sentido: afectiva (*collegialitas affectiva*) y efectiva (*collegialitas effectiva*).

La inversión de la pirámide no tiene como objeto mejorar la práctica colegial buscando un mejor balance entre el ejercicio del primado papal y el colegio episcopal, como tampoco se trata de una mera redistribución de la corresponsabilidad eclesial, sino —y ante todo— de generar un auténtico proceso de involucramiento de *todo* el Pueblo de Dios en las funciones de enseñanza, santificación y gobernanza. Esto supone una auténtica eclesiogénesis que valora a la Iglesia en su *conjunto* y a partir de su *permanente conversión pastoral y misionera desde la base*. La inversión de la pirámide alude, pues, a un estilo eclesial y a un modo de proceder que se traduce en la búsqueda de mecanismos, espacios y modos de «trabajo común (...), en la participación de todos según la diversidad y originalidad de los dones y servicios»[15], porque

---

[14] Francisco, *Discurso en la Conmemoración del 50 Aniversario de la institución del Sínodo de los Obispos* (17 de octubre de 2015) http://w2.vatican.va/content/francesco/es/speeches/2015/october/documents/papa-francesco_20151017_50-anniversario-sinodo.html

[15] «La sinodalidad no propone solamente un modelo de intercambio y concertación sino, sobre todo, ella permite participar a todos, según su rango, en un trabajo común.

«en virtud del Bautismo recibido, cada miembro del Pueblo de Dios se ha convertido en discípulo misionero (cf. *Mt* 28,19). Cada uno de los bautizados, cualquiera que sea su función en la Iglesia y el grado de ilustración de su fe, es un agente evangelizador, y sería inadecuado pensar en un esquema de evangelización llevado adelante por actores calificados donde el resto del pueblo fiel sea sólo receptivo de sus acciones» (*EG* 120).

3. LA SINODALIDAD COMO DIMENSIÓN CONSTITUTIVA Y EJE ESTRUCTURADOR DE LA REFORMA

La *forma mentis* de todo este giro eclesiológico que impulsa Francisco, la encontramos expresada en su discurso durante la *Conmemoración del 50 Aniversario de la institución del Sínodo de los Obispos*[16]. Ahí no sólo definió a la naturaleza de la Iglesia, sino también hacia donde debía ir la reforma: «el camino de la sinodalidad es el camino que Dios espera de la Iglesia del tercer milenio. Lo que el Señor nos pide, en cierto sentido, ya está todo contenido en la palabra «Sínodo», caminar juntos —*laicos, pastores, Obispo de Roma*»[17]. Siguiendo a Pablo VI[18], Francisco quiere profundizar la reforma a la luz «del espíritu y el método» conci-

---

Por lo tanto, este concepto garantiza una participación ordenada y orgánica, teniendo en cuenta la diversidad de funciones, lo que la corresponsabilidad no garantiza. La sinodalidad tiene el mérito de ejercer correctamente la participación de todos según la diversidad y la originalidad de los dones y los servicios. De modo aún más específico, la sinodalidad expresa el estado de cada uno; estado resultante de los sacramentos: bautismo-confirmación y orden». Gilles Routhier, «Évangile et modèle de sociabilité», *Laval Théologique et Philosophique* 51/1 (1995) 69.

[16] Cf. Francisco, *Discurso en la Conmemoración del 50 Aniversario de la institución del Sínodo de los Obispos* (17 de octubre de 2015) http://w2.vatican.va/content/francesco/es/speeches/2015/october/documents/papa-francesco_20151017_50-anniversario-sinodo.html

[17] Francisco, *Discurso en la Conmemoración del 50 Aniversario de la institución del Sínodo de los Obispos* (17 de octubre de 2015) http://w2.vatican.va/content/francesco/es/speeches/2015/october/documents/papa-francesco_20151017_50-anniversario-sinodo.html

[18] Cf. Pablo VI, *Discurso al inicio de los trabajos en el Aula Sinodal. Synodus Episcoporum* (30 septiembre de 1967).
https://w2.vatican.va/content/paul-vi/it/speeches/1967/september/documents/hf_p-vi_spe_19670930_inizio-lavori-sinodo.html

liar que ha recibido, lo cual significa —en palabras de la CTI— que «aunque el término y el concepto de sinodalidad no se encuentren explícitamente en la enseñanza del Concilio Vaticano II, se puede afirmar que la instancia de la sinodalidad se encuentra en el corazón de la obra de renovación promovida por él»[19].

El citado documento de la *Comisión Teológica Internacional* califica a la sinodalidad como una «dimensión constitutiva de toda la Iglesia», porque se refiere a «la específica forma de vivir y obrar (*modus vivendi et operandi*)». La podemos definir, aún más, como un *modo eclesial de proceder*, por lo que también es una realidad *constituyente*, procesual, antes que una mera práctica puntual de índole funcional y organizacional. Ella implica la revisión continua de *estilos de vida* (espíritu) y *prácticas de discernimiento* (método) que se ejecutan a todos los *niveles y estructuras de gobierno*. Por ello, a la luz de la sinodalidad podemos avanzar en la recepción actual del Concilio pues ella ha de constituirse en el eje estructurador de un proceso de *eclesiogénesis* que involucre al Pueblo de Dios, en su totalidad, en los procesos de *discernimiento, elaboración* y *toma de decisiones* eclesiales. Es la manera de concretar el clásico principio medieval según el cual *lo que afecta a todos debe ser tratado y aprobado por todos (quod omnes tangit ab omnibus tractari et approbari debet).*

Al ser la sinodalidad una dimensión *constitutiva* y *constituyente* de lo eclesial, no puede identificarse con un acontecimiento puntual, ni reducirse a un método. La sinodalidad es mucho más que las formas institucionales clásicas mediante las cuales ésta se puede realizar, como son los concilios, los sínodos o los consejos, entre otros[20]. Pero la sinodalidad tampoco es un nuevo modelo eclesial, sino lo que hace posible a un modelo. Es

---

[19] Comisión Teológica Internacional, *La sinodalidad en la vida y en la misión de la Iglesia* (2 de marzo de 2018): http://www.vatican.va/roman_curia/congregations/cfaith/cti_documents/rc_cti_20180302_sinodalita_sp.html

[20] Cf. Winfried Aymans, "Sinodalità: forma di governo ordinaria o straordinaria nella Chiesa" en Winfried Aymans, *Diritto canonico e comunione ecclesiale. Saggi di diritto canonico in prospettiva teologica*, Giappichelli Editore, Torino 1993, 40.

la puesta en marcha de un proceso de eclesiogénesis continuo que genera un modo eclesial de proceder. Un eje estructurador y transversal de la eclesialidad que deriva en una eclesiología.

Bernard Franck sostiene que «la esencia de la sinodalidad es un espíritu en lugar de un principio»[21], porque acentúa la *relación y los procesos* entre los sujetos, para lograr «la unidad en la pluralidad», el «todo en las partes». Mediante ella se acciona el conjunto, el *sensus ecclesiae*, reconociendo la normatividad de cada una de las *subjetividades* eclesiales existentes. Según Franck, esto se logra por medio de dinámicas participativas como son «la escucha recíproca, el intercambio y la comunicación, el compartir y la solidaridad, el deseo de llegar a un consenso, a una convicción común. Esto requiere la voluntad de colaborar y cooperar, de aceptar y de acoger, de dar y de recibir. Esto supone relaciones impregnadas de respeto y de caridad, de humildad y de pobreza. Así es el espíritu 'sinodal'»[22]. Gilles Routhier lo expone del siguiente modo:

> «la sinodalidad no puede reducirse a una mecánica formal, como si el establecimiento de figuras institucionales y la implementación de procedimientos y prácticas consiguientes fueran suficientes para que pudiéramos vivir. Por el contrario, también puede existir donde los procesos formales no están establecidos. En este nivel infrainstitucional, depende en gran medida de la capacidad de escuchar y la voluntad de aprender de los demás. Se basa en aquellos que realizan la función de presidir, en el entendimiento de su ministerio y en la conciencia de esta función de presidir la Iglesia de Dios, que ha sido confiada a sus ministros ordenados, sin separarlos (ni empoderarlos) de los otros miembros de la *Ecclesia Dei*. Por lo tanto, la sinodalidad, que pide actitudes y es producto de un espíritu, *depende en gran medida de las habilidades relacionales de quienes ejercen*

---

[21] Bernard Franck, "Les expériences synodales après Vatican II", *Communio* III/3 (1978) 77.
[22] Ibídem.

cargos y de su capacidad de situarse como hermanos, amigos, colaboradores y cooperadores»[23].

Por ello, y con audacia, Francisco afirma que "una Iglesia sinodal es una *Iglesia de la escucha*, con la conciencia de que escuchar «es más que oír». Es una escucha recíproca en la cual cada uno tiene algo que aprender. Pueblo fiel, colegio episcopal, Obispo de Roma: uno en escucha de los otros; y todos en escucha del Espíritu Santo, el «Espíritu de verdad» (Jn 14,17), para conocer lo que él «dice a las Iglesias» (Ap 2,7)"[24]. Por tanto, como explica Borras, en la Iglesia «todos están invitados a escuchar a los otros, a discernir juntos las decisiones pastorales y a implementarlas, cada uno por su parte. Se trata de discernir lo que le dice el Espíritu de Cristo a la Iglesia que él construye en este lugar. Sin embargo, el Espíritu «habla» a través de diferentes mediaciones como son la escucha al Evangelio, el silencio de la oración, la relectura creyente de la vida y de los acontecimientos, la confrontación de los puntos de vista, etc»[25].

Podemos hablar de un *estilo sinodal* que tiene que ser formado, y cuyas actitudes son la escucha, el discernimiento, el diálogo y la capacidad de construir consensos, y sin las cuales no se generarán los procesos de reforma que se requieren que, en palabras de *Medellín*, deben abarcar el «constante cambio de estructuras, la transformación de actitudes y la conversión de corazones» (*Paz* 14). Por ello, la novedad de la visión de Francisco no

---

[23] Gilles Routhier, "La synodalitè dans l'Église locale", *Scripta Theologica* 48 (2016) 701.

[24] Francisco, *Discurso en la Conmemoración del 50 Aniversario de la institución del Sínodo de los Obispos* (17 de octubre de 2015) http://w2.vatican.va/content/francesco/es/speeches/2015/october/documents/papa-francesco_20151017_50-anniversario-sinodo.html

[25] "Tous sont invités à se mettre à l'écoute des autres, à discerner ensemble les choix pastoraux et à les mettre en œuvre, chacun pour sa part. Il s'agit de discerner ce que dit l'Esprit du Christ à l'Église qu'il édifie *en ce lieu*. Or, l'Esprit «parle» à travers différentes médiations comme l'écoute de l'Évangile, le silence de la prière, la relecture croyante de la vie et des événements, la confrontation des points de vue, etc". Alphonse Borras, "Trois expressions de la synodalité depuis Vatican II", *Ephemerides Theologicae Lovanienses* 90 (2014) 648.

radica en la sinodalidad en sí misma, sino en que ésta ha de ser posibilitada y accionada por la *conversión pastoral*[26] —como hemos expuesto anteriormente. No podemos, pues, separar la conversión sinodal de la conversión pastoral. Esto quedó claro en su mensaje a la Curia en el 2016 cuando afirmó que «la reforma de la Curia no se lleva a cabo de ningún modo con el cambio de las personas —que sin duda sucede y sucederá— sino con *la conversión de las personas*. En realidad, no es suficiente una «formación permanente», se necesita también y, sobre todo, «una conversión y una purificación permanente». *Sin un «cambio de mentalidad» el esfuerzo funcional sería inútil»*[27]. A pesar de ser este cambio de mentalidad un factor decisivo en cualquier proceso sinodal, no podemos dejar pasar la advertencia que hace Alphonse Borras al reconocer que,

> «además de una sinodalidad informal que resulta de la escucha mutua y la asociación de todos los bautizados en la misión, existe una práctica más formal de la sinodalidad en modos más o menos formalizadas y en diferentes niveles de institucionalización. Las prácticas sinodales no se limitan a las instituciones sinodales existentes en un momento dado en la historia de la Iglesia y a los procedimientos que prevén o sancionan. Sin embargo, *la sinodalidad difícilmente puede existir sin lugares ni procedimientos institucionales para su implementación»*[28].

---

[26] Francisco, *Felicitaciones navideñas a la curia romana* (22 de diciembre de 2016) http://w2.vatican.va/content/francesco/es/speeches/2016/december/documents/papa-francesco_20161222_curia-romana.html

[27] Para ello, el Papa indica los 12 principios que deben guiar tal proceso de reforma y conversión: "individualidad (conversión personal); Pastoralidad (conversión pastoral); misionariedad (cristocentrismo); racionalidad; funcionalidad; modernidad (actualización); sobriedad; subsidiaridad; sinodalidad; catolicidad; profesionalismo and gradualidad (discernimiento)".

[28] "À côté d'une synodalité *informelle* résultant de l'écoute mutuelle et du partenariat des baptisés dans la mission, il y a une pratique plus *formelle* de la synodalité selon des manières plus on moins formalisées et différents niveaux d'institutionnalisation. Les pratiques synodales ne se limitent pas aux institutions synodales existant à un moment donné dans l'histoire de l'Église et aux procédures qu'elles prévoient ou sanctionnent. Il reste cependant que la synodalité peut difficilement exister sans lieux institutionnels

Por tanto, si bien es cierto que la sinodalidad implica el escucharnos mientras *caminamos*, hay que reconocer que ésta sólo se realiza al *reunirnos y discernir juntos* en orden a accionar modalidades y procesos decisionales que surjan de la participación del todo y las partes (*LG* 13). Un caso y reto referido a las modalidades y los procesos necesarios, está relacionado con las prácticas de discernimiento y el tipo de votos en una asamblea sinodal. El problema no radica sólo en la persecución del voto deliberativo de la mayoría o el principio de la *maior pars*, sino también en el discernimiento del voto minoritario, sea consultivo o deliberativo, pero que represente la *sanior pars*. La razón radica en que en todo proceso sinodal el sujeto siempre ha de ser *la totalidad de los fieles*[29] que se expresa a través de formas, procedimientos y estructuras comunitarias —antes que meramente grupales y sectarias— con el fin de lograr consensos vinculantes a todos(as). Pero sólo en el marco de un espíritu fraterno que facilite la participación y la libre interacción entre todos(as) es que se pueden crear *consensos eclesiales*[30]. De otro modo, los resultados serán sólo formales, más no necesariamente representativos de todo el Pueblo de Dios.

En fin, sin modalidades y mecanismos de participación inclusiva *efectiva* capaces de generar el *vínculo* entre «uno, algunos

---

ni procédures de mise en œuvre". Alphone Borras, "Trois expressions de la synodalité depuis Vatican II", *Ephemerides Theologicae Lovanienses* 90 (2014) 650.

[29] "En la Iglesia sinodal *toda la comunidad*, en la libre y rica diversidad de sus miembros, es convocada para orar, escuchar, analizar, dialogar y aconsejar *para que se tomen las decisiones pastorales* más conformes con la voluntad de Dios". Comisión Teológica Internacional, *La sinodalidad en la vida y en la misión de la Iglesia* (2 de marzo de 2018) n. 68: http://www.vatican.va/roman_curia/congregations/cfaith/cti_documents/rc_cti_20180302_sinodalita_sp.html

[30] "Non dipende semplicemente e prima di tutto da un buon funzionamento dei vari organismi né da semplici criteri della partecipazione democratica, come il criterio della maggioranza, ma esige da parte dei suoi membri una coscienza ecclesiale, uno stile di comunicazione fraterna, che traduca la comunione e la comune convergenza su un progetto di Chiesa". Antonio Lanfranchi, "Prassi spirituale del discernimento comunitario", en Ricardo Battocchio - Serena Noceti, *Chiesa e* sinodalità, Glossa, Milano 2007, 194.

y todos» se pone en juego la misión de la Iglesia y su propia credibilidad. En *Evangelii Gaudium*, al hablar de la figura del obispo, Francisco enfatiza que

> «en su misión de fomentar una comunión dinámica, abierta y misionera, tendrá que alentar y procurar la maduración de los *mecanismos de participación* que propone el *Código de Derecho Canónico* y otras formas de diálogo pastoral, con el deseo de escuchar a todos y no sólo a algunos que le acaricien los oídos. Pero el objetivo de estos procesos participativos no será principalmente la organización eclesial, sino el sueño misionero de llegar a todos» (*EG* 31).

4. LA SINODALIDAD COMO DIMENSIÓN CONSTITUYENTE Y VINCULANTE

La profundización del camino sinodal por Francisco nos debe llevar a avanzar en la reflexión sobre los modos de participación y el grado de incorporación de todos(as) en la gestión de las decisiones, así como en la dimensión ministerial de la Iglesia. Cabe de nuevo recordar el llamado que hace *Aparecida* cuando señala que todos(as) debemos participar en las distintas etapas que afectan a la misión de la Iglesia: el discernimiento, la toma de decisiones, la planificación y la ejecución (*Aparecida* 371). Al definir a una *Iglesia sinodal*, la Comisión Teológica Internacional aporta dos claves de lectura fundamentales en esta dirección:

(a) «en la Iglesia sinodal *toda la comunidad*, en la libre y rica diversidad de sus miembros, es convocada para orar, escuchar, analizar, dialogar y aconsejar *para que se tomen las decisiones pastorales* más conformes con la voluntad de Dios»[31];

(b) «una Iglesia sinodal es una *Iglesia participativa y corresponsable*. En el ejercicio de la sinodalidad está llamada a articular *la participación de todos, según la vocación de cada uno*, con la au-

---

[31] Comisión Teológica Internacional, *La sinodalidad en la vida y en la misión de la Iglesia* (2 de marzo de 2018) n. 53: http://www.vatican.va/roman_curia/congregations/cfaith/cti_documents/rc_cti_20180302_sinodalita_sp.html

toridad conferida por Cristo al Colegio de los Obispos presididos por el Papa. La participación se funda sobre el hecho de que todos los fieles están habilitados y son llamados para que cada uno ponga al servicio de los demás los respectivos dones recibidos del Espíritu Santo»[32].

En el fondo, lo que está en juego es el propio modelo de Iglesia que podemos tener. El modelo eclesiológico es decisivo para concebir los sujetos y sus modalidades de participación, así como para determinar la vinculación de los ministros ordenados a los procesos de elaboración de decisiones. Si se entiende a la Iglesia desde su condición de *discípula-misionera*, entonces «la totalidad del Pueblo de Dios es sujeto» de todos los procesos que corresponda discernir con el fin de cumplir *la misión de la Iglesia*. Esto supone que, si «la sinodalidad es la forma por medio de la cual puede acontecer el reconocimiento de las múltiples subjetividades, todas necesarias, aunque en modos diversos, en función del cumplimiento de la misión de la Iglesia»[33], entonces nadie puede estar excluido de la convocatoria a participar. Sin embargo, dicha participación pasa necesariamente por la recuperación de un modelo de Iglesia ministerial, capaz de «activar en *sinergia sinodal los ministerios y carismas*»[34] presentes en la vida eclesial para discernir su misión hoy. Una Iglesia ministerial basa sus relaciones en los carismas y dones, antes que en el orden

---

[32] Comisión Teológica Internacional, *La sinodalidad en la vida y en la misión de la Iglesia* (2 de marzo de 2018) n. 67: http://www.vatican.va/roman_curia/congregations/cfaith/cti_documents/rc_cti_20180302_sinodalita_sp.html

[33] Gaudenzio Zamnon, "Riconoscimento reciproco di soggettività tra laici e ministri ordinati in ordine ad una forma sinodale di chiesa", en Ricardo Battocchio - Serena Noceti, *Chiesa e* sinodalità, Glossa, Milano 2007, 194.

[34] "En la Iglesia, la sinodalidad se vive al servicio de la misión. *Ecclesia peregrinans natura sua missionaria est*, «ella existe para evangelizar». Todo el Pueblo de Dios es el sujeto del anuncio del Evangelio. En él, todo Bautizado es convocado para ser protagonista de la misión porque todos somos discípulos misioneros. La Iglesia está llamada a activar en *sinergia sinodal los ministerios y carismas* presentes en su vida para discernir, en actitud de escucha de la voz del Espíritu, los caminos de la evangelización". Comisión Teológica Internacional, *La sinodalidad en la vida y en la misión de la Iglesia* (2 de marzo, 2018) n. 53: http://www.vatican.va/roman_curia/congregations/cfaith/cti_documents/rc_cti_201803 02_sinodalita_sp.html

y la potestad. De ahí la horizontalidad y circularidad con los que deben pensarse los procesos de elaboración y toma de decisiones.

En virtud de esto, la sinodalidad no puede limitarse a la convocatoria de eventos o creación de estructuras sinodales, pues se trata, ante todo, de un *modo de proceder eclesial* y, por tanto, de un *eje transversal*, que parte de una base ambiental fraterna (*affectus*), para ir generando el vínculo que se traduzca en decisiones que luego han de ser formalizadas institucional y canónicamente (*effectus*). Por ello, la sinodalidad exige "la activación, a partir de la Iglesia particular y en todos los niveles, de la circularidad entre el ministerio de los Pastorales, la participación y corresponsabilidad de los laicos, y los impulsos provenientes de los dones carismáticos según la circularidad dinámica entre «uno», «algunos» y «todos»"[35]. Eso supone una articulación de la función específica del ministerio ordenado de obispos, presbíteros, diáconos, con la comunidad en la que viven y a la que sirven. Lo que hace posible esto es, según Gilles Routhier, el *diálogo*, como mecanismo que activa todo el proceso sinodal, mediante tres acciones o prácticas: *expresar la opinión, escuchar y tomar consejos*[36].

Podemos, entonces, hablar de un *modo de proceder sinodal* caracterizado por los siguientes pasos: (a) *aconsejar en la Iglesia* lo cual supone *ver* la realidad, recoger datos y escuchar opiniones; (b) *juzgar* y evaluar lo recogido en este proceso; (c) y aplicar lo asumido en orden a la misión de la Iglesia, es decir, *actuar*. Al proceder de este modo, el propio método nos obliga a implementar dinámicas que «deben favorecer la difusión más completa de la información, permitir la consulta y la expresión serena de los diversos puntos de vista, apoyar el estudio que lleva a la maduración de las ideas, enmarcar el intercambio y delibe-

---

[35] Comisión Teológica Internacional, *La sinodalidad en la vida y en la misión de la Iglesia* (2 de marzo de 2018) n. 106: http://www.vatican.va/roman_curia/congregations/cfaith/cti_documents/rc_cti_20180302_sinodalita_sp.html

[36] "Tres acciones o prácticas describen concretamente lo que es el diálogo: *expresar la opinión, escuchar y tomar consejos*". Gilles Routhier, "La synodalitè dans l'Église locale", *Scripta Theologica* 48 (2016) 695-696.

ración que conducen a la toma de decisiones, fomentar la retroalimentación para comprender las orientaciones tomadas, etc. Los procedimientos invitan a reuniones, intercambios y diálogos, estableciendo relaciones e interacciones típicas entre personas»[37].

Así, pues, en relación con las modalidades de participación y la creación de vínculos «es necesario distinguir entre el proceso para elaborar una decisión (*decision-making*) mediante un trabajo común de discernimiento, consulta y cooperación, y la decisión pastoral (*decision-taking*) que compete a la autoridad del Obispo, garante de la apostolicidad y catolicidad. La elaboración es una competencia sinodal, la decisión es una responsabilidad ministerial»[38]. Lo importante es que estos dos momentos del proceso no se consideren separados, sino que sean mutuamente vinculantes. Es por ello que la Comisión Teológica Internacional habla de la circularidad que debe existir entre el *sensus fidei*, el *discernimiento*, y la *autoridad* en virtud de la dignidad bautismal y la corresponsabilidad de todos. Si esta circularidad funciona, entonces el proceso de *decision-taking* no será tan distinto al que lo precede del *decision-making*.

> «el Pueblo de Dios *en su totalidad* es interpelado por su original vocación sinodal. La *circularidad* entre el *sensus fidei* con el que están marcados todos los fieles, el *discernimiento* obrado en diversos niveles de realización de la sinodalidad y la *autoridad* de quien ejerce el ministerio pastoral de la unidad y del gobierno describe la dinámica de la sinodalidad. Esta circularidad promueve la dignidad bautismal y la corresponsabilidad de todos, valoriza

---

[37] Gilles Routhier, "La synodalitè dans l'Église locale", *Scripta Theologica* 48 (2016) 700-701.
[38] Comisión Teológica Internacional, *La sinodalidad en la vida y en la misión de la Iglesia* (2 de marzo de 2018) n. 70: http://www.vatican.va/roman_curia/congregations/cfaith/cti_documents/rc_cti_20180302_sinodalita_sp.html

la presencia de los carismas infundidos por el Espíritu Santo en el Pueblo de Dios»[39].

El reto está, pues, en lograr que las modalidades participativas bajo las cuales se ejecuta esta *circularidad* sean capaces de *incorporar sujetos* —hasta ahora ausentes o considerados sólo auxiliares— y *producir decisiones vinculantes*, para lo cual es necesario reconocer el carácter normativo y recíproco de la vocación de cada sujeto eclesial con relación a su interacción con el resto. Nuevamente estamos ante un problema de modelo eclesiológico antes que meramente metodológico y funcional.

El Concilio nos recuerda que el depósito de la Palabra de Dios ha sido confiado a «todo el Pueblo de Dios, unido a sus pastores» (*Dei Verbum* 10) y, en razón de esta *unión*, que es normativa, han de «constituir un consenso singular» (*fidelium conspiratio*). Es por ello, que la Comisión Teológica Internacional sostiene que esta *circularidad* es vinculante a todos y su meta es *llegar a un acuerdo en el discernimiento de la verdad y en el camino de la misión*. Un acuerdo que se traduzca en decisión, mas no al revés. Así lo expresa:

> «en el nivel de la Iglesia universal, la sinodalidad, como dimensión constitutiva de la Iglesia, se expresa en la *circularidad dinámica* del *consensus fidelium*, de la colegialidad episcopal y del primado del Obispo de Roma. La Iglesia, afirmada sobre este fundamento, es interpelada en todo tiempo por circunstancias y desafíos concretos, y para responder a todo esto de una manera fiel al *depositum fidei* y con una apertura creativa a la voz del Espíritu, está llamada a *activar la escucha de todos los sujetos que en su conjunto forman el Pueblo de Dios para llegar a un acuerdo en el discernimiento de la verdad y en el camino de la misión*»[40].

---

[39] Comisión Teológica Internacional, *La sinodalidad en la vida y en la misión de la Iglesia* (2 de marzo, 2018) n. 72: http://www.vatican.va/roman_curia/congregations/cfaith/cti_documents/rc_cti_20180302_sinodalita_sp.html

[40] Comisión Teológica Internacional, *La sinodalidad en la vida y en la misión de la Iglesia* (2 de marzo, 2018) n. 94: http://www.vatican.va/roman_curia/congregations/cfaith/cti_documents/rc_cti_20180302_sinodalita_sp.html

Los mecanismos y procedimientos de *consulta* no pueden ser los únicos factores ni los más importantes para la elaboración de las decisiones en un proceso sinodal, como tampoco lo es la mera escucha a individuos aislados, sino, como hemos insistido, el *diálogo* y el *discernimiento en conjunto* con miras a *elaborar decisiones*. Lo vinculante se encuentra en este proceso de *decision-making*. Esto es lo que cualifica un auténtico proceso sinodal, ya que sin este elemento la toma de decisiones o *decision-taking* pudiera estar basado en un modelo eclesial piramidal que se quiere superar.

Un ejemplo concreto de esto lo podemos encontrar en la relación que se determine entre el voto consultivo y el deliberativo. El voto consultivo es parte *constituyente* del proceso a partir del cual surge el *consensus fidelium*, denotando una relación de reciprocidad entre laicos-presbíteros-obispos sin la que no sería posible la formulación del consenso. En este sentido, debe ser vinculante. Esto implica, por tanto, que el voto deliberativo de los obispos se debe de hacer al interior del pueblo de Dios, como testimonio decisivo y último del proceso que surge del voto consultivo de todos los fieles y en interacción con ellos. De este modo, el voto deliberativo debe expresar el *sentire cum ecclesiae*, más no el sentir de la jerarquía como si ésta pudiera subsistir fuera de la *communio fidelium*[41]. Es así como el *decision-taking* de los *muchos* (colegialidad episcopal) y del *uno* (primado), no puede estar separado del *decision-making* de *todos* (los fieles, en los que los obispos y el Papa están incluidos como fieles también).

Ciertamente los procedimientos de consulta son indispensables para formarse un juicio más adecuado acerca de lo que se deba debatir, pero la *participación de todos en la misión* de la Iglesia va mucho más allá de eso, pues —como hemos explicado— el *discernimiento*, la *toma de decisiones*, la *planificación* y la *ejecución* de esta misión es responsabilidad, *en conciencia*, de

---

[41] Cf. Juan Ignacio Arrieta, "Órganos de participación y corresponsabilidad en la Iglesia diocesana", *Ius Canonicum* 68 (1994) 553-593.

todos, y no de unos pocos, y como tal debe encontrar modalidades y estructuras adecuadas[42]. El reto hoy es claro: vincular la reforma de las mentalidades a la reforma de las estructuras[43], o aún más, trabajar el proceso actual de reformas a la par de una revisión orgánica del código de derecho canónico. Aún así, hemos de reconocer que esto conlleva siempre un problema de modelo eclesiológico.

---

[42] Cf. Francesco Coccopalmerio, "La natura della consultività ecclesiale", in Mauro Rivella, *Partecipazione e corresponsabilità nella Chiesa*, Ancora, Milano 2000, 23-31.

[43] Sirven aquí recordar las palabras del Cardenal Suenens al evaluar el Concilio: "el porvenir del nuevo derecho canónico dependerá, predicción que puede hacerse sin dificultad, de la aplicación que se haga del principio de subsidiariedad (...). El principio fue recordado en el primer Sínodo de obispos y ha sido considerado como teóricamente adquirido. El bueno éxito del nuevo código dependerá de la medida en que inspirándose en el espíritu del Vaticano II, traduzca, a la legislación, la teología de la Iglesia que evocamos al principio y que está hecha, por esencia, a base de subsidiariedad". Entrevista: "*La unidad de la Iglesia en la lógica del Vaticano II*. El cardenal Suenens contesta las preguntas de José Broucker", *El Ciervo*, 184 (Junio de 1969) 7.

LA RECEPCIÓN DEL VATICANO II EN AMÉRICA LATINA Y EL CARIBE: UNA MIRADA DE CONJUNTO SOBRE ALGUNOS PUNTOS RELEVANTES

Carlos Schickendantz

INTRODUCCIÓN

Describir sobre la recepción conciliar en las iglesias de un continente es una tarea que requiere una clara conciencia de los límites. Por una parte, la obra del Vaticano II abarca los más diversos temas de la vida de la Iglesia y de las teologías de una región, por otra, particularmente en América Latina y el Caribe, crece la conciencia acerca de la complejidad y diversidad de las realidades socio-culturales. Se trata no solo de las diferencias entre países, sino también entre las múltiples subculturas al interior de ellos. Pero, no obstante todas esas realidades pluriformes y complejas es posible reconocer características comunes, incluso en referencia a la vida de la Iglesia, que permiten hablar de una realidad latinoamericana y caribeña.

Ha existido y existe todavía hoy un *consenso casi unánime* sobre el valor positivo y decisivo del Concilio para la vida de la Iglesia en este continente. Esto puede ser verificado en los textos más diversos: los episcopales –individuales y colegiales–, las innumerables producciones teológicas y pastorales de múltiples colectivos, particularmente, grupos de sacerdotes de diversos países, de congregaciones religiosas, etc. El Vaticano II, como conjunto, llegó a ser prontamente un símbolo de renovación. Algunos análisis asumieron la imagen de un nuevo Pentecostés para caracterizar el significado de este evento. Muchas de las más típicas expresiones del catolicismo latinoamericano posconciliar, como las comunidades eclesiales de base (CEBs), la lectura popular de la Biblia, la valoración de la religiosidad popular, la inserción de la vida religiosa en ambientes pobres, la misma Teología de la liberación se reconocen como realidades teológico-pastorales deudoras y agradecidas del evento conciliar. Estas realidades eclesiales, entre otras, son las que permiten afirmar que la recepción en estas tierras ha sido «selectiva, creativa y fiel»[1].

Otro aspecto general caracteriza la recepción: los mismos textos del Vaticano II no han sido trabajados directamente en la misma proporción que lo realizado en otras lenguas y regiones. El análisis de la recepción conciliar debe hacerse aún allí donde no se explicita su vinculación con el Vaticano II. Es posible hablar de una *vinculación mediada*, de ninguna manera superficial. Dos hechos pueden verificarse en gran parte de la bibliografía teológica de nuestro continente a diferencia de la investigación en otras latitudes. El Vaticano II es normalmente considerado en unión con la Conferencia de Medellín como un único gran evento de celebración y recepción. Probablemente el carácter todavía muy europeo del Concilio, visible en sus temáticas presentes y también en las ausentes, ha colaborado a esta dinámica. De allí que, al conmemorarse los 50 años, se habló de una «doble memoria», el Concilio y Medellín.[2] G. Gutiérrez caracterizó bien este aspecto:

> Considero que, desde América Latina y el Caribe, es legítimo entender por acontecimiento conciliar el conjunto de tres elementos: Juan XXIII y sus intervenciones en los dos años previos a la apertura del Concilio, donde expresó intuiciones, que no fueron totalmente recogidas en el Concilio. (...) En segundo lugar, los documentos conciliares elaborados, después de largos debates, incluyendo el clima en el que fueron discutidos y aprobados. Finalmente, la Conferencia Episcopal de Medellín convocada para conside-

---

[1] S. Galilea, "Ejemplo de recepción selectiva y creativa del Concilio en América Latina", en G. Alberigo – J. P. Jossua (eds.), *La recepción del Vaticano II*, Madrid: Cristiandad 1987, 86-101.

[2] J. L. Libanio, "Nuevos desafíos y tareas para la teología en América Latina y el Caribe", en Congreso Continental de Teología (ed.), *50 años del Vaticano II. Análisis y perspectivas*, Bogotá: Paulinas 2013, 160-184, 164.

rar la situación de la Iglesia y de América Latina *a la luz del Concilio*, se trató de la primera, y creativa, recepción de tres años después de la culminación del Vaticano II. (…) Medellín fue, al mismo tiempo, una lectura del Vaticano II desde América Latina y el Caribe.[3]

La recepción de la herencia conciliar, por otra parte, está vinculada en buena medida a algunos grandes textos magisteriales posteriores. Un caso emblemático lo representa la exhortación *Evangelii nuntiandi* (1975), determinante para la perspectiva de la Conferencia General celebrada en Puebla (1979); dicha exhortación es el documento más relevante del posconcilio en opinión de Francisco.[4] La encíclica *Populorum progressio* (1967), que presenta una reflexión no suficientemente tratada en el Vaticano II, tuvo un influjo importante en la Conferencia de Medellín; fue calificada, incluso, «algo así como la *Gaudium et spes* del tercer mundo»[5].

Con el inicio de la «latinoamericanización» del Vaticano II[6] se produce a la vez un fenómeno novedoso. El nacimiento de la conciencia de ser *una iglesia regional con rasgos propios*, diversos a las realidades de otros continentes, sobre todo el europeo, tiene su punto de partida, precisamente, en el acontecimiento conciliar y su inmediata recepción en la Segunda Conferencia General del Episcopado Latinoamericano celebrada en Medellín (1968). Este

---

[3] G. Gutiérrez, "La teología latinoamericana: trayectoria y perspectivas", en Congreso Continental de Teología (ed.), *50 años del Vaticano II. Análisis y perspectivas*, Bogotá: Paulinas 2013, 113-125, 116-117.

[4] Cf. Discurso a los participantes de la asamblea diocesana de Roma (16/6/2014).
http://w2.vatican.va/content/francesco/es/speeches/2014/june/documents/papa-francesco_20140616_apertura-convegno-diocesano.html

[5] G. Gutiérrez, "Significado y alcance de Medellín", en G. Gutiérrez, *De Medellín a Aparecida. Artículos reunidos*, Lima: CEP 2018, 65-122, 86 (original de 1989).

[6] C. M. Galli, *La alegría del Evangelio en América Latina*, Buenos Aires: Ágape libros 2018, 14.

evento es caracterizado «en cierto sentido», como «el acta de nacimiento de la Iglesia latinoamericana y caribeña»[7].

1. SIGNOS DE LOS TIEMPOS – MÉTODO VER-JUZGAR-OBRAR

La perspectiva metodológica empleada en el lenguaje magisterial, en la programación de la acción pastoral de la Iglesia y la elaboración teológica en estas décadas revela una de las líneas maestras de la recepción del Concilio en el continente. El teólogo chileno Juan Noemi ha caracterizado justamente la nueva situación: «Con anterioridad al Vaticano II predomina un ejercicio teológico para el cual el contexto espacial y temporal constituye una exterioridad, un accidente que no es considerado en sí mismo como determinante del teologizar»[8]. Con esa perspectiva histórica y de metodología teológica se advierte más claramente lo sucedido en la Conferencia de 1968: «lo más decisivo de Medellín», argumenta Noemi, «no está en haber puesto en el tapete el tema de la liberación como tal, sino en que por primera vez y de manera explícita, conscientemente, se considera la situación de América Latina, no más como un accidente prescindible, sino como antecedente al que queda confrontado el ejercicio teológico. (…) Se motiva a un quehacer y ejercicio teológicos situados y responsables de la realidad concreta y no al margen de la misma»[9].

Desde esta perspectiva se advierte, entonces, el acierto de una constatación de Víctor Codina: *Gaudium et spes* es «el texto que mayor impacto ha tenido en América Latina por su invita-

---

[7] J. O. Beozzo, "Medellin: Quarenta annos", 1. Disponible en: *Catedral São José* [en línea], http://www.catedralsaojose.org.br/catedral2011/reflexao/2534-medellin,-quarenta-anos:-1968-2008.html. Acceso en marzo de 2018.

[8] J. Noemi, "Rasgos de una teología latinoamericana", en L. Mendes de Almeida y otros, *El futuro de la reflexión teológica en América Latina*, Bogotá: CELAM 1996, 29-74, 31.

[9] J. Noemi, "Rasgos de una teología latinoamericana", 46.

ción a auscultar y a discernir los signos de los tiempos»[10]. Como es sabido, el Vaticano II había dado un paso solo inicial y muy debatido durante la confección de la Constitución pastoral. Entre las novedades que proponía la última versión del llamado Esquema XIII en la cuarta sesión del Concilio se contaba la de la estructura hermenéutica del documento que, como afirma C. Theobald, «estaba fundada sobre el método inductivo 'ver-juzgar-obrar' de la Acción católica, introducido como esquema estructurante en la primavera de 1965»[11]. A partir de aquel momento la interpretación de los signos de los tiempos, expresión bíblica y pastoral que simboliza dicho método, fue adquirida como principio teológico a partir del cual se organiza el conjunto de la futura Constitución. Por lo demás, esta metodología inductiva con una trilogía articulada dialécticamente, creada por Joseph Cardijn, fundador de la Juventud Obrera Cristiana (JOC), ya era utilizada antes del Concilio en múltiples instancias de la vida de las iglesias en América Latina y el Caribe.[12]

Es posible verificar en los diálogos y en la bibliografía internacionales que la constitución *Gaudium et spes* y, en particular, esta metodología, fueron realmente asumidas en los diversos continentes, aunque de una manera diferenciada.[13] Por lo pronto, las teologías de la liberación en sus diferentes formas –en Norteamérica, Sudamérica, Asia y África– tuvieron en esa manera de proceder un «patrón común», un «hilo unificador», no obstante

---

[10] V. Codina, "Las Iglesias del continente 50 años después del Vaticano II. Cuestiones pendientes", en Congreso Continental de Teología (ed.), *50 años del Vaticano II. Análisis y perspectivas*, Bogotá: Paulinas 2013, 81-92, 84.

[11] *Le concile Vatican II. Quel avenir?*, Paris: Cerf 2015, 228.

[12] Cf. A. Brighenti, "Método ver-julgar-agir", en J. Decio Passos – W. Lopes Sanchez (coord.), *Dicionário do Concílio Vaticano II*, São Paulo: Paulinas 2015, 608-615.

[13] Cf. H.-J. Sander, "Theologischer Kommentar zur Pastoralkonstitution über die Kirche in der Welt von heute *Gaudium et spes*", en P. Hünermann – B.-J. Hilberath (eds.), *Herders Theologischer Kommentar zum Zweiten Vatikanischen Konzil. Band 4*, Freiburg i.Br.: Herder 2005, 581-886, 835-859.

sus diversidades de género, de origen económico, nacional y étnico, cultural y/o religioso, que no deben minusvalorarse[14].

Pero debe reconocerse que, desde esta perspectiva metodológica, América Latina recorrió un camino peculiar en el posconcilio: dicha forma de proceder tuvo mayor repercusión y desarrollo en ella que en otras regiones. La Conferencia de Medellín (1968) asumió creativamente el método de reflexión teológica de la Constitución pastoral. Su característica principal reside en que, a diferencia del Concilio, el método no solo impregnó un documento, sino la «mecánica de trabajo», como fue denominada, de toda la Conferencia, que incluso se plasmó en los documentos elaborados. Gracias a Medellín, además, el impacto del método para la configuración de la identidad eclesial latinoamericana en los años siguientes resulta innegable. Como ha afirmado Brighenti, él está en la base de las prácticas eclesiales populares que desembocaron en la opción por los pobres, en la formación de las comunidades eclesiales de base, en la práctica de la lectura popular de la Biblia, en el desarrollo de la pastoral social, la militancia ciudadana y la propia Teología de la liberación.[15] Todas estas expresiones eclesiales, con sus riquezas y limitaciones, representan una cierta novedad teológico-pastoral cualitativa en la historia de la Iglesia y, en buena medida, identifican por su «originalidad» el caminar y el rostro peculiar latinoamericano. En este sentido, la afirmación de José Legorreta, que compartirían muchos autores, es significativa: «el método ver-juzgar-actuar se tornó emblemático de la nueva forma de ser Iglesia y hacer teología en América Latina».[16]

---

[14] Cf. P Phan, "Method in Liberation Theologies", *Theological Studies* 61 (2000) 40-63, 62.

[15] Cf. A. Brighenti, "Método ver-julgar-agir", 608.

[16] J. Legorreta, *Cambio e identidad de la Iglesia en América Latina. Itinerario de la eclesiología de comunión de Medellín a Aparecida*, México D.F.: Universidad Iberoamericana 2015 (edición electrónica), 255.

Un hecho marcó particularmente el desarrollo posterior a Medellín: los cuestionamientos al método ver-juzgar-obrar en las diversas Conferencias Generales del Episcopado Latinoamericano o con ocasión de ellas. Admitido sin discusiones en el tiempo de Medellín (1968), el método ha sufrido repetidos embates en las Conferencias posteriores, hasta Aparecida (2007), sin excepción. Particular atención recibe la Conferencia de Santo Domingo (1992), porque representa el caso más relevante de este retroceso. Que esta forma teológica de proceder, inductiva e histórica, que ha caracterizado muy particularmente el modo de ser y de hacer de la Iglesia de este continente haya encontrado importantes oposiciones, particularmente en el centro romano de la Iglesia, es un signo más de su importancia y de lo mucho que estaba en juego en ella.

2. LA IRRUPCIÓN DE LOS POBRES Y EN ELLOS LA IRRUPCIÓN DE DIOS

Por su riqueza y complejidad no es tarea sencilla caracterizar en pocas palabras el núcleo del proceso eclesial y la originalidad teológica de estas décadas en el continente generados a partir de Medellín. Varios autores han sugerido una formulación en estos términos: la novedad reside en la irrupción de los pobres y en ellos la irrupción de Dios.[17]

Lo que fue una convicción embrionaria en la década del sesenta, en cincuenta años ha terminado por inspirar toda una manera de entender la Iglesia en América Latina y el Caribe y por activar el desarrollo de la primera teología propiamente contextual, no europea: la Teología de la liberación. Los pobres permanecerán como un tema determinante en el continente, incluso, como un

---

[17] Cf. J. Sobrino, "Iglesia de los pobres. Vaticano II, Medellín, Romero", en X. Pikaza – J. A. Da Silva (eds.), *El Pacto de las catacumbas. La misión de los pobres en la Iglesia*, Navarra: Editorial Verbo Divino 2016, 201-212, 208.

"lugar teológico" desde el cual comprender el Evangelio.[18] La expresión «cerca del pobre, cerca de Dios» condensa un criterio clave y decisivo de discernimiento evangélico.[19]

Al adoptar el método de *Gaudium et spes* de observar la historia para escrutar en ella la presencia y la voluntad de Dios los latinoamericanos/as descubrieron que, más allá de lo que el Concilio había advertido,[20] el signo de los tiempos correspondiente a su contexto lo constituían las grandes transformaciones que afectaban todos los aspectos de la vida de las personas, particularmente la vida de los más pobres y oprimidos, la emergencia de estos como sujetos históricos y la alarma por la espiral de la violencia. En la segunda mitad del siglo XX tuvo lugar una auténtica irrupción de los pobres en la historia, sea como nuevos sujetos capaces de organizarse y luchar en el campo social y político, sea como masas cuya miseria fue considerada una injusticia estructural y no una mera fatalidad.

El magisterio episcopal latinoamericano posconciliar y la Teología de la liberación, muy entrelazados en un comienzo, reflexionaron sobre esta realidad de un modo original. En Medellín (1968), en particular, se afirma en forma rudimentaria, pero con mucha fuerza el origen teológico estricto de la que, posteriormente, la Conferencia de Puebla (1979) llamará «opción por los pobres» u «opción preferencial por los pobres» (DP 733-735, 1134-1165). «La frase opción preferencial es nueva, el contenido es muy antiguo, basta abrir la Biblia para encontrarlo»[21].

La pobreza a la que aludía la Iglesia latinoamericana de los años sesenta y setenta fue principalmente la de los campesinos en el ambiente rural, la de los inmigrantes campesinos en las

---

[18] Agradezco a J. Costadoat las informaciones y redacción de las ideas de este punto.

[19] G. Gutiérrez, "Cerca del pobre, cerca de Dios", *Páginas* 220 (2010) 6-15.

[20] Cf. J. Planellas, *La Iglesia de los pobres en el Concilio Vaticano II*, Barcelona: Herder 2014.

[21] G. Gutiérrez, "Cerca del pobre, cerca de Dios", *Páginas* 220 (2010) 6-15, 14.

grandes ciudades y la de los obreros industriales. En cualquier caso, se la reconocía en personas socio-económicamente pobres, esto es, latinoamericanos/as carentes de alimentación, salud, vivienda, educación; personas explotadas o muchedumbres desocupadas. En la medida en que varios de los países perdieron sus democracias y tuvieron que padecer dictaduras militares, las iglesias latinoamericanas vieron en las víctimas de la violación de los derechos humanos (perseguidos, torturados y desaparecidos) y en sus familiares demandantes de justicia nuevos tipos de pobres. A las carencias anteriores, se sumó la inseguridad, la falta de libertad, la humillación y el desamparo (DP 49, 314, 347).

En esos años América Latina fue, también, uno de los escenarios en los que se libró la Guerra fría entre las grandes potencias de Estados Unidos y la Unión Soviética. Los países latinoamericanos, pertenecientes al llamado Tercer mundo, se alinearon –o fueron forzados a hacerlo– con el capitalismo o con el marxismo. La Revolución cubana (1959) fue un hito que marcó toda la década del sesenta hasta que el acceso democrático al poder del presidente Salvador Allende en Chile (1970) ofreció otro paradigma de socialismo posible. El golpe militar que derrocó a Allende añadió a este país a la larga lista de naciones latinoamericanas que en esos años tuvieron dictaduras militares (Argentina, Bolivia, Brasil, Ecuador, El Salvador, Guatemala, Honduras, Nicaragua, Paraguay, Perú, Uruguay). La dictadura de Pinochet en Chile (1973-1990) fue pionera en ensayar el neoliberalismo que a poco andar predominó en el continente. La Caída del Muro de Berlín (1989), especie de triunfo de la sociedad occidental capitalista, produjo un fuerte impacto en los movimientos sociales y políticos latinoamericanos de izquierda, lo mismo que en la Teología de la liberación.

En el intento de comprender la pobreza y sus causas, en los años sesenta, los teólogos de la liberación hicieron suyo el giro operado en las ciencias sociales consistente en abandonar el «desarrollismo» –de acuerdo al cual se pensaba que los países subdesarrollados seguirían naturalmente el curso de los países desarrollados– y adoptar las «teorías de la dependencia», que postulaban la necesidad de «liberarse» los países pobres de los ricos, pues el vínculo entre ellos constituía, precisamente, el factor generador de la riqueza de unos y de la pobreza de otros.[22] Es verdad que, «pese a los límites», esta «teoría hizo avanzar cualitativamente» el estudio de la realidad social del continente, recuerda Gutiérrez. «Tal vez su aporte principal consistió en hacer ver la necesidad de un análisis estructural, es decir, no limitarse a una simple descripción de la coyuntura».[23]

El concepto de pobre solo adquirió una densidad teológica mayor cuando Medellín, Puebla y la Teología de la liberación distinguieron, gracias a la Escritura, entre pobreza «material» –la socio-económica– y pobreza «espiritual» –el compromiso de solidaridad con los pobres–. Gutiérrez utilizó la expresión: «con los pobres contra la pobreza». Por esta vía el pobre llegó a ser considerado como un sujeto teológico, sea porque él tiene un privilegio epistemológico para entender el Evangelio, sea porque se valora su reflexión teológica sapiencial. La reflexión magisterial y teológica ha valorado la lucha agónica y limpia del pobre simplemente por vivir, y su capacidad para evangelizar y revelar a Dios como el Dios de los pobres.

En las décadas sucesivas, la persistencia del fenómeno de la pobreza y la creciente complejidad de su realidad han dado origen, por una parte, a una gran cantidad de conceptualizaciones y terminologías que buscan comprender y explicar ese mundo y, por otra, a estrategias y propuestas de soluciones a sus problemas

---

[22] Cf. R. Oliveros, *Liberación y teología. Génesis y crecimiento de una reflexión 1966-1976*, México: CRT 1977, 38-46; G. Gutiérrez, *Teología de la liberación. Perspectivas*, Salamanca: Sígueme 1990, 127-137.

[23] G. Gutiérrez, "Significado y alcance de Medellín", 88.

estructurales. La pobreza se dice cada vez más de maneras muy variadas.[24]

En relación con la actualización de la mirada teológica sobre el problema, el argumento central radica en la adquisición de una mejor comprensión de la complejidad de la pobreza. Particular importancia tuvo el desarrollo de una mayor conciencia del problema racial, de la «aparición pública» de las culturas aborígenes y de la «emergencia» de la problemática específica de las mujeres. Ha surgido, por otra parte, una mirada de la ecología con los ojos de los pobres[25]. El magisterio continental, en particular en las Conferencias Generales siguientes a las de Medellín y Puebla, a saber, las de Santo Domingo (1992) y Aparecida (2007), ratificaron la opción por los pobres y evidenciaron su índole cristológica[26]. Si Puebla pidió descubrir en el rostro de varios tipos de pobres el rostro de Cristo (DP 31-39), Santo Domingo expandió esos rostros (DSD 178) y Aparecida simplemente los multiplicó (DA 65).

Francisco, el primer papa latinoamericano de la historia, representa hoy la opción por los pobres al más alto nivel de la Iglesia: la sede de Roma. Su frase «cuánto quisiera una Iglesia pobre y para los pobres» al inicio de su pontificado caracteriza su programa de gobierno que se expresa en su Exhortación *Evangelii gaudium*. Con acierto se ha dicho que este texto, sin ser propiamente un documento perteneciente a la doctrina social de la Iglesia –asunto importante para su interpretación–, es el documento más elaborado y detallado sobre el tema de la Iglesia y los pobres en toda la historia del magisterio del obispo de Roma.

---

[24] Cf. J. O. Beozzo - P. Hünermann - C. Schickendantz, *Nuevas pobrezas e identidades emergentes. Los signos de los tiempos en América Latina*, Córdoba: EDUCC 2006.

[25] Cf. L. Boff, *Grito de la tierra, grito de los pobres*, Madrid: Trotta 2011.

[26] DSD 2033-2035. 2130; DA 128. 397-399.

3. TRANSFORMACIONES EN ALGUNAS FORMAS DE VIDA EN EL PUEBLO DE DIOS

Es peligroso idealizar románticamente a la Iglesia latinoamericana, ha advertido justamente V. Codina[27]. Muchos de los que vienen por primera vez al continente piensan que en cada parroquia van a encontrar comunidades de base, en cada diócesis obispos como monseñor Romero, en cada Iglesia a laicos y laicas ejemplares que anuncian la palabra hasta el martirio, en cada comunidad religiosa a gente inserta entre los pobres y verdaderamente profética. La realidad es muy diferente y, a veces, incluso decepcionante. Por el contrario, una gran mayoría de cristianos y cristianas vive en estructuras eclesiales tradicionales, incluso preconciliares. El machismo, en general, y el clericalismo, en particular, impregnan fuertemente las mentalidades y las prácticas de innumerables agentes pastorales, obispos y presbíteros. Estructuras parroquiales no renovadas no son una excepción. Organismos diocesanos, como los consejos presbiterales o los consejos pastorales, poseen una existencia más formal que operativa. El déficit en los procesos sinodales a todos los niveles es una característica muy arraigada y difundida. Todas ellas son formas de vida personales y prácticas institucionales de muy difícil transformación. En particular, las inequidades de género, tan visibles en las estructuras eclesiales, encuentran un soporte importante en las costumbres culturales marcadamente patriarcales de nuestros países, que se manifiestan, sin excepción, en todas las clases sociales y en los más diversos ámbitos: familiares, políticos, empresariales, sindicales, universitarios, etc. De allí que cuando se habla de las nuevas formas eclesiológicas, como las CEBs, o de la opción por los pobres, se alude a realidades minoritarias, aunque significativas.

---

[27] V. Codina, *Para comprender la eclesiología desde América Latina*, Estella: Verbo Divino 1990, 107.

Una evaluación global de la recepción conciliar desde el punto de vista eclesiológico podría destacar, entre los principales aspectos relevantes, la colegialidad episcopal materializada en el CELAM[28], el surgimiento y desarrollo de las mismas comunidades eclesiales de base[29], también el significado importante que ha tenido el concepto teológico de Pueblo de Dios asumido por *Lumen gentium* como categoría arquitectónica de la renovada visión de Iglesia[30]. Otro punto de vista es igualmente interesante de revisar: las profundas transformaciones experimentadas por los diversos miembros y vocaciones en el Pueblo de Dios; transformaciones teóricas y también en sus concretas formas de vida. Destaco brevemente algunos aspectos de dos de ellas: presbíteros y vida religiosa o consagrada.

3.1. El servicio presbiteral

Con justeza han sido caracterizadas recientemente algunas de las ideas fundamentales del decreto *Presbyterorum ordinis* que pretendían impulsar una renovación en la imagen del sacerdocio existente antes del Vaticano II. Ellas representan un paso en una determinada dirección: a) de la óptica de la consagración a la perspectiva de la misión eclesial. Trento había partido de una perspectiva sacramental, de la eucaristía al orden, el Vaticano II sitúa la doctrina en un contexto más amplio, como una modalidad de realización de la misión eclesial; b) de la unicidad del ministerio cultual a la integración de los ministerios profético y pas-

---

[28] Cf. G. Feliciani, *Le conferenze episcopali*, Bologna: Il Mulino 1974; L. Escalante, *La estructura jurídica y sinodal del Consejo Episcopal Latinoamericano (CELAM) y de la "Reunión de los Obispos de América"*, Thesis ad doctoratum in Iure Canonico, Pontificia Universitas Santæ Crucis, Romæ 2002.

[29] Cf. J. Marins y equipo, *Pequeños pasos. Largo camino. Las CEBs promoviendo un nuevo modelo de Iglesia*, Macao, China: Claretian Publications 2018.

[30] C. M. Galli, "El 'retorno' del Pueblo de Dios misionero. Un concepto-símbolo de la eclesiología del Concilio a Francisco". En V. Azcuy – C. Caamaño – C. M. Galli (ed.), *La Eclesiología del Concilio Vaticano II*, Buenos Aires: Agape 2015, 405-471, 413.

toral; c) de una visión sacerdotal individualista a una visión presbiteral comunitaria, en la que ese ministerio, además, es caracterizado como participación en el ministerio episcopal. La opción por el vocabulario presbiteral respecto al sacerdotal por su mayor proximidad al lenguaje neotestamentario y por destacar más su especificidad no puede minusvalorarse; d) del presbítero *alter Christus* y mediador –expresiones deliberadamente excluidas– al presbítero que obra en la persona o en el nombre de Cristo; e) de la santidad como alimento del ministerio al ministerio como elemento de la misma santidad con una categoría unificadora de todos los aspectos del ministerio y de la vida presbiteral, la caridad pastoral[31]. En este sentido, parece correcta la evaluación que afirma que la enseñanza conciliar que se expresa en *Presbyterorum ordinis* representa «una renovación y profundización sustancial de la teología del servicio presbiteral», no una mera «amalgama inconsistente de distintas concepciones», sino una visión «concisa y concluyente» de dicho ministerio[32]. Por tanto, sin desconocer las limitaciones, debe reconocerse un verdadero desarrollo y progreso histórico-dogmático en este tema conciliar. La historia de la recepción en este ámbito no se reduce a este documento clave, sino que está estrechamente vinculado a la visión de conjunto de *Lumen gentium*, a las importantes perspectivas abiertas por *Gaudium et spes*, particularmente en la lectura de los signos de los tiempos y en sus reflexiones sobre la relación entre fe e historia y, no en último lugar, a la renovación litúrgica –*Sacrosanctum concilium*– que muy prontamente modificó la vida concreta de los presbíteros en prácticas tan importantes como

---

[31] Cf. E. Castellucci, "*Presbyterorum ordinis*. Introduzione e commento", en E. Castellucci – M. Faggioli – S. Noceti – S. Panizzolo, *Commentario ai documenti del Vaticano II. 4. Christus Dominus. Optatam totius. Presbyterorum ordinis*, Bologna: Edizioni Dehoniane 2017, 295-474, 317-326.

[32] O. Fuchs – P. Hünermann, "Theologische Kommentar zum Dekret über den Dienst und das Leben der Presbyter", en P. Hünermann – B.-J. Hilberath (ed), *Herders Theologischer Kommentar zum Zweiten Vatikanischen Konzil. Band 4*, Freiburg i.Br.: Herder 2005, 219-580, 543.

cotidianas. Pero como lo muestra el análisis de los diversos procesos históricos en el continente no hay que sobrevalorar la influencia del Concilio; es un elemento decisivo, pero junto a otros no menos relevantes que permiten comprender lo sucedido en estas décadas.

Puede reconocerse que este es, de hecho, uno de los ámbitos débiles de la renovación conciliar en el continente. Determinados aspectos de Medellín, diversos a los nuevos acentos de *Presbyterorum ordinis*, parecen un síntoma inicial de ello. Así se advierte, por ejemplo, en el vocabulario utilizado, en su mismo título «Sacerdotes», en la constitución de un ministerio independiente de una comunidad concreta, con un esquema descendente. El juicio de F. Taborda es significativo: no obstante la perspectiva de la opción por los pobres, típica de todos los textos de Medellín, «es decepcionante la teología del presbiterado que se esboza» en el documento respectivo[33]. Cabe la pregunta aquí si a la luz del proceso vivido en estas décadas, en este ámbito no estamos frente a un fenómeno más global, que no es específico del catolicismo latinoamericano. A. Riccardi, por ejemplo, afirma que en el caso del ministerio presbiteral se visibiliza la carencia de una seria reforma de la Iglesia del siglo XX. De modo diverso a lo sucedido con Trento, opina el historiador italiano, no poseemos realmente un presbítero del Vaticano II como un modelo, sino una mera actualización del modelo clásico[34].

El decreto *Optatam totius*, por su parte, recibió una acogida favorable de manera análoga a los demás documentos conciliares. Es virtualmente imposible ofrecer una evaluación sobre los procesos vividos en estas décadas en los seminarios de for-

---

[33] F. Taborda, "Medellín – Documento 11 – Sacerdotes", en M. Godoy – F. de Aquino Júnior (ed.), *50 anos de Medellín. Revisitando os textos, retomando o camino*, São Paulo: Paulinas 2017, 193-211, 211.

[34] Cf. A. Riccardi, "Lezioni dalle riforme del XX secolo", en A. Spadaro – C. Galli (ed.), *La riforma e le riforme nella Chiesa*, Brescia: Queriniana 2016, 108-124, 123.

mación de los candidatos al presbiterado dada la diversidad de países y la complejidad de los asuntos. Aunque es verdad que conservan una estructura relativamente uniforme a partir de las normas y orientaciones de la Santa Sede. No pueden negarse procesos de cambios, entre los que es posible destacar una mayor relevancia otorgada a la formación humana, con el creciente aporte de la psicología, y a la formación pastoral. Es verdad que, también hoy, podrían suscribirse muchos de los aspectos positivos que ya reconocía el documento de Medellín: «se advierte una mayor integración en el equipo de formadores; actualización de éste a través de cursos y encuentros de reflexión; esfuerzo por una formación más personal de los seminaristas dentro de un ambiente de familia; integración del seminario en la comunidad eclesial y en la comunidad humana; más contacto del obispo y de los párrocos con el seminario; mayor apertura a las realidades del mundo actual y a la familia; renovación de los métodos pedagógicos; aplicación de una sana sicología en el discernimiento y orientación de los candidatos» (Med 13, 6).

Algunos aspectos negativos advertidos ya en la época de Medellín parecen conservar toda su actualidad, aunque en un nuevo contexto cultural, tales como la existencia de «formadores insuficientemente preparados» o las «fallas de formación hacia una madurez humana plena» (Med 13, 5). La participación de laicos y laicas en la formación es todavía limitada. Un punto central parece no haberse logrado: no obstante las transformaciones realizadas, la mentalidad clerical, que se expresa en las formas de liderazgo y en las prácticas institucionales, no registra una mejora sustantiva. Esto cuestiona la eclesiología que, de hecho, no en la declaración de intenciones, está en la base de los proyectos formativos. Surge la pregunta en qué medida la misma estructura de los seminarios no contribuye a la inmovilidad en este aspecto tan importante para la realización de una eclesiología del Pueblo de Dios. Los profundos desafíos que plantea la llamada cultura postmoderna, que advierte Aparecida (DA 318), no pueden desconocerse. En cualquier caso, las limitaciones que se observan en las estructuras formativas, en buena medida, tampoco parecen ser una característica específicamente latinoamericana de la recepción conciliar, sino un asunto común a otras regiones geográficas de la Iglesia.

3.2. Transformaciones en la vida religiosa o consagrada

El redescubrimiento de sus fundadores y sus carismas iniciales, estimulado por el decreto conciliar *Perfectae caritatis*, por un lado, y la disminución de nuevas vocaciones y los numerosos abandonos, por otro, han marcado las vidas de las más diversas congregaciones e institutos religiosos en estas décadas, a modo de una tendencia global. Las cuestiones de la renovación y la identidad representan unos de los desafíos y de las tareas más relevantes del posconcilio en referencia a la vida consagrada. Una frase de Medellín sintetiza bien un clima de época: «En estos momentos de revisión, muchos se preguntan cuál es el puesto que ocupa el religioso en la Iglesia y en qué consiste su vocación especial dentro del Pueblo de Dios» (Med 12,2). Como con el resto de las vocaciones en la Iglesia, la reconfiguración de la identidad de la vida consagrada ha estado marcada, prevalentemente, por las responsabilidades frente a los procesos históricos: «ha de encarnarse en el mundo real y hoy con mayor audacia que en otros tiempos» (Med 12,2). El llamado general de *Gaudium et spes* ha tenido en esta forma de vida un impacto peculiar: «somos testigos de que está naciendo un nuevo humanismo, en el que el ser humano queda definido principalmente por la responsabilidad hacia sus hermanos y ante la historia» (GS 55).

En ese marco más general se sitúa la que es, quizás, la principal novedad u originalidad de estas décadas en estas formas de vida consagrada, ya constatada por Puebla (1979): el cambio de lugar social, esto es, comunidades insertas en medios populares. "Surgen «pequeñas comunidades» que nacen generalmente del deseo de insertarse en barrios modestos o en el campo, o de una misión evangelizadora particular" (DP 731). Constituye una nueva forma o figura eclesial acorde a la nueva conciencia de la pobreza: «ha puesto en una luz más clara su relación con la pobreza de los marginados, que ya no supone sólo el desprendimiento interior y la austeridad comunitaria, sino también el solidarizarse, compartir y en –algunos casos– convivir con el pobre» (DP 734)[35]. Este proceso ha incluido la revisión de las obras tradicionales y se ha vivido con muchas tensiones.[36] Es el fruto, también, del redescubrimiento de la vocación original de los fundadores, que casi siempre respondieron a una necesidad concreta de pobres y marginados. En este sentido, afirmaba Rolando Muñoz en 1987: «vivimos una época de refundación de todas las congregaciones religiosas»[37]. Se trata de un paso muy significativo concretado, sobre todo, por congregaciones femeninas. Por otra parte, no pueden desconocerse las importantes inercias institucionales típicas de una «pastoral de conservación» (Med 6,19). En síntesis, a la luz de una recepción conciliar compleja, pero sustancialmente positiva, se vislumbra hoy una variedad de asuntos y desafíos para darle una forma adecuada a estos carismas eclesiales en una situación cultural profundamente transformada[38].

---

[35] Cf. C. Mesters, "La vida religiosa inserta en medio de los pobres a la luz de la palabra de Dios", *Alternativas* 8, 4 (1997) 101-123.

[36] Cf. M. Barros, "A profecía da vida consagrada, un olhar sobre o documento 12 das *Conclusões* de Medellín, 50 anos depois", en N. de Souza – E. Sbardelotti (ed.), *Medellín. Memória, profetismo e esperança na América Latina*, Petrópolis: Vozes 2018, 317-328.

[37] R. Muñoz, *Ser Iglesia de Jesús en poblaciones y campos. Eclesiología de base*, Santiago: Centro Ecuménico Diego de Medellín 2002, 76

[38] Cf. J. Vitório, "A vida religiosa consagrada em Medellín e hoje: dois momentos de um carisma eclesial", en M. Godoy – F. de Aquino Júnior (ed.), *50 anos de Medellín. Revisitando os textos, retomando o camino*, São Paulo: Paulinas 2017, 212-228.

4. LA LECTURA POPULAR DE LA BIBLIA Y LA ANIMACIÓN BÍBLICA DE TODA LA PASTORAL

Las distintas iniciativas en torno a la Palabra de Dios desarrolladas en estas décadas en América Latina y el Caribe se reconocen, explícitamente, como deudoras de la renovación producida por el movimiento bíblico del siglo XX y, muy particularmente, por la Constitución *Dei Verbum*. El documento de 1993, «La interpretación de la Biblia en la Iglesia», de la Pontificia Comisión Bíblica tuvo también efectos importantes. Si la Constitución conciliar desencadenó el movimiento bíblico en el continente, este texto confirmó varias de las intuiciones del caminar bíblico latinoamericano: la interdisciplinariedad en la interpretación de la Biblia, el valor del contexto del lector, las lecturas liberacionista y feminista, la crítica a la lectura fundamentalista, la valoración de la lectio divina, etc.[39] No hay duda, también, que el uso de la lengua vernácula en las celebraciones litúrgicas favorecieron los procesos de apropiación de la Biblia por parte del Pueblo de Dios.

Entre todas las realizaciones de estas décadas, una de ellas merece ser particularmente destacada. «La herencia del Concilio encontró su expresión más significativa y creativa en la lectura popular de la Biblia, una amplia apropiación comunitaria de la Palabra de Dios que alimentó el camino de las comunidades eclesiales de base y de las pastorales sociales a lo largo de estos años, con gran protagonismo de los laicos, de modo particular de las mujeres»[40]. Esta afirmación de J. O. Beozzo encontraría un con-

---

[39] Cf. G. Naranjo Salazar, "El camino de la pastoral bíblica antes y después del Concilio en América Latina", *Medellín* 137 (2009) 5-36, 18, 23.

[40] J. O. Beozzo, "Vaticano II: 50 años después en América Latina y el Caribe", *Concilium* 346 (2012) 439-445, 442. Cf. A. Noguez, "Hermenéutica bíblica latinoamericana", en L. Boff y otros, *Comentario Bíblico-Teológico Latinoamericano sobre Medellín*, México: Universidad Iberoamericana – Buena Prensa 2018, 241-272, 241, 243: "Apenas tres años después de la Conferencia de Medellín, un reconocido biblista hizo notar que "la exégesis científica es hoy un producto occidental; hablando del at, no sólo es occidental, sino que en un

senso importante por parte de muchos autores/as. En palabras de uno de los principales propulsores, Pablo Richard: «El movimiento bíblico en América Latina consiste justamente en devolver la Biblia al Pueblo de Dios: poner la Biblia en sus manos, su corazón y su mente. El Pueblo de Dios, como auténtico «propietario» de la Biblia y sujeto intérprete de ella, recupera su derecho divino de leer e interpretar las Sagradas Escrituras»[41]. A su servicio están la ciencia bíblica y el magisterio eclesial. A juicio del principal exponente de esta iniciativa, Carlos Mesters, las novedades de esta experiencia, no obstante las diferencias en sus realizaciones en los países y regiones, residen en el objetivo, en el sujeto de la interpretación y en el lugar social. El objetivo no es buscar informaciones sobre el pasado, sino iluminar el presente con la luz de la presencia de Dios-con-nosotros e interpretar la vida con la ayuda de la Biblia. El sujeto no es el especialista; interpretar las Escrituras es una actividad comunitaria en la que todos participan, inclusive el exegeta que ejerce en ella un papel especial. Si el lugar de los pobres es también aquí central, el aporte de indígenas y, particularmente, de mujeres es un hecho creciente y remarcable. El lugar social desde donde se hace la interpretación es a partir de los pobres y marginados. Esto modifica la forma de mirar, fundamentalmente, por su conciencia social crítica.[42] Se trata de una lectura con carácter ecuménico, no por sus debates teóricos, sino por el compromiso de todos los

---

elevado tanto por ciento es germánica y sajona".1 En los tiempos que corrían hace casi 50 años era impensable siquiera mencionar una "hermenéutica bíblica latinoamericana". Sin embargo, pese a las apariencias, ese movimiento comenzó a gestarse en los años sesenta del siglo pasado, y se fue desarrollando y consolidando en los años posteriores. (...) La hermenéutica bíblica latinoamericana surgió en las comunidades populares, no en las aulas universitarias."

[41] P. Richard, "Interpretación latinoamericana de la Biblia. Realidad, método, prospectiva", en A. Levoratti (dir.), *Comentario Bíblico Latinoamericano. Nuevo Testamento*, Estella: Editorial Verbo Divino 2007, 11-18, 11.

[42] Cf. C. Mesters, "'Oir lo que el Espíritu Santo dice a las Iglesias'. Interpretación popular de la Biblia en el Brasil", *Concilium* 27, 233 (1991) 143-156, 153.

creyentes con la defensa de la vida amenazada y la búsqueda de la liberación.

En particular, la utilización del método ver-juzgar-actuar colaboró a desarrollar lo que sus autores califican como una «nueva visión de la revelación: Dios habla hoy».[43] La Biblia es considerada como «el segundo libro de Dios que nos permite discernir en el Libro de la Vida dónde está Dios, cómo es Dios y cuál es su Palabra para nosotros». En este sentido, se afirma, «la Biblia nos revela la Palabra de Dios, pero también nos revela cuándo y dónde Dios se revela en nuestra realidad. (…) Debemos escuchar la Palabra de Dios con un ojo en la Biblia y el otro ojo en la realidad donde vivimos. Al descubrir la prioridad del Libro de la Vida como el primer Libro de Dios, ya podemos salir del texto de la Biblia hacia el texto de la Vida». En su lectura pastoral utilizan siempre la distinción entre el Libro de la Vida y el Libro de la Biblia; otorgando prioridad al «Libro de la Vida como el primer Libro de Dios».[44] Como se advierte con claridad la llamada lectura popular de la Biblia está en estrecha conexión con otras experiencias típicas del posconcilio latinoamericano: la opción por los pobres, las comunidades de base y la metodología inductiva heredada de la Acción Católica especializada.

Otro aspecto de relieve con relación a la Palabra de Dios en la vida de la Iglesia lo constituye el cambio de paradigma producido en la pastoral bíblica, esto es, una nueva manera de concebir la dimensión bíblica de la acción pastoral de las iglesias en el continente: de una pastoral especializada junto a otras (pastoral educativa, pastoral de la salud, etc.) a una animación bíblica de toda la pastoral. En ese sentido, y parafraseando la expresión conciliar acerca de la Biblia «como el alma de la sagrada teolo-

---

[43] C. Mesters – F. Orofino, "Leitura popular da Bíblia", en J. Decio Passos – W. Lopes Sanchez (Coord.), *Dicionário do Concílio Vaticano II*, São Paulo: Paulinas 2015, 533-536, 534.

[44] P. Richard, "Un nuevo espacio para la Palabra de Dios", *Concilium* 335 (2010) 247-258, 249.

gía» (DV 24), se ha afirmado a la Escritura como el «alma de la pastoral». La significativa expresión, «animación bíblica de toda la pastoral», fue asumida en el magisterio latinoamericano (DA 248) y, posteriormente, en la exhortación postsinodal de Benedicto XVI, *Verbum Domini* (2010)[45].

Dignas de destacar han sido las diversas iniciativas desarrolladas por el CELAM, por ejemplo, con la constitución de un instituto especializado, el CEBITEPAL, dedicado particularmente a la formación de agentes pastorales y a la difusión de la pastoral bíblica. Igualmente pueden relevarse la existencia de revistas bíblicas especializadas y algunas asociaciones de biblistas de diversos países (México, Chile, Argentina, Paraguay, etc.).

No puede minusvalorarse la importancia de las diversas traducciones, como nunca antes en la historia de la Iglesia en el continente. Entre ellas se incluyen la llamada Biblia latinoamericana y un proyecto editorial en curso, la Biblia de América. Además de lo sucedido en el ámbito litúrgico –introducción de la lengua vernácula–, se destacan también los trabajos inter-confesionales con las Sociedades Bíblicas Unidas. El ámbito bíblico ha sido uno de los campos privilegiados de iniciativas ecuménicas conjuntas.

En síntesis, el balance del biblista chileno P. Uribe parece acertado. La recepción del movimiento bíblico, en general, y de las enseñanzas de la constitución conciliar *Dei Verbum* se han verificado más en experiencias práctico-pastorales que en trabajos teóricos. «No se trata de una recepción que no se adhiera de forma ortodoxa al *sensus fidei*, sino que su adhesión se realiza en la praxis y desde esa praxis se puede reflexionar teóricamente,

---

[45] Cf. P. Uribe Ulloa, "Recepción bíblica de la Constitución *Dei Verbum* en América Latina", *Medellín* 162 (2015) 283-315, 298.

elaborando ciertos niveles de apropiación de las enseñanzas contenidas en la Constitución»[46].

5. LA REFORMA LITÚRGICA Y LA RELIGIOSIDAD POPULAR

La reforma litúrgica del Concilio ha sido, probablemente, el cambio más inmediato y de mayor impacto en la vida concreta de infinidad de comunidades eclesiales a lo largo de todo el continente. Particularmente el uso de la lengua vernácula visibilizó el Vaticano II, sus intenciones pastorales y su proceso de *aggiornamento* sin rupturas con la tradición anterior[47]. En este sentido, el punto central de la reforma litúrgica, esto es, la participación activa y fructuosa de los fieles, recibió un impulso importante. Si bien no han faltado abusos por la falta de observancia de las normas litúrgicas, por una parte, o resistencias a la renovación, por otra, ambos aspectos constatados en Puebla (DP 101, 903), parece que, con perspectiva histórica, estas no son notas decisivas para caracterizar la recepción conciliar de la reforma litúrgica en el continente. El importante *motu proprio Summorum pontificum* (2007) de Benedicto XVI, que liberalizó el uso de la liturgia romana precedente a la reforma conciliar y que ha tenido efectos importantes en la medida en que ha reforzado el espacio ya existente del tradicionalismo litúrgico legitimando teológicamente posturas eclesiales y litúrgicas preconciliares, parece no haber tenido repercusiones significativas en las iglesias de América Latina y el Caribe, a diferencia de lo sucedido en los países de lengua inglesa[48].

---

[46] P. Uribe Ulloa, "Recepción bíblica de la Constitución *Dei Verbum* en América Latina", *Medellín* 162 (2015) 283-315, 298.

[47] Cf. G. Gutiérrez, "Significado y alcance de Medellín", 81: "Durante los años conciliares sólo grupos selectos de América Latina se preocuparon por lo que ocurría día a día en la asamblea vaticana. El cristiano medio fue percibiendo muy lentamente los cambios que se operaban en la Iglesia, salvo aquellos que tenían lugar en materia litúrgica."

[48] Cf. M. Faggioli, "La Iglesia del futuro. Perspectivas históricas y sociológicas", *Concilium* 377 (2018) 22-33, 28.

Importantes debilidades de la recepción conciliar se advierten, por una parte, en un proceso de inculturación solo recién iniciado, por otra, en una distancia o relación tenue de la reforma litúrgica con la religiosidad popular, clave en la experiencia creyente de millones de personas y en la vida de las iglesias en el continente; se trata, por lo demás, de un asunto poco relevante en la misma *Sacrosanctum concilium*. Sobre el primer aspecto se expresaba la Conferencia de Santo Domingo de esta manera: «No se atiende todavía al proceso de una sana inculturación de la liturgia; esto hace que las celebraciones sean aún, para muchos, algo ritualista y privado que no los hace conscientes de la presencia transformadora de Cristo y de su Espíritu ni se traduce en un compromiso solidario para la transformación del mundo» (SD 43). La opinión autorizada de Roberto Russo es clara al respecto. Parece que se hubiera frenado la determinación con la que se inició el diálogo entre la liturgia romana y las diversas culturas, argumenta el liturgista uruguayo. «El problema de la lengua ha sido resuelto, y sustancialmente bien. Pero queda pendiente la cuestión del lenguaje, que es más difícil y debe todavía concretarse, tanto en los textos como en los símbolos y la música»[49].

Sobre la vinculación con la piedad popular o el catolicismo popular una propuesta pastoral de Puebla ilumina bien el problema: «Favorecer la mutua fecundación entre Liturgia y piedad popular que pueda encauzar con lucidez y prudencia los anhelos de oración y vitalidad carismática que hoy se comprueba en nuestros países. Por otra parte, la religión del pueblo, con su gran riqueza simbólica y expresiva, puede proporcionar a la liturgia un dinamismo creador. Éste, debidamente discernido, puede servir para encarnar más y mejor la oración universal de la Iglesia en

---

[49] R. Russo, "*Sacrosanctum concilium* e reforma litúrgica in America Latina. Vita litúrgica e questione populare", en P. Chiaramello (dir.), *Il Concilio vaticano II y la liturgia: memoria y futuro*, Roma: Edizione Liturgiche, CLV 2013, 219-246, 245.

nuestra cultura» (DP 465)⁵⁰. La temática de la piedad popular, «una expresión privilegiada de la inculturación de la fe católica» (SD 36), ha estado presente en todas las Conferencias, desde Medellín –de modo relevante en Puebla (DP 444-469)– hasta Aparecida. En esta última, con dos expresiones nuevas –una verdadera «mística popular» o «espiritualidad popular» (DA 262, 263)– ha adquirido, definitivamente, un lugar muy destacado. Se subraya la importancia de los santuarios, las peregrinaciones, las fiestas, los cantos, los vestidos, las danzas, etc.⁵¹ Una vinculación más estrecha, sin confusión, entre liturgia y piedad popular parece una tarea pendiente, comprensible en el marco de la deficiencia apuntada acerca de la inculturación del rito romano. Esta deficiencia es de mucho relieve si se tiene en cuenta, particularmente, el significado de la piedad mariana, expresada muy particularmente en la importancia de los santuarios marianos en el continente (Guadalupe, Aparecida, Luján, etc.) que convocan anualmente a millones de creyentes.

La debilidad de las propuestas académicas de teología litúrgica en las facultades y casas de formación al presbiterado y, en general, el reducido número de teólogos/as y agentes pastorales formados en esta disciplina da que pensar. Por otra parte, el reconocimiento expresado en Puebla acerca de que a la pastoral litúrgica no se le ha otorgado «la prioridad que le corresponde dentro de la pastoral de conjunto» (DP 901) parece conservar toda su actualidad. Ambos fenómenos indicarían que la renovación litúrgica, no obstante su importancia objetiva, representa un área descuidada de la recepción conciliar.

Un desafío de larga data y muy significativo en algunas regiones del continente es la carencia de celebración eucarística dominical. Si bien el problema se plantea con claridad en Apare-

---

[50] Cf. V. Sánchez Espinosa, "La renovación litúrgica del Concilio Vaticano II en la Iglesia de América Latina y El Caribe", *Medellín* 156 (2013) 485-513.
[51] Cf. E. Bianchi, "El tesoro escondido de Aparecida: la espiritualidad popular", *Teología* 100 (2009) 557-577.

cida, no parece que allí se formule una respuesta satisfactoria.[52] Se reconoce la existencia de «miles de comunidades con sus millones de miembros que no tienen la oportunidad de participar de la Eucaristía dominical»; se las alienta a participar de las celebraciones de la Palabra y «a orar por las vocaciones sacerdotales» (DA 253).

En síntesis, si la reforma litúrgica es valorada como una renovación positiva y muy significativa, las limitaciones que se advierten en la vida de nuestras iglesias permite comprender el severo juicio de R. Russo: «en el continente latinoamericano no han sido desarrolladas y no han sido totalmente acogidas las grandes líneas que van más allá de la pura reforma de los ritos o de los textos querida por *Sacrosanctum concilium*»[53]. Los principios inspiradores de la reforma litúrgica no han desarrollado toda su potencialidad.

6. REFLEXIONES FINALES

Una evaluación de la recepción conciliar debería incluir, naturalmente, muchos otros aspectos relevantes. El tema de la catequesis, por ejemplo, ha representado un área pastoral muy dinámica y creativa, con espíritu conciliar y una gran difusión y repercusión en las comunidades cristianas. En buena medida esta temática estuvo ausente en el Concilio, pero es un asunto decisivo ya desde Medellín que adquirió, no solo en América Latina, un vigoroso desarrollo en el dinamismo del posconcilio. El ámbito educativo, por su parte, ha seguido también un itinerario propio, incluso muy tempranamente diferenciándose de la propuesta general expresada en la declaración *Gravissimum educationis* del Vaticano II. El concepto de educación liberadora de Medellín

---

[52] Cf. A. J. de Almeida, *Procuram-se padres. Centralidade da Eucaristia e escassez de clero*, São Paulo: Paulinas 2018.

[53] R. Russo, "*Sacrosanctum concilium* e reforma litúrgica in America Latina", 245.

muestra una recepción con un acento diverso. El desarrollo del diálogo ecuménico ha tenido, sobre todo, en las iniciativas comunes de cara a los problemas de derechos humanos un rostro peculiar. El panorama religioso del continente sufre una transformación considerable en estas décadas con la pérdida de la real o supuesta hegemonía católica anterior. Los desarrollos teológicos han sido relevantes, sobre todo vinculados a los contextos histórico-culturales. El mero enunciado de algunas de sus diversas corrientes revela la riqueza del proceso acontecido: teologías de la liberación, teologías feministas latinoamericanas, teología india o indígena o amerindia y teologías afroamericanas, teología del pueblo, etc.

Víctor Codina ofrece una formulación que sintetiza bien los procesos vividos en estas décadas:

> En el caso de América Latina y el Caribe la recepción del Vaticano II no ha sido una mera asimilación vital, ni mucho menos una simple aplicación del Vaticano II a América Latina sino mucho más: ha sido una recreación original, una fidelidad creativa, una relectura del Concilio desde un continente a la vez cristiano y marcado por la pobreza y la injusticia. Esta recepción ha hecho avanzar la doctrina conciliar, ha desarrollado sus intuiciones implícitas, ha dado al *aggiornamento* conciliar una traducción geográfica e histórica muy concreta. Por todo ello, esta recepción a pesar de haberse realizado en plena comunión con la Iglesia universal, ha sido muchas veces conflictiva para sectores de la sociedad civil y también de la Iglesia, incapaces de comprender el dinamismo y la novedad del Espíritu. Ha sido una recepción martirial en el sentido fuerte de la palabra: recibida fielmente por testigos del evangelio que en muchos casos han vivido su fidelidad al Señor hasta el derramamiento de sangre. Por esto la recepción del Vaticano II por parte del continente Latinoamericano merece respeto: hemos de descalzarnos, estamos en un terreno sagrado.

Nadie podía imaginar los impulsos de vida que han surgido. «Ha sido un tiempo de gracia, un *kairós*, un verdadero Pentecostés como lo fue el Vaticano II»[54].

---

[54] V. Codina, "Las Iglesias del continente 50 años después del Vaticano II. Cuestiones pendientes", en Congreso Continental de Teología (ed.), *50 años del Vaticano II. Análisis y perspectivas*, Bogotá: Paulinas 2013, 81-92, 82.

POPE FRANCIS AS AN INTERRUPTION IN THE CRISIS OF THE RECEPTION OF VATICAN II IN THE USA

Massimo Faggioli

1. INTRODUCTION

One of the critical aspects to understand the pontificate of pope Francis is the interpretation of Vatican II. This aspect plays a particularly delicate role in the relationship between Francis and the USA, because it is a tale of different receptions of Vatican II as a corpus of teachings and as an event in Church history.

This analysis will begin with the some of the particularities of the participation and reception of Vatican II by the US bishops and the laity, and then it will touch on some particular aspects, focusing on the role played by *Gaudium et Spes*. This essay leaves out other important aspects concerning the relationship between Francis and USA, one of them being the particular kind of reception of Vatican II by academic theology in the USA. In the end this essay will formulate some hypothesis about the link between the reception of Francis and the crisis in the reception of Vatican II in the USA.

2. THE US BISHOPS AT VATICAN II: FROM PRE-VATICAN II ROMANIZED CATHOLICISM TO THE ERA OF JOHN PAUL II AND BENEDICT XVI

The US bishops at Vatican II were one of the episcopates not best equipped to deal with the depth of the theological debates at the council: "Perhaps no hierarchy was as ill-prepared for the coming council as the American."[1] While other bishops had contributed to

---

[1] Gerald Fogarty, "Second Vatican Council: Out From Under the Shadow of Hypothesis," in Gerald Fogarty, *The Vatican and the American Hierarchy from 1870-1965* (Stuttgart: Hiersemann, 1982), pp. 386-404.

the council with an all-out theological engagement on a range of issues (pastoral theology, ecumenism, ecclesiology), the fruit of the previous decades of "nouvelle théologie" and pastoral renewal (such as for French and German bishops), the US bishops came to Rome with clearly one item on their agenda – religious freedom – while, for example, the Italian bishops seemed to have no agenda independent from the Roman Curia's.[2] Unresponsive to the inquiry sent out by the Vatican in 1959 to receive feedback from the bishops on the council's agenda, the Italian bishops met collectively for the first time at Vatican II, while American bishops had already a history of collective pastoral and theological action in episcopal conferences.

The issue of religious freedom and the tight boundaries between religious culture and American culture in the 20th century in the United States prepared the US bishops for the "change" of Vatican II better than other national episcopates.[3] In particular, the greatest practical experience of the American bishops concerned ecumenism and religious liberty, and, thanks to cardinal Spellman (New York), bishop Karl Alter (Cincinnati), and the *peritus* John Courtney Murray SJ, religious freedom became "the American issue" at Vatican II. After the conclave that elected Paul VI in June 1963, the American episcopate became more united. Even though Vatican II was a "learning experience" for many American bishops, the mark they left with the council was undoubtedly associated with religious freedom. After Vatican II, thanks to *Dignitatis humanae*, "the American Church no longer

---

[2] See Roberto Morozzo della Rocca, *I "voti" dei vescovi italiani*, in *Le deuxième Concile du Vatican (1959-1965)* (Rome: École française, 1989), p. 126; Mauro Velati, *I "consilia et vota" dei vescovi italiani*, in *À la veille du Concile Vatican II: Vota et réactions en Europe et dans le catholicisme oriental*, eds. Mathijs Lamberigts et Claude Soetens (Leuven: Peeters, 1992), pp. 83-97.

[3] See Silvia Scatena, *La fatica della libertà. L'elaborazione della dichiarazione "Dignitatis humanae" sulla libertà religiosa del Vaticano II* (Bologna: Il Mulino, 2004); John W. O'Malley, *What Happened at Vatican II* (Cambridge MA – London: Harvard University Press, 2008).

lived in 'the shadow of a hypothesis'" typical of an immigrant church in a largely Protestant country.[4]

After Vatican II, it became clearer that different "flocks of bishops" within one same Catholic Church had come to the council with different expectations and had returned to their dioceses with different experiences. This very diverse picture of a national episcopate changed quickly after Vatican II. All these different histories of the "bishops of Vatican II" were modified by the new breed of bishop appointed after Vatican II, especially after the rule about resignation for 75-year-old bishops following the conciliar decree *Christus Dominus*. Given that Vatican II did not modify the procedure for the appointment of bishops (despite some proposals that it should[5]), the generation of bishops appointed after Vatican II had a particular impact on American Catholicism. In the US the apostolic delegate Jean Jadot[6] made a significant contribution to the formation of the US bishops responsible for the pastoral letters of the USCCB on *The Challenge of* Peace (1983) and on *Economic Justice for All* (1986). But most of all, the USCCB was responsible for managing reform after the Second Vatican Council so that, in the words of Thomas Reese, "the American church did not experience a schism [and the bishops] have been very successful adapting episcopal conference structures to the American political and cultural context."[7] On the other hand, in the United States the "Jadot bishops" were soon replaced, starting in the 1980s, by a new draft of bishops more carefully chosen on the basis of their doctrinal loyalty to Paul VI's *Humanae vitae* and John Paul II's "magisterium of life."

---

[4] Gerald Fogarty, "Second Vatican Council," p. 399.
[5] See Massimo Faggioli, *Il vescovo e il concilio: Modello episcopale e aggiornamento al Vaticano II* (Bologna: Il Mulino, 2005).
[6] Jean Jadot, Apostolic Delegate in the US between 1973 and 1980, was replaced by Pio Laghi, apostolic delegate between 1980 and 1990.
[7] See Thomas J. Reese, *A Flock of Shepherds: The National Conference of Catholic Bishops* (Kansas City, MO: Sheed & Ward, 1992), pp. 304-305.

3. THE CATHOLIC LAITY IN THE USA: CULTURE WARS AND POST-CONCILIAR CONSOLIDATION

The situation of the Catholic laity in the USA is complex from a historical and sociological point of view, given that the post-Vatican period (or crisis) was at the same time the definitive end of the "Catholic ghetto" and saw the entering of Catholics into mainstream American culture, while US Catholicism was leaving behind the monopoly of the legacy of the "immigrant Church" from Europe. All this interacted with the arrival of "the secular age" in the USA.

Some, such as R. Scott Appleby, have convincingly discussed a "post-conciliar thinning of American Catholicism": "The concern is that the post-conciliar thinning of American Catholicism [...] has eroded the Church's ability to operate with a sufficient degree of independence from the secular society. Headlong secularization seems more likely in the absence or weakening of countercultural Catholic presences as a regular feature in the lives of increasing numbers of laity."[8] Others have suggested that the crisis was caused by the Roman rejection of an Americanization and democratization of Church governance: as Timothy Kelly says, "During the 1970s, 1980s, and 1990s, the common vision dissipated, and Church officials sought to reject the emerging model of the democratic Church. The laity had moved too far to return to the Church of the 1950s, however."[9] Chronologically earlier to the Italian and French cases was the

---

[8] R. Scott Appleby, "Decline or Relocation? The Catholic Presence in Church and Society, 1950-2000," in *The Church Confronts Modernity: Catholicism since 1950 in the United States, Ireland, and Québec*, ed. Leslie Woodcock Tentler (Washington DC: The Catholic University of America Press, 2007), pp. 208-235, esp. pp. 225-226.
[9] Timothy Kelly, *The Transformation of American Catholicism: The Pittsburgh Laity and the Second Vatican Council, 1950-1972* (Notre Dame IN: University of Notre Dame Press, 2009), p. 297.

arrival in the USA of a "distinct Catholic charismatic movement."[10]

In contrast to the European cases, the emphasis in the United States, especially in the areas of liberal Catholicism and women's theology, was on the need for "lay ministers" and deacons, the issue of women in the priesthood, and the crisis of Catholic intellectual magisterium, which in the US has taken the form of two different streams of Catholic intellectual traditions – different for their view of political issues and Church/theological issues[11] – which sometimes expressed themselves in the form of "culture wars": "In all the changing definitions of sides and alignments, the contest over the interpretation of Vatican II constitutes a critical battlefront in our society's continuing cultural wars."[12]

The history of the reception of Vatican II among the laity in the USA is hardly separable from the history of the "culture wars". In the United States the division between two different views of Vatican II and "Vatican II Catholics" somehow crystallized among the Catholic laity and became part of both the cultural and theological landscape of American Catholicism in a country that was clearly repudiating secularism at the same time that Europe was repudiating the association between pre-Vatican II Catholicism and pre-modern society.

The impact of the pontificate of John Paul II on the "consolidation" of the laity in the 1980s is also worth analyzing. While in Europe the effort of the "new evangelization" touched only some areas of the bleeding Italian Catholicism in a deeply secu-

---

[10] James M. O'Toole, *The Faithful: A History of Catholics in America* (Cambridge MA – London: Belknap Press of Harvard University Press, 2008), p. 227.
[11] For the change in the spiritual life of the American laity between Vatican II and the post-conciliar period see James P. McCartin, *Prayers of the Faithful: The Shifting Spiritual Life of American Catholics* (Cambridge, MA-London: Harvard University Press, 2010), pp. 100-173.
[12] Richard John Neuhaus, *The Catholic Moment: The Paradox of the Church in the Postmodern World* (San Francisco: Harper & Row, 1987), p. 61.

larized culture, in the United States John Paul II's pontificate seemed to have labeled a process already underway at the moment of his election: "Beyond noting the differences between Paul VI's and John Paul II's papacies, the prevailing stories of the Council and its aftermath unfortunately differentiate very little between distinct stages. In the United States, the period of greatest turmoil was ending by the late 1970s […] Consolidation in the United States was already under way when John Paul II's own agenda for consolidation began to kick in."[13] The political-religious revival (and the new "religious right") that started with the Carter presidency in 1976 is a key element on the diverging trajectories between US and European Catholicism in the post-conciliar period – until the 21st century and the present time.

4. SOCIAL ISSUES AND THEOLOGICAL-POLITICAL POLARIZATION

The political-religious revival in the US Christian churches, included the Catholic Church, in 1970s is inseparable from the advent of the "biopolitical" challenge for traditional sexual mores. Much more important in the United States than in Europe was the social and political impact of *Humanae vitae* on the reception of Vatican II. In the decade when the conversion of the Catholic pro-life, anti-Vietnam War movement into a pro-life, anti-"Roe v. Wade" movement was taking place, *Humanae vitae* redesigned the cultural boundaries of American Catholicism around the "gender issues" and the role of the magisterium.[14] In short, "*Roe* changed the rules," and *Humanae vitae* became "the Vietnam War of the Catholic Church."[15] During the 1970s, also thanks to the different receptions of *Humanae vitae*, the Catholic presence in the US public square has become both more diffuse

---

[13] Peter Steinfels, *A People Adrift: The Crisis of the Roman Catholic Church in America* (New York: Simon & Schuster, 2003), pp. 38-39.

[14] See Leslie Woodcock Tentler, *Catholics and Contraception: An American History* (Ithaca and London: Cornell University Press, 2004).

[15] Steinfels, *A People Adrift*, pp. 92 and 257.

and more focused: "The turn to the public square not only as an arena for civic engagement but also a platform for conveying Catholic teaching, to Catholics as well as non-Catholics, epitomizes the shifting relationship between individual and communal, private and public, expressions of Catholicism during the post-conciliar period."[16]

Quite interestingly, in the USA the polarization soon became much deeper and related to "life issues" and it occurred much later than in Europe, where the polarization translated into a bleeding of membership from the body of Catholic Action and not into the creation of two different, contending cultural-political parties within the Catholic Church: "Catholic participation in the public square often led to backlash, polarization, and the hardening of political camps [...] It cannot be said that Catholics effectively evangelized the public square in these years [...] key concepts of Catholic social doctrine, such fundamental principles find little or no resonance with Americans, including American Catholics."[17]

This particular aspect of the reception of Vatican II in America met with the pontificate of John Paul II and impacted the body of the Catholic Church: "By the late 1980s, under pressure as well from a papacy that preferred reserving political initiatives to itself, the day of highly visible episcopal and priestly leadership in political matters had faded."[18]

That development led to a greater polarization *vis-à-vis* the pontifical magisterium and constituted one of the causes of the disappearing or weakening of the intellectual and political tradition "liberal Catholicism": "In one of the great ironies of Ame-

---

[16] R. Scott Appleby, "Decline or Relocation? The Catholic Presence in Church and Society, 1950-2000," in *The Church Confronts Modernity. Catholicism since 1950 in the United States, Ireland, and Québec*, ed. Leslie Woodcock Tentler (Washington DC: The Catholic University of America Press, 2007), pp. 208-235, pp. 226-227.
[17] Appleby, "Decline or Relocation?," p. 229.
[18] Steinfels, *A People Adrift*, p. 101.

rican Catholic history, then, the leaders of the Church adopted a great deal of the liberal Catholic agenda, and when they had done so, they found that liberal Catholicism no longer enjoyed substantial public support. Instead liberal Catholicism came under attack, from the left because its Americanist reform solutions seemed religiously and politically inadequate, from the right because its social reform proposals seemed unnecessary and its religious stance seemed compromised by undue adaptation to secular culture."[19]

If it is true that during the pontificate of John Paul II, "Vatican authorities have become less sensitive to the cultural diversities that distinguish Catholicism across the globe and have sought to impose a one-size-fits-all brand of Catholicism,"[20] it is also true that John Paul II's "brand" had much more currency and relevance in the United States than in Europe given the initial situation of the social and religious market. The development of the relationship between bishops' political orientation and the Catholic vote[21] gives us the impression of a late "reception" in the United States of what in Europe began to happen in the 1970s.

5. SOME FAULT LINES BETWEEN THE CULTURE OF VATICAN II AND THE USA

This briefly sketched situation of the US Catholic Church in the transition from Vatican II to the early post-Vatican II period (bishops, laity, and social issues in the public square) constitutes the backdrop of the reception of Vatican II, especially for what

---

[19] David J. O'Brien, "What Happened to the Catholic Left?," in *What's Left? Liberal American Catholics*, ed. Mary Jo Weaver (Bloomington-Indianapolist IN: Indiana University Press, 1999), pp. 255-282, quotation p. 275.
[20] Jay P. Dolan, *In Search of an American Catholicism: A History of Religion and Culture in Tension* (New York: Oxford University Press, 2002), p. 254.
[21] See John T. McGreevy, "Shifting Allegiances: Catholics, Democrats, and the GOP," *Commonweal*, September 22, 2006, pp. 14-19.

concerns the reception of the teaching of Vatican II on the Church in the modern world. In the reception of Vatican II worldwide, the pastoral constitution *Gaudium et Spes* plays a special role. The United States is a particularly critical case in point.

Gaudium et Spes is the last document to be approved by the council, Vatican II's last word, and it addresses in a special way the issue of globalization of Catholicism in the modern world. The pastoral constitution plays an important and unique role in the intra-Catholic debate today, because of the particular role of Vatican II and of *Gaudium et Spes* for pope Francis on the one hand and, on the other hand, because of the particularly problematic relationship between pope Francis and the Catholic Church in the United States—what is Francis's "American problem," one of the hermeneutical keys to understanding his pontificate in global Catholicism.[22]

To understand the relationship between the Catholic Church in the United States and the pastoral constitution *Gaudium et Spes* and the pastoral shift of the church at Vatican II it is necessary to take a look at the wider context, that is, at points of friction between the message of *Gaudium et Spes* and North America as a large geo-cultural area of the world.[23]

A first point of difference between the pastoral constitution and religion in North America is about the *identification between religion and national identity*, which is one of the legacies of the immigrant church and of the persistence of the national and ethnic churches in North America. Both the text and the spirit of *Gaudium et Spes* are ambivalent about the relationship between Christian identity and the duties of political citizenship, also be-

---

[22] See Massimo Faggioli, *Pope Francis: Tradition in Transition* (Mahwah, NJ: Paulist Press, 2015), 61–84.

[23] About this, see Massimo Faggioli, *Catholicism and Citizenship: Political Cultures of the Church in the Twenty-First Century* (Collegeville MN: Liturgical Press, 2017).

cause of the experiences of the ambiguous relationship between Catholics and authoritarian and totalitarian regimes in Europe in the first part of the twentieth century. On the issue of religion and nationalism, Vatican II is distant from what Robert Bellah called "civil religion" as a system of established rituals, symbols, values, norms, and allegiances that build a political allegiance to the nation (see especially GS 75–76 on patriotism and on the relationship between the church and the political community).[24]

Moreover, in *Gaudium et Spes* the move is an opening of the traditional identification between Catholicism and the idea of "the nation" toward a more cosmopolitan and global articulation of the identity of Catholics in the modern world. It is not just that the thinkers and drafters of *Gaudium et Spes* came from a European context (France especially) that, after World War II, rejected nationalism and especially religiously inspired nationalism. The difference is also that *Gaudium et Spes* opens to a plural and multicultural world but still in the assumption of a fundamental unity between people, culture, and church in each particular local context: the pastoral constitution acknowledges the modern state and its compatibility with Catholicism but does not develop the theme of pluralism/plurality *within* the modern state. Together with the Declaration on Religious Liberty *Dignitatis Humanae*, the constitution *Gaudium et Spes* closes the criticism against political modernity accepting democracy, constitutionalism, human rights, and so forth. But Vatican II does not deal yet with the postmodern idea and experience of the nation state. The council

---

[24] About the idea of "civil religion," see Robert N. Bellah, "Civil Religion in America," *Dædalus, Journal of the American Academy of Arts and Sciences* 96, no. 1 (Winter 1967): 1–21. In this sense the fact that a majority of bishops from the United States at Vatican II was *against* the condemnation of nuclear weapons (vote of December 5, 1965) is a case in point about the particularity of the political culture of American Catholicism: see Willem J. Schuijt, "The Fostering of Peace and the Promotion of a Community of Nations," in *Commentary on the Documents of Vatican II*, ed. Herbert Vorgrimler (New York: Herder and Herder, 1969), 5:344–45; John W. O'Malley, *What Happened at Vatican II* (Cambridge, MA: Belknap Press, 2008), 265–66.

took place too early to be able to deal with a plurality and pluralism that radically redefine the legitimacy of public power, in a way that is very different from the European truce stipulated between the nineteenth and the early twentieth centuries between the Empire (and its successors) and the churches that resulted in the modern European nations.

The second point of difference is about *the idea of culture*. One of the differences between Catholicism at Vatican II and Catholicism today is that Catholics today experience a high degree of cultural, ethnic, ethical, and political plurality, which, while already part of the Catholic experience worldwide during the council, was not the experience of the main drafters of *Gaudium et Spes*: this is very relevant for the importance of the idea of "culture" in the constitution (GS 53–62).[25] On the one hand, in *Gaudium et Spes* Catholic theology and magisterium made peace with the relevance of culture for Catholic theology and the development of the tradition (GS 58–59). On the other hand, there is in the constitution a sense of unity between the church and the world, but also a sense of unity of culture within a nation, region, social class, or ethnic group culminating in the unity of the human race (GS 54). *Gaudium et Spes* is a document that precedes the postmodern breaking up of the idea of culture and its new place vis-à-vis the role of the theological tradition.[26]

Today the optimistic universality of the idea of culture in *Gaudium et Spes* has become about the protection of an "identity" framed in a much more idiosyncratic way. The theological debate at Vatican II and in *Gaudium et Spes* is about the new balance between nature and grace, but the element of "culture" intervenes out of the possible reach of the pastoral constitution. As Terry Eagleton put it recently, culture has become "a secular

---

[25] See Roberto Tucci, "The Proper Development of Culture," in *Commentary on the Documents of Vatican II*, 246–87.

[26] See Mark A. Smith, *Secular Faith: How Culture Has Trumped Religion in American Politics* (Chicago: University of Chicago Press, 2015).

177

version of divine grace."[27] This "culturalization" of the Catholic identity is a development that took place after the end of Vatican II and the debate leading to *Gaudium et Spes*.

The pastoral constitution relativizes the claim of superiority of one culture, rejects the idea of "uncivilized nations," and reframes the relationship between Jesus and culture, the church and cultures. *Gaudium et Spes* also prevents us from presenting Christianity or Catholicism in terms that are cultural and not theological. What happened after Vatican II—and what happened *to Gaudium et Spes*—is that "the discourse on cultural studies is itself strikingly exclusive,"[28] and this had an impact not only on the world *ad extra*, but also within Catholicism. The biggest shift, however, is from a canonical idea of one dominant culture —one singular Catholic culture—to a more pluralistic and historical-critical idea of culture*s* in the global church: but in *Gaudium et Spes* it is a shift that assumes a consensus and does not assume the inevitability of the marginalization of the Gospel. The issue of culture is particularly important in order to compare *Gaudium et Spes* and the attitude of the advocates of a splendidly minoritarian Christianity in a surprisingly (for them) hostile world: "an uncritical affirmation of margins and minorities usually goes hand-in-hand with a suspicion of consensuses and majorities. This is because postmodernism is too young to remember a time when mass political movements rocked the state far more vigorously than any margin or minority has proved capable of doing."[29]

This brings up a third point, that is, *the issue of historicity*. In *Gaudium et Spes* the issue of culture is related to a new understanding of places and of time, that is, historicity and its relations to dogma (GS 2 and 4). The mutual relationship between dogmatic language and historical awareness is reframed at Vatican II

---

[27] Terry Eagleton, *Culture* (New Haven, CT: Yale University Press, 2016), 29.
[28] Eagleton, *Culture*, 34.
[29] Eagleton, *Culture*, 35.

in the sense of a much more serious appreciation of how much dogma owes to history (looking retrospectively) and therefore how much history is important in the process of understanding the dogmatic tradition (looking prospectively, GS 10). The problem is that the historicity of the church is one of the ideas of the council that is received differently depending on the changing "regimes of historicity":[30] not only because the regime of historicity entailing a framework of relationship with the past has become something different between 1965 and 2016, but also because between the European Catholic theology that shaped *Gaudium et Spes* and North American culture today there is a difference in terms of the role of history in the lived spiritual and cultural experience.

The relationship with historicity in the North American context is different from the one in other contexts and from the European context in particular. It is not just the fact of a shorter historical past, but also a different relationship with the future, especially in North American religious culture, where fundamentalism can be seen not only as a specific way of relating to the past, but also as a symptom of the crisis of the future.

This problem of *Gaudium et Spes* and historicity in the North American context is part of the larger shift toward postmodernism, which brings about the crisis of the grand narratives, even of theological narratives. *Gaudium et Spes* has a grand narrative that does *not* correspond with the idea of progress; one of the main inspirators of the text, Marie-Dominique Chenu, OP, was very skeptical about the idea of a "theology of progress." In the pastoral constitution there is no clear "hermeneutics of history,"[31] but there is a deep sense of historicity: "the signs of the

---

[30] See François Hartog, *Regimes of Historicity: Presentism and Experiences of Time*, trans. Saskia Brown (New York: Columbia University Press, 2015; original French, 2002).

[31] Giuseppe Ruggieri, "Zeichen der Zeit. Herkunft und Bedeutung einer christlich-hermeneutischen Chiffre der Geschichte," in *Das Zweite Vatikanische Konzil und die Zeichen der Zeit heute*, ed. Peter Hünermann (Freiburg i.Br.:

times are the constitutive place for the presentation of the faith."[32] *Gaudium et Spes* was part of European Catholicism's effort to deal with the tragic past of the previous decades, especially between World War I and World War II, as well as with a Cold War and a possible global nuclear war seen from the European battleground.

6. AN INTERRUPTED RECEPTION OF "GAUDIUM ET SPES" SINCE THE LATE EIGHTIES

All that said, it is undeniable that Vatican II and *Gaudium et Spes* have been received in the church in the United States, especially in the first twenty years after the council.[33] It is particularly arduous to determine the moment of the beginning of the interruption or changes in the modality of reception of *Gaudium et Spes* in the USA. It is easier to advance hypothesis on the magisterial reception of the theology of *Gaudium et Spes* by the institutional and hierarchical church.

Certainly the period between the full participation of American Catholicism in the civil rights movements in the mid-1960s and the letters of the US bishops on nuclear war and on economic justice see an abundant use of the pastoral constitution. *The Challenge of Peace: God's Promise and Our Response* (May 3, 1983) and *Economic Justice for All* (November 1986) represent the highest moment in the reception of Vatican II in the teaching

---

Herder, 2006), 61–70, esp. 66. Ruggieri notes the difference between the positions of Marie-Dominique Chenu, Henri de Lubac, Karl Rahner, and Edwaard Schillebeeckx vis-à-vis *Gaudium et Spes*.

[32] Sander, "Theologischer Kommentar zur Pastoralkonstitution," 699.

[33] For a comparison between the United States and Germany, see *Zeiten der pastoralen Wende? Studien zur Rezeption des Zweiten Vatikanums—Deutschland und die USA im Vergleich*, ed. Andreas Henkelmann and Graciela Sonntag (Münster: Aschendorff, 2015).

of the US bishops in response to the urgent issues of their time.[34] *Gaudium et Spes* plays a key role in these documents, together with the other documents of Vatican II.

The role of *Gaudium et Spes* changes after the late-1980s, when the pontificate of John Paul II and the influence of cardinal Joseph Ratzinger on the pontificate had started to shape a different phase in the role of the pastoral constitution in the church and in the official hermeneutics of Vatican II in general. That was a fruit of a particular policy of bishops' appointments, but also the particular reception in the USA of one of the most important Bishops' Synods, the 1985 Extraordinary Synod on the reception of Vatican II at twenty years from its conclusion.

This is part of a complex relationship between two church leaders with different conciliar experiences (John Paul II as a conciliar father and one engaged in the commission for the drafting of *Gaudium et Spes*,[35] Ratzinger as a *peritus*) and with different takes on the constitution (if one remembers the writings on the pastoral constitution by the young German theologian in the early 1970s).[36]

The John Paul II–Benedict XVI imprint in the North American context redraws the ecclesial and theological map, and in a way that has few or no parallel in the Catholic Church in other countries. In official documents of the US episcopate, *Gaudium et Spes* continues to be vaguely referenced, but in the context of a

---

[34] See David Hollenbach, "'Economic Justice for All' Twenty Years Later," *Journal of Catholic Social Thought* 5, no. 2 (2008): 315–21.

[35] See, for example, George Weigel, *Witness to Hope: The Biography of Pope John Paul II* (1999; New York: HarperCollins, 2001), 166–69; Gabriel Richi Alberti, *Karol Wojtyla: un estilo conciliar. Las intervenciones de K. Wojtyla en el Concilio Vaticano II* (Madrid: Publicaciones San Dámaso, 2010); Karol Wojtyla, *Quelle der Erneuerung. Studie zur Verwirklichung des Zweiten Vatikanischen Konzils* (Freiburg i.Br.: Herder, 1981; original Polish, 1971).

[36] See Joseph Ratzinger, "A Review of the Post-Conciliar Era," in *Principles of Catholic Theology* (San Francisco: Ignatius Press, 1987), 367–93. About *Gaudium et Spes* in the context of the immediate post–Vatican II period see Faggioli, *A Council for the Global Church*, 121–41.

rapidly growing anti-modern narrative by the institutional Catholic Church, as a response to the "anthropological challenge" brought about and exemplified by abortion politics. This is evident in the trajectory of the statements published by the US bishops before the presidential elections: a trajectory that leads in the early 2000s to the pre-electoral document of the USCCB *Faithful Citizenship* in its version of 2007, updated in 2011 (and deliberately *not* updated in 2015 and in 2019).

Since the early 2000s, the interruption of the reception of *Gaudium et Spes* in the institutional and clerical culture of US Catholicism had become evident, in the context of a larger crisis of reception of Vatican II and of a growing neo-traditionalist movement. This is part of a starkly more pessimistic evaluation of modernity by the institutional Church (but also some lay-run intellectual circles), in light of the radical polarization within US culture and US Catholicism around issues of sexuality and gender, and with a much smaller role for the Church's teaching on issues of social and economic justice.

7. THE NORTH AMERICAN EXCEPTION

This interrupted reception of *Gaudium et Spes* is part of a large transatlantic gap in global Catholicism today: major differences between US Catholicism and European Catholicism.

One major difference between the receptions of Vatican II in Europe and America seems to be the use of the label "Vatican II" to define specific "kinds" of Catholicism – "Vatican II Catholicism", "Vatican II Catholics". While European Churches, during at least the two decades after the end of Vatican II, seem to have accepted (except for the Lefebvrian schism) in a rather nominalistic way "Vatican II" as their cultural and theological identity, in the United States "Vatican II Catholics" seemed to have become much sooner a specific and not universally welcome definition or self-definition. While in Europe the self-definition "Catholic" often required an adjective, in the range of adjectives there was not much available room – paradoxically – for "Vatican II" as often and as meaningfully as it was in the US.

This result does not come as a surprise. While the debate in the United States on the relationship between Catholicism and American culture had received a boost from the conciliar view of "culture" (pastoral constitution *Gaudium et Spes*), thus creating a real kind of "inculturation" of Catholicism in the culture of the Western Hemisphere, for post-Vatican II Europe some scholars have talked of the "exculturation"[37] of a Church already in crisis *before* Vatican II: a Church that *after* Vatican II met not only "secularization," but also "marginalisation" and "disqualification."[38]

There are some fundamental differences between the European scenario on one side, and the American on the other side. One of them is the impact of immigration on the social and cultural landscapes of Catholicism. In Europe, the arrival of mostly Muslim migrating populations injected, from the 1980s on, the fear of an elimination of the "Christian roots of Europe" and the creation of a "Eurabia," and this fear is at the origin of the electoral fortunes of the new right-wing and "nativist" parties in Central Europe. For American Catholicism, the impact of immigration from Latin America especially had an invigorating effect that has been totally lacking in the European Churches, not only in terms of concealing the membership losses of the descendants of "European Catholics," but also in terms of the contribution to the cultural reinterpretation of American Catholicism.[39]

---

[37] See Danièle Hervieu-Léger, *Catholicisme, la fin d'un monde* (Paris: Bayard, 2003).
[38] Fouilloux, *Les chrétiens français*, p. 287 and p. 335.
[39] See *El cuerpo de Cristo: The Hispanic Presence in the U.S. Catholic Church*, eds. Peter Casarella and Raul Gomez (New York: Crossroad Publishing, 1998); *Presente! U.S. Latino Catholics from colonial origins to the present*, eds. Timothy Matovina and Gerald E. Poyo, (Maryknoll, N.Y.: Orbis Books, 2000); *Horizons of the Sacred: Mexican Traditions in U.S. Catholicism*, eds. Timothy Matovina and Gary Riebe-Estrella (Ithaca, N.Y.: Cornell University Press, 2002).

This cultural reinterpretation of American Catholicism after Vatican II had a double effect on the reception of Vatican II: on the one hand, a very vital and multi-cultural embodiment of Catholicism; on the other hand, the radicalization of different and diverging theological trajectories in the USA – more diverging than in all other Catholic churches around the world. It is true what O'Toole says, "the clarity of the American Catholic world in the years before Vatican II was replaced with both a new vitality and a new volatility."[40] It is also true that, from the early stages of the reception into the 1970s, the theological reception of Vatican II in America produced a deep-rooted stream of "liberal Catholicism" much stronger and deeper than in Europe for cultural and political reasons and not only for the closer impact on the European Churches of John Paul II's centralization. But also the backlash of the institutional Church against liberal Catholicism was stronger and deeper in the USA than elsewhere.

8. CATHOLIC MINDSETS AND TRANSATLANTIC EXCHANGES

Understanding the patterns of the transatlantic exchanges in late 20th-century Catholicism is not separable from the attempt to understand the different Catholic mindsets. If in America we have especially after Vatican II a lot of "soul searching" about Catholicism and American culture[41] and a new "inculturation"[42] of the Catholic identity, this new inculturation seems to have brought about a "cultural cleavage," if not a polarization, between different identities within American Catholicism around the interpretation of Vatican II.[43] This gap in the different "cultural destinies"

---

[40] O'Toole, *The Faithful*, p. 265.
[41] See Massa, *Catholics and American Culture*, and John T. McGreevy, *Catholicism and American Freedom: A History* (New York: W.W. Norton, 2004).
[42] See *Inculturation and The Church in North America*, ed. T. Frank Kennedy (New York: Crossroads, 2006).
[43] "For three decades the church has been divided by different responses to the Second Vatican Council and to the tumultuous years that followed." (Joseph

of Catholicism after Vatican II has brought to the US a greater perception of Europe as a mere depository of "variably usable past": unusable for liberal Catholics (except for the years of Vatican II), usable (but mostly in a narrow perception of its history) for more traditionalist Catholics.

What is more interesting is that *from the USA* the highly symbolical issues of vaguely labeled "Vatican II theology" which is relevant in the USA, such as the role of women in the Church and women's theology, never managed to attain the same relevance in Europe, not even in the circles of "Vatican II Catholics", with the same intensity that it has on this side of the Atlantic[44]. On the other side, after the 1990s the vitality of conservative American Catholicism in its traditional features has become more and more appealing for conservative European Catholics, and especially for those belonging to the neo-conservative "devout atheists" (a definition famous in Italian political jargon: *atei devoti*): non-believers in God, but believers in the Roman Catholic Church's moral teaching as a cultural pillar of the Western world.

The details of this new relevance of the culture of US Catholicism for European and global Catholicism are not clear yet. At the beginning of the 21st century, the future of world Catholicism *did* look much more American than fifty years before. But that was before the election of pope Francis in 2013, which interrupted that trend.

Bernardin, *Called to Be Catholic: Church in a Time of Peril*, Chicago, August 12, 1996, quoted in *Catholic Common Ground Initiative: Foundational Documents*, Eugene, OR: Wipf and Stock Publ., 2002, pp. 61-77, quotation p. 66.)

[44] See, on post-Vatican II feminist Catholicism in the United States, Mary J. Henold, *Catholic and Feminist: The Surprising History of the American Catholic Feminist Movement* (Chapel Hill: The University of North Carolina Press, 2008).

9. POPE FRANCIS' PONTIFICATE AS AN INTERRUPTION IN THE US AND GLOBAL CATHOLICISM

The resignation of Benedict XVI and the election of pope Francis in 2013 coincided chronologically with a particular moment in US Catholic history. On the one hand, one could argue that the reception of the council has been more cultural, social, and political than directly theological (systematic and historical)[45] and historiographical.[46] There is a scarcity of theological commentaries on Vatican II produced in the United States since the late 1960s. In other words, Vatican II (*Gaudium et Spes* included) has shaped the development of American Catholic theology after Vatican II with a commitment to Vatican II as a whole, but without an intellectual and academic commitment to the studies of Vatican II as a *corpus* and as an *act*. The lack of US-based series of studies and commentaries on the pastoral constitution emerged as an issue during Francis' pontificate, and is telling of a reception of Vatican II that since the very beginning was oriented to a situation that most theologians perceived as developing quickly toward a post–Vatican II and postmodern stage.[47]

---

[45] For example, see the polemics against the idea of a "procedural republic" in J. Brian Benestad, "Doctrinal Perspectives on the Church in the Modern World," in *Vatican II: Renewal within Tradition*, ed. Matthew L. Lamb and Matthew Levering (New York: Oxford University Press, 2008), 147–64.

[46] See Federico M. Requena, "El impacto del Concilio Vaticano II en la historiografía sobre el catolicismo en Estados Unidos," *Anuario de Historia de la Iglesia* 23 (2014): 279–307, esp. 303–4.

[47] See James Hanvey, "The Challenge and Hope of *Gaudium et Spes*," in *The Church in the Modern World: Fifty Years after* Gaudium et Spes, ed. E. Brigham (Lanham, MD: Lexington Books, 2015), 3–41; John Hittinger, "*Gaudium et Spes* and the Importance of Political Philosophy," *Josephinum* 20, no. 2 (Summer/Fall 2013): 279–306; James F. Keenan, "Vatican II and Theological Ethics," *Theological Studies* 74 (March 2013): 162–90; Terence Kennedy, "Bernard Häring and Domenico Capone's Contribution to Vatican II," *Studia Moralia* 51, no. 2 (2013): 419–42; William McDonough, "*Gaudium et Spes* on the Gospel as '*lux et vires*' for Our Lives: The '*divine condenscensio*' and Catholic Morality," *Heythrop Journal* 2015 (published online

On the other hand, there is in the USA a particular divisiveness of the reception of Vatican II, more at the level of academic theology and intellectual circles than at the level of the people of God (and a divisiveness about the interpretation of Vatican II that is more profound in the United States than anywhere else). This is a phenomenon that remains to be investigated, especially for the relation between this divisiveness and the lack of a tradition or school of Vatican II studies in the United States. This is a preliminary exploration of a field that will require real research, leading possibly to a history of the political cultures of American Catholics in the post–Vatican II period. Therefore, there are no conclusions that precede such a research.

There is, however, one particular hypothesis that is essential to understand the present Catholic moment in the USA during the pontificate of pope Francis. *There is a correspondence between the crisis in the reception of Vatican II in the USA and the uniquely difficult reception of Francis in the USA*. Francis' pontificate coincides not only with a new phase in the reception of Vatican II. His pontificate is also a departure from a US-centered religious world. This element is particularly important because the fracture between the USA and US Catholicism and Francis' pontificate is not the cause, but the consequence of what can be called an *interruption in the Americanization of Roman Catholicism*. The "North-Americanization of Catholicism" was part of

---

October 30, 2015). See also Michael Lawler et al., eds., *The Church in the Modern World: Gaudium et Spes Then and Now* (Collegeville, MN: Liturgical Press, 2014), and in particular Vincent Miller, "Ecclesiology, Cultural Change, and the Changing Nature of Culture," in *A Church with Open Doors*, 64–84. These important recent articles cannot hide the fact that American Catholic theological academia has not produced a multivolume commentary or dictionary or systematic series of studies on Vatican II similar to the ones published, for example, in France, Germany, Italy, Spain, Chile, and Brazil. Forthcoming is also a Korean translation of the *Herders Theologischer Kommentar zum Zweiten Vatikanischen Konzil*, ed. Bernd Jochen Hilberath and Peter Hünermann, 5 vols. (Freiburg i.B: Herder, 2004–2005).

the neo-conservative project beginning in the 1980s-1990s and especially in the early 2000s: US Catholicism as a model for the future of Roman Catholicism globally.[48] The first Latin American pope has interrupted this project; his pontificate is redefining this trajectory theologically *and* geopolitically.

The history of Francis' pontificate and its transatlantic relations can be seen as a series of fractures and tensions which are the product of two different interruptions. To the interruption in the reception of Vatican II in US Catholic Church, the global Church responded with the election of a pope like Francis with a vision for a truly global Catholic Church, a pontificate deeply rooted in Vatican II both as a corpus of documents and as an event in Church history. The election of Francis can be seen also as an interruption of the ideological project of North-Americanization of global Catholicism, and this can help explain some of the particular political and geopolitical tensions that have emerged during the pontificate.[49]

---

[48] See R.R. Reno (editor of the hardline conservative magazine *First Things*), "The Populist Wave Hits the Catholic Church. How Pope Francis Triggered a Rebellion", *Foreign Affairs*, 13 November 2018 https://www.foreignaffairs.com/articles/world/2018-11-13/populist-wave-hits-catholic-church

[49] About this, see Massimo Faggioli, *The Liminal Papacy of Pope Francis. Moving Toward Global Catholicity* (Maryknoll NY: Orbis, 2020).

Sesión 3

Retos abiertos

THE NEW PERIPHERIES:
GEOPOLITICS AND EVANGELIZATION
Antonio Spadaro, SJ

In January 2016 during the traditional annual meeting with the Diplomatic Corps accredited to the Holy See, the pope mentioned mercy 8 times. And he said clearly: "Mercy was the common thread linking my Apostolic Journeys in the course of the past year."

And in his Message for the 50th World Communications Day Francis said: "Our political and diplomatic language would do well to be inspired by mercy, which never loses hope." This clearly shows the strong links Francis sees between his vision of the world, international politics, diplomacy and mercy. So here are some important questions on this matter:

> How can mercy be understood as a form of political and diplomatic action?
>
> What does "diplomacy of mercy" mean within the pontiff's geopolitical vision?
>
> How does it unfold in his apostolic voyages?

For Francis mercy is not an abstract concept. It is the action of God within the life of this world: in societies, in human groups, in families and individuals. God not only acts through the lives of individual people, but through the historical processes of peoples and nations. Even the most complex and intricate ones.

The Church itself is described by Francis as being fully part of our cities, its borders demarcated only by the permeable, flexible, tent-like walls of a "field hospital."

What, then, does mercy as a political category mean? We could say: never consider anyone or anything as definitively "lost" in relations between nations, peoples, and States. This is the heart of the political significance of mercy.

My address to you today seeks to spell out the geopolitical significance of Francis' diplomacy of mercy through some specific aspects in his vision.

1. AN "INCOMPLETE" AND "OPEN" DIPLOMACY

The dynamic of mercy obliges us – even conceptually – to operate in a way that allows for "open thought" or "incomplete thought" as Pope Francis defined it when I interviewed him in 2013 for *Civiltà Cattolica*.

Addressing the writers of our magazine on an occasion to mark our 4000th issue, the pope told us: "the crisis is global." And he added: "Only *truly open thought* can face the crisis, understand where the world is going, and handle the most complex and urgent crises." Open thought is flexible thought; it understands the situations as they are taking place and knows how to evaluate meaning and consequences, even beyond appearances.

There are countless situations where the Holy See has given a major contribution to international politics using this "open thought."

I. Consider, for example, how important it is for the Holy See not to fall into the trap of putting Sunnis and Shiites, **Riyadh and Teheran**, as the opposing forces and taking one or other sides.

We recall, among other things, that the Iranian president was received by the pope on January 26, 2016. The Vatican's Press Office drew attention after the meeting to "the important role that Iran is called to carry out, together with other countries in the region, to promote adequate political solutions to the problems hitting the middle East, countering the spread of terrorism and arms sales." With Iran the Holy See has established regular diplomatic relations, which instead do not exist with the Kingdom of Saudi Arabia. However, it should be remembered that on 22 November 2017 Pope Francis received an official delegation from the Saudi Kingdom led by Dr Abdullah bin Fahad Allaidan - adviser to the Minister of Islamic Affairs, - and composed of about ten representatives of the Ministry of the Interior, Justice, Culture and the Media. We read on the website of the Embassy of Arabia to Italy that "The delegation conveyed the senses of the Kingdom's deep esteem to His Holiness for the noble positions taken and for the declarations in which the Holy Father calls for peace and coexistence, rejecting any link between religion and extremism.

II. Or think of Francis's desire for a bridge with Xi Jinping's **China**, symbolized by the bridge in airspace that has allowed the pope to fly over the territory of the People's Republic on three occasions.

An important element of the journey to Myanmar and Bangladesh in December 2017 was the fact that the pope was the first to consider explicitly the new role that China wants to have – and already has – in the international context. This is a fact that Francis himself summarized during the press conference returning to Rome from Dhaka with these words: "It's true that China today is a world power: if we look at it from this side, it can change the panorama."

Besides, we know all too well that we cannot think about peace in the world without considering the role played by China. In our age, with our commercial wars and inflamed souls, this reflection attains even greater value.

The signing of a provisional agreement between the People's Republic of China and the Holy See was announced by the Press Office of the Holy See on September 22, 2018.

The agreement between China and the Holy See is radically and essentially pastoral. The aim is to let the Church better preach the Gospel without losing itself in internal conflicts that could be overcome with the goodwill of all concerned. Certainly, this agreement also represents a message of hope in a world where conflict and fear dominate the horizon.

We should not see the agreement as a point of arrival, but as a starting point. There are no automatic guarantees that the quality of Chinese Catholic religious life will improve. The challenges remain, but certainly the process of remodeling the relationship between the two parties is a positive one for Chinese Catholics.

III. Another important action to remember is the improvement in relations between **Cuba** and the North American continent. This is how the Cardinal Secretary of State, Pietro Parolin, described Francis' engagement in this case: "The Pontiff did not want to rewrite history, but to move it forward."

IV. Or again, the way the Holy See has contributed to the historic peace between the government of Colombia, and its longstanding guerrilla groups, the Revolutionary Armed Forces of **Colombia** (FARC) and the National Liberation Army (ELN).

V. We saw also this process of peace and reconciliation at work in the case of the Rohingya. In his trip to **Myanmar**, he wanted «to hold ever present the building of the country», as he said on the return flight. Because of this, he knew how to talk about the Rohingya — and a lot! — in a way to be listened to, without sharpening tensions and provoking restrictions or polarizations that would have only complicated their situation. And then he encountered them in Bangladesh, face to face: 16 people, who he listened to and with whom he asked to pray. There he was able to call their ethnic group by name.

As these and other cases show, the pope's position consists not in saying who is right and who is wrong, for at the root of all conflict is a fight for power or regional dominance, or what the pope calls a "vain pretext." There is no need to take sides for moral reasons.

This is the lesson we can learn from this open thought: the pope rejects the mixing of politics, morals and religion that leads to the use of a language that divides reality between the absolute Good and the absolute Evil, between an axis of evil and an axis of good, between goodies and baddies. For Francis the history of the world is not a Hollywood movie, in which "our boys" come to save us from "those people." He knows there are always different interests at stake, and that different sides act out of standpoints that are usually morally ambiguous.

Pope Francis wants to meet the major players in the action, to create an encounter in which all sides can think together, seek the greater good, exercising a *soft power* that is the specific characteristic of his international politics.

An example: In the afternoon of November 27th, Francis accepted receiving privately the highest military authority, General Min Aung Hlaing, with whom he spoke about the situation of the country in this time of transition. The Pope knows perfectly that a politics of national reconciliation cannot avoid also involving the military of the government, and this is why he accepts — if asked — to meet all the parties involved. Here's the Pontiff's comment about that meeting: «Speaking, you lose nothing, you always gain». And he clarified: «I did not negotiate the truth, I assure you. But I did it in such a way that he understood a bit that a path, as it was in the bad times, renewed today, is not navigable». The meeting corresponds to the logic of Bergoglio: accepting it, if it is requested by one side involved in a conflict, and always considering «dialogue more important than suspicion».

2. A GEOPOLITICS THAT DISSOLVES FUNDAMENTALISMS AND FEAR OF CHAOS

Francis never gives into the temptation to identify religion with fundamentalism. The pope is light years away from the theorists of a "clash of civilizations." and religions.

What underlies the persuasive temptation for a spurious alliance between politics and religious fundamentalism? - Fear of chaos. Indeed, it functions thanks to the chaos perceived.

The political strategy for political success becomes one of amplifying the rhetoric of conflict, exaggerating disorder, agitating the souls of the people by painting worrying scenarios that bear no relation to reality.

This is why Francis is carrying forward a systematic counter-narrative to the narrative of fear. There is a need to fight against the manipulation of this era of anxiety and insecurity. In his address to the Korean Council of Religious Leaders Francis said: "we are called to be heralds of peace, proclaiming and embodying a nonviolent style, a style of peace, with words clearly different from the narrative of fear, and with gestures opposed to the rhetoric of hatred."

Francis is courageous here in giving no theological-political legitimacy to terrorists, while avoiding any reduction of Islam to Islamic terrorism. Nor does he give credence to those seeking a "holy war".

Francis even manages in a provocatively Gospel manner to describe terrorists as "poor criminal folk." It is an expression that expresses at the same time condemnation and compassion. Francis used it when meeting the refugees and young disabled persons at the Latin Catholic church in Bethany, May 24, 2014. In the background we see the sinner – here the terrorist – as the "prodigal son" and never as the incarnation of the devil. He makes the singular affirmation that stopping an unjust aggressor is not only a right for the community, but it is also a duty towards the aggressor in the sense that he has a right "to be stopped from doing evil." In this way we see that reality has a double perspective: it includes the enemy and does not exclude the enemy's own greater good.

The love typical of the Christian is not only love for the "neighbor," but also love for the "enemy." When we look at those doing evil through the eyes of *pietas*, then what triumphs is something that is humanly inexplicable – and perhaps also "scandalous." It is the force of the Gospel of Christ: *love of our enemies. This is the triumph of mercy.*

3. A GEOPOLITICS THAT DOES NOT SEE CATHOLICISM AS A POLITICAL GUARANTOR OF POWER

Francis strongly resists also the allure of Catholicism seen as a political guarantor, "the last empire," inheritor of a glorious past, pillar against the decline seen in the crisis of global leadership in the Western world.

He removes Christianity from any temptation to continue to be the heir to the Roman Empire. *Sacerdotium* is clearly separated from *imperium*. Francis empties spiritual power of its temporal baggage, its rusty armor and rotten breastplates. And he gives back to God his true power, which is the power to integrate. This is the unique, true power of God.

Francis recalled this in his meeting with the US bishops: be careful not to fall into the temptation of confusing "the power of strength with the strength of that powerlessness with which God has redeemed us." And *"never make of the Cross a banner of worldly struggles."* Bergoglio wants to liberate pastors from the feeling of being at war, "surrounded and dismayed" under a sort of "Masada complex" by which the Church feels enclosed by a society it must fight against. The so-called "Benedict option", as Rod Dreher describes the withdrawal of the Church into enclaves, would be an error, just as it is an error to be nostalgic for "bygone times" by preparing "harsh responses" today. So there is a clear difference between:

> a "Constantinian" theopolitical imperial vision that seeks to establish a divine Kingdom here and now, where the divine is obviously just the ideal projection of the established power.

> a "Franciscan" theopolitical vision that is eschatological, that looks to the future and intends to guide history toward the Kingdom of God, a kingdom of justice and peace.

The first vision generates an ideology of conquest. The second vision generates a process of integration.

The pope on May 9 in an interview with the French daily *La Croix* said: "Yes, Europe has Christian roots. Christianity has the duty of watering them, but in a spirit of service as in the washing of feet. The duty of Christianity for Europe is that of service." And again: "The contribution of Christianity to a culture is that of Christ washing the feet, or the service and the gift of life."

So Francis *firmly opposes a Catholicism understood as the last empire*, the last surviving and glorious heir to the past while the Western world faces a crisis of leadership. Bergoglio knows that when the "chosen people" becomes a "party" it enters into an intricate web of religious, institutional and political dimensions that makes it lose the meaning of its universal service and sets her up against those who are far off, who do not belong, who are the "enemy." Being "party" creates an enemy: we need to escape this temptation.

4. A DIPLOMACY OF THE PERIPHERIES

What vision does the pope have of the world? Normally maps and globes offer us a global vision. Which Atlas does Pope Francis look to? I'll give a real example to describe it: his European travels. Has he visited Paris, London, Berlin or Madrid? - No.

The itinerary of his travels on the European continent began with Lampedusa – "gateway to Europe" – and Albania, a land that is not yet part of the European Union and has an Islamic majority. From these peripheries the pope passed through the center, that is Strasburg and the European institutions, before visiting other borders: Turkey, Bosnia, Lesbos, which is another tragic European "gateway." And his travels continued to the South Caucasian region, lands of ancient Christian roots at the edge of Europe, where its heart is beating and the injuries are open and still bleeding.

His route has been strongly directed eastwards: Poland, Lithuania, Estonia and Latvia and Bulgaria, North Macedonia and Romania. So he touched Europe through its wider eastern borders.

And he went on to Lund in Sweden, Fatima, not the capital Lisbon, Geneva and Dublin for specific events not for visiting the countries.

Francis sees how the world's heart beats by putting his hand on the extremities, the pulse, where the blood can be felt pumping. Francis is like a doctor who seeks to understand if the heart works by observing if and how blood reaches around the body, examining the circulation in the limbs.

To understand better what Francis means for peripheries, let us read what Francis declared in an interview released to La Carcova News, a popular magazine produced in an Argentinian *villa miseria*: "When I speak of the peripheries, I speak of borders. Normally we move in spaces we control one way or another. This is the center. When we move out from the center and away from it, we discover more things and when we look at the center from these new things we have discovered, from the new places, from these peripheries, we see that reality is different." Francis provided an example: "Europe seen from Madrid in the 16th century was one thing, but when Magellan reached the end of the American continent, he saw Europe from another perspective and understood something else."

5. FIELD-HOSPITAL DIPLOMACY

Bergoglio's travels follow this route through the peripheries. And these places are also those of open wounds. Apostolic journeys allow the pope to touch open wounds with his own hands, carrying out a therapeutic gesture.

In fact, Francis touches barriers as if they were the head of a sick person. He wants to touch the injured lands one by one. He does not want to give a speech that is general and abstract and valid always and everywhere. This is why in his journey to the Holy Land he touched the injuries of the wall of Bethlehem, placing his head on it in prayer. He did so to heal. And the same gesture he carried out at Auschwitz on the wall of executions.

When the pope touched the wall of the church in Cairo where innocent Christians had died, the blood was clear to see.

Francis explained the importance of "healing" in his address to the US Congress: "Our response must instead be one of hope and healing, of peace and justice. We are asked to summon the courage and the intelligence to resolve today's many geopolitical and economic crises."

This is what happened when Francis visited Korea speaking neither of North or South, but of a country united by a "mother tongue." This is why he visited Sarajevo, as we mentioned, and also Albania and Lampedusa, to which he donated the Crucifix he had received from Raul Castro in Cuba. This is why he visited Lesbos. This is why he flew over the Florida Straits that both separates and unites Cuba and the United States. The pope had to touch these open wounds where mercy must take on political form. This is why he wanted to visit Bangui, despite the strong diplomatic and journalistic pressure applied on him and on those organizing the visit. But we think too of Sri Lanka where for years the Sinhalese and the Tamil groups have fought a fratricidal war. And the pope has touched the Christian roots of Europe in the ancient lands of the south Caucasus, touching with his hands the open wounds between Georgia and Russia and between Armenia, Turkey and Azerbaijan.

We recall the voyage to Mexico and the stop in Ciudad Juarez at the US-Mexican border. The papal altar was 80 meters from the border. Behind the pope was Mexico, before him was the United States. And people were gathered there, behind a dividing fence to listen to Mass. The wall became a virtually crossed bridge.

The pope travels to touch injuries and place his hands on those injuries, as Christ placed his hand on the wounds of his time. This is the deeper meaning of the diplomacy of mercy.

In a few days Pope Francis will fly to Thailand and Japan. The theme of Pope Francis's Visit to Japan is «Protect all life» quoted from the Encyclical Letter *Laudato Si'*. The theme is related to life and peace, economy, environment and relations with neighboring countries. Recovery from natural catastrophes and nuclear plant accidents is still a priority.

Pope Francis will meet atomic bombing victims, survivors of the earthquake and tsunami and nuclear power plant explosion in northern Japan (2011). Japan is a place of great natural beauty. But nature can also be unexpectedly dangerous, with volcanoes, earthquakes, tsunamis and typhoons floods.

Pope Francis will address a message about «protecting all life» to support your sensitivity about postwar nuclear "allergy" and about the environmental issues. He could also affirm the concerns for the marginalized of society and the problems of immigrants.

We know that the fight against the proliferation of nuclear weapons is a very urgent topic for Pope Francis. Pope Francis "not only condemned the use of nuclear arms" but also their "possession," in an address he gave in 2017. This journey would also mark the path toward the 2020 International Nuclear Non-Proliferation Conference. International peace and stability cannot be based on a false sense of security, on the threat of mutual destruction or total annihilation, or on simply maintaining a balance of power. Peace must be built on justice, on integral human development, on respect for fundamental human rights, on the protection of Creation, on the participation of all in public life, on trust between peoples, on the support of peaceful institutions, on access to education and health, on dialogue and solidarity.

6. A DIPLOMACY OF SOLIDARITY

So Bergoglio's experience and understanding of history stop him from being an abstract pacifist and ideologue. He knows that "pure" peace does not exist and that humanity will always face conflict. Conflict cannot be eliminated either from human relations or from international relations. Indeed, peace itself "entails real and true battles" be won.(Pope Francis, Angelus, January 1, 2016.)

Peace, for Bergoglio, means acting on the most delicate areas of international politics in the name of the outcast and the weak. So peace initiatives in a world living a dramatic "piecemeal third world war" – *there are more than thirty around the world* – must always be connected to the two great social themes that concern the pope: social peace and social inclusion of the poor. Armed conflicts have their roots in these issues.

For example, Pope Francis focused on the theme of migration many times, as it produces outcasts, abandonment and vulnerability.

As he said in his trip to Colombia, «recourse to real reconciliation cannot merely serve to accommodate unjust situations». Francis does not want to propose a "peace" understood as "tranquillity" at the cost of ignoring the injustices and defense of the poor. The eschatological power of his vision stops the pontiff from proposing even a "false neutrality that is an obstacle to sharing." (Pope Francis, Homily, Mass of January 1, 2016). Returning to Saint Paul VI's *Populorum progressio,* he knows that a "peace which is not the result of integral development will be doomed; it will always spawn new conflicts and various forms of violence" (EG 219).

So here we see emerging a political name for mercy: solidarity, understood as a commitment and responsibility for the common good of our globalized world.

And this is also the approach that the pope has had since the beginning with President Donald Trump, with whom Francis has always sought to build strong bonds of peace and solidarity. He had done it since the beginning in a telegram offering best wishes when Trump took office as the 45th president of the USA. Francis had written: *"I offer you my cordial good wishes and the assurance of my prayers that Almighty God will grant you wisdom and strength in the exercise of your high office."* And he went on: *"Under your leadership, may America's stature continue to be measured above all by its concern for the poor, the outcast and those in need who, like Lazarus, stand before our door."*

So here we see emerging a political name for mercy: solidarity, understood as a commitment and responsibility for the common good of our globalized world.

7. DIPLOMACY AS EXPRESSION OF HUMAN FRATERNITY

Perhaps the trip of Pope Francis that is most emblematic to understand his geopolitical vision based on the Gospel was to Abu Dhabi. Here emerged the fundamental and warm core of his vision of human brotherhood that is the fruit of faith that we are all children of God.

At 1 p.m. on February 3, 2019, Pope Francis flew to the United Arab Emirates for his 27th apostolic journey. It was the first visit of a pontiff to the Arabian Peninsula, so close to the holy places of Islam: Medina and Mecca.

The occasion for the trip to the United Arab Emirates was the Global Conference of Human Fraternity, promoted by the council. Before the arrival of the pope, 500 religious leaders from all over the world had already joined together. They had discussions in 21 workshops with 60 presenters, and 30 involving Christians, Jews and other Muslims.

The pope signed there a document with the Grand Imam of Al-Azhar Ahmad el-Tayeb

The grand imam first visited Francis on May 23, 2016. And el-Tayeb welcomed the pope during the apostolic visit to Egypt on April 28-29, 2017, on the occasion of the International Conference for Peace, organized by Al-Azhar and the Muslim Council of Elders. The pontiff was described by his host as "Great guest and dear brother."

The year 2019 marks the 800th anniversary of the meeting between Francis of Assisi with Sultan al-Malik al-Kamil, nephew of Saladin. The memory of this embrace from the past has become today the icon of a possible future.

"There is no alternative," the pope said on that occasion: either "the civility of encounter" or the "incivility of conflict." Future generations have to develop as trees that are well rooted in the soil of history, which, "growing up high and next to others," transform "the polluted air of hate into the oxygen of brotherhood." And it is precisely this "oxygen" that is the linchpin of the document on Human Fraternity for World Peace and Coexistence, signed by the pope and the imam, February 4, in Abu Dhabi.

In this document we note that the two leaders express themselves "in the name of God," but they do not posit theological premises. They begin with the experience of their meeting and the fact that various times they have shared "the joys, sorrows, and problems of our contemporary world." It is the situation of the world – and not a theoretical setting of interreligious dialogue – that has pushed Francis and el-Tayeb to say something together that may be a "guide for future generations to advance a culture of mutual respect in the awareness of the great divine grace that makes all human beings brothers and sisters."

There is already here an important point about method: encounter is born from listening to reality. For this reason, the two leaders speak "in the name of" the poor, orphans, widows, embattled peoples, that is, the throwaways of the world. But, also "in the name of" liberty, justice, mercy, and all persons of good will.

The recognition of fraternity changes our perspective. It turns it upside down and becomes an important religious and political message. Not by chance, this brings us immediately to reflect upon the meaning of "citizenship": we are all *brothers and sisters*, and therefore all are *citizens* with equal rights and duties; under its shade all enjoy justice. What disappears therefore is the idea of a "minority," which brings with itself the seeds of tribalism and hostility, that sees in the face of the other the mask of the enemy.

The pope and the grand imam have taken a decisive step toward overcoming resentment and ideological pitfalls. They have beaten down the walls built by cultural warriors who crave a clash of civilizations thanks to an ideological reductionism of religions. The foundation of all is seen in a single expression: "The faith brings the believer to see in the other a sister or brother to support and love."

The Catholic Church shows itself to be today, in our broken world, a powerful geopolitical factor for mending and regeneration based on the fundamental and universal values of fraternity.

IT IS TIME TO DRAW OUR CONCLUSIONS...

It is time to draw our conclusions. Francis is a pope who takes up courageous positions, sometimes risky ones under a specifically diplomatic perspective. Traditional Vatican prudence can give way, under Francis, to *parrhesia*, made of frankness, clarity and sometimes challenging statements. It is enough to think of his criticism of speculative financial capitalism, the memory of the Armenian "genocide," the further formalization of relations with Palestine.

This is not a classical diplomatic approach that can provide the interpretative key to the world political vision of Francis. His visionary gaze has suggested the possibility of a new global role for Catholicism.

As one ambassador has noted, "Benedict used the language of western modernity that recognized a pluralism of worldviews in contemporary society while denouncing the 'dictatorship of relativism.' Francis, while facing up to the many challenges of cultural modernity, challenges the dominant process of social and economic polarization spreading across the globe with increasing intensity and marked progression."

My address to you tonight has sought to spell out the geopolitical significance of Francis' diplomacy of mercy through some specific aspects in his vision.

These aspects are the faces of today's hope, a hope for our world that faces mounting tensions and troubles, yet finds in no one political leader the hope it needs to deal with them. In his geopolitical vision and diplomacy, Francis offers us paths to another future, ways that refuse to let conflict have the last word, ways in which God comes alongside our hurting world.

THE CLERICAL SEXUAL ABUSE CRISIS IN THE CHURCH
Antonio Lopez

The present crisis of the sexual abuses by the clergy that affects the Church is one of the gravest challenges that the Church has encountered since the Protestant Reformation in the Sixteenth century. But, like the Protestant Reformation, which became the occasion for the Church to renew itself through the Council of Trent and many movements of renewal such as those guided by St. Ignatius of Loyola and St. Teresa of Avila, similarly the present crisis has created the conditions for a profound renewal of the Church. There have been many different suggestions by Church leaders concerning how the Church should make certain changes and adjustments to address this crisis of clerical sexual abuse, particularly in view of the diminishment of credibility and trust with respect to the Church in the eyes of the world at large and within the Church itself, especially among its lay members.

In the following comments I will ty to emphasize that the changes that the Church must make in order to face this present crisis of clerical sexual abuse cannot consist of adopting certain measures, including profound ones, in order to merely find solutions or specific policies related only to the sexual abuse problem in the Church. As I will try to show briefly later, unless these measures and policies are taken within the context of a profound renewal of the Church as such, they will not be able to address in its root causes this sexual abuse problem.

I will divide my comments into two parts. First, I will primarily refer to some important information and statistics concerning the clerical sexual abuse problem in order to summarize its extent and to have a basic understanding of its nature. And second, I will refer to some important ecclesial measures and policies that should be taken with respect to the problem. I will try to demonstrate that these measures and policies can only be effective ultimately if they are part of a profound structural renewal of the Church itself.

I.- INFORMATION CONCERNING THE CLERICAL SEXUAL ABUSE IN THE CHURCH

Before anything else, it is very important to state here that the statistical data indicated in the following statements can only be understood generally as only approximate at best and with a considerable margin of error. These statistical data, that have been reported by different studies concerning the clerical sexual abuse, not only in the United States, but also in other countries, vary considerably from study to study, most especially depending on the country where the studies were made.

The first important reality that must be taken into consideration and that is universally recognized is that the problem of clerical sexual abuse is overwhelmingly the abuse perpetrated by male priests on male minors. Minor female persons and women in general abused by clergy or female members of religious congregations, although significant, have been much less frequent. Thus, inspired by the contributions of Katharina Westerhorstruam, of the sexually abused by priests, approximately 80% have been boys, of which about 40 to 50% have been under 14 years old and therefore are considered children, and about 40 to 50% have been mainly older post-pubescent teen-age minors. In addition, about 10% of the sexually abused by priests have been young adult males, and about 10% have been minor or young adult females.

The priests that have perpetrated sexual abuse on minors have been affected by some form of pedophilia. Inspired again by the the contributions by Katharina Westerhorstruam, we may refer to two basic forms of "active pedophiles" among those priests that have been sexual abusers. First, there are those "fixed" pedophiles that have a permanent or fixed sexual attraction to pre-adolescent children and that cannot be confused with being homosexual.

These pedophiles are really the only pedophiles that are strictly speaking not merely active pedophiles but are rather biologically or constitutively determined pedophiles with an apparently fixed sexual tendency that cannot be changed by any known present treatment. However, recent studies have shown that, although the sexual attraction to pre-adolescent children on the part of these fixed pedophiles is usually a relatively very strong attraction, it is possible for these pedophiles to have an enduring life of abstinence without abusing children if they seriously commit themselves to a life of self-control, especially with the help of some form of psychological and/or spiritual guidance or treatment.

As a matter of fact, for a person that has the condition of fixed pedophilia to engage in sexual abuse, the latter must develop a certain additional psychological and personal immaturity whereby the sexual attraction to pre-adolescent children of this person may result in actual sexual abuse. It seems clear that, in view of the very strong sexual attraction to pre-adolescent children of a person that is a fixed pedophile, this person should not be admitted to the priestly and/or seminary formation. For the possibility of this person to eventually abuse pre-adolescent children is indeed high.

The other kind of active pedophiles among abusive priests engages in the activity of sexually abusing children on account of various reasons. These active pedophiles have the kind of pedophilia that may be called "immature regressive pedophilia". This kind of pedophilia is the consequence of a distorted personal development closely associated to a great extent to a social and/or family context that is generally not conducive for authentic existential growth.

This distorted personal development entails a deep lack of self-esteem and insecurity that are the underlying basis for the search for domineering and oppressive power that is manifested in the sexual abuse of children. The sexual behavior corresponding to the immature regressive pedophilia of ordained priests, as in the case of fixed pedophilia, cannot be confused with homosexuality. Thus, both heterosexual and homosexual persons that have become priests may develop behavioral patterns corresponding to immature regressive pedophilia.

Under certain conditions that are to some extent psychologically similar to those of immature regressive pedophilia, priests may engage in the activity of abusing young adults. There is some evidence that suggests that it is "probable" that the majority of these priests may be considered, in the case of the abuse of male young adults, homosexual, or in the case of the abuse of female young adults, heterosexual.

The sexual relations of heterosexual and homosexual priests with young adults have frequently entailed, of course, a considerable abusive dimension. This is so since the ecclesial authority and prestige of these priests have been generally used by them in order to exert a profound psychological and paternalistic abusive manipulation on their young adult partners.

The sexually abused in the Church must be considered in reference to the practice in general of the sexual activity of priests that includes both abusive as well as non-abusive sexual behavior by both the heterosexual and homosexual priests. One must point out here that most of the heterosexual and homosexual sexual relations of priests have taken place with other consenting adults, including some other priests or seminarians and young adults.

According to a report, in the last decades approximately nearly 50% of the priests in the United States, namely nearly half of them, have not adhered to their vow of celibacy. In line with this report, one may estimate that in the United States, about 30% of all priests have been involved in heterosexual activity, and about 15% of all priests have been involved in homosexual activity. Furthermore, it has been reported that out of all the priests, only about 6 to 8% have engaged in the sexual abuse of minors.

This means that only a relative minority of priests that are sexually active engage in abusive sexual relations, more or less about 12 to 16% of them. This indicates that not merely the criminal sexual abuses by priests, but also the sexuality itself of all priests at large in the Church, entails a pastoral and human problem that must be addressed.

It is important to take notice also that it is generally recognized that the number of sexually abusive clergy of other religious denominations, who do not require an official commitment to celibacy, is to some extent proportionately higher than the number of abusive Catholic clergy. This suggests that the exigency of celibacy by itself, that is sometimes considered by some to be an imposition, does not correspond to a higher number of sexual abuses on the part of the clergy of the Catholic Church.

Moreover, and as a confirmation that homosexuality in itself is not the root cause of the clerical sexual abuse in the church, it must be pointed out that although during the last few decades it is universally believed that there has been an increase in the number of homosexual priests, nevertheless, it is a very well-established fact that sexual abuses by priests during this period have decreased in a very considerable way. Indeed, the vast majority of homosexual priests have never abused anyone. As the study made in 2010 by the John Jay College of Criminal Justice which is used by the American bishops reports, the sexual abuse of minors by priests is not the result of their heterosexuality or homosexuality as such. The results of this John Jay study have been further confirmed by the recent so-called MHG study of about a year ago used by the Catholic bishops of Germany.

As both of these studies and most distinguished psychologists and psychiatrists indicate, the underlying foundation for both heterosexual and homosexual priests to be motivated or driven to sexually abuse minors is an inadequate kind of psychological fixation and/or a distorted process of psychological development. This distorted process of psychological development is closely connected to a context of mainly unsatisfactory family and other social conditions that result in much personal insecurity and poor self-esteem. On the other hand, both heterosexual and homosexual persons, can and must develop, with different degrees of achievement, their own sexual identity in connection with a growing sense of self-acceptance and corresponding self-esteem and in the context of establishing mutually enriching relations with other persons.

Hence, just as the heterosexuality as such of priests is not the root cause whereby more or less 30% of all the priests in the United States that are heterosexual break their vow of celibacy, similarly, the homosexuality (or heterosexuality) of priests is not the root cause whereby priests engage in abusive sexual relations of minors.

This suggests that the Church must engage in a consideration of the human conditions concerning the process of the development of the sexual identity that involves corresponding psychological and social behavioral aspects of priests, in order to properly confront the causes of the clerical sexual abuse crisis at large. Some of these causes, to which I will refer later, include ecclesiological and pastoral realities that are not in different ways conducive to authentic personal growth.

We may now mention the Vatican's 2004 document, "Instruction Concerning the Criteria for the Discernment of Vocations with regard to Persons with Homosexual Tendencies in view of their Admission to the Seminary and to Holy Orders". This document declared that men with "deep-seated homosexual tendencies" could not be accepted for the priesthood. These words of the document have been interpreted in different ways by bishops and other Church leaders. Some of these consider these words as entailing that homosexual men must not be accepted in the seminaries.

However, there are other Church bishops and leaders that have a different interpretation of these words. They consider that the words "deep seated" mean that one cannot live a celibate life. Thus, for these bishops and leaders of the Church, if a homosexual man may have the sexual maturity to live in conformity to the vow of celibacy, he may become a candidate for the priesthood.

In line with this interpretation, one of the most influential Church leaders in the United States, Cardinal Timothy Dolan, archbishop of New York, has said that if a homosexual man believes that he has the vocation to be a priest he "shouldn't be discouraged."

It is important to notice that, as it has been maintained by many, it is difficult to discern the exact conditions of the sexual orientation of human beings. Thus, to distinguish between those heterosexual and homosexual men that may or may not have the sexual maturity to live in conformity to the vow of celibacy is not easy. Indeed, not only for seminary officials in charge of discerning whether a man is suitable for entering a seminary, but also even for the man himself, determining whether the conditions of one's sexuality entail the maturity to live in conformity to the vow of celibacy is not easy.

It must be noted that, although the homosexuality in itself of priests is not the root cause for the latter to become sexual abusers, nevertheless, the fact that the vast majority of the sexually abused are boys suggests to some that the sexual abuses in the Church is the result to a great extent of the homosexuality of many priests. However, it is believed by most persons that have studied the clerical sexual abuse crisis in the Church, that to a very great extent the main reason whereby the vast majority of the sexually abused by priests have been boys is because priests in general share in many more activities with boys than with girls, thereby having more opportunities to abuse boys than girls. For example, priests have always engaged frequently in playing sports with boys but rarely with girls. As another example, until not many years ago, boys have had greater proximity with priests by being altar boys.

I have already indicated that some homosexual and heterosexual priests, affected by conditions that are similar to those of immature regressive pedophilia, engage in the activity of abusing young adults. It is believed that some heterosexual or homosexual priests affected by these conditions engage in abusive sexual relations with minors that are teen-age boys or girls that are not yet eighteen years old but that have the appearance and behavioral characteristics that are very similar of those of young adults. What is important to emphasize here is that it is not merely homosexual, but also heterosexual priests, that engage in this type of abusive sexual relations of minors.

On the other hand, since, as we have just indicated, priests in general share in many more activities with boys than with girls, homosexual priests have more opportunities of abusing teen agers that are near the age of being young adults than heterosexual priests. Hence, it is believed that there are more homosexual priests than heterosexual ones that are involved in sexual abusive relations with young adults or teenagers whose age is near that of young adults.

We may point out that, according to "informal estimates" of the various realities of the clergy, about 20 to 45% of the priests in the United States have some form of homosexual orientation. It must be said that, on the one hand, this percentage of Catholic priests that are homosexual entails what is proportionately a considerably greater number of priests with some form of homosexual orientation than the rest of the general male population.

Nevertheless, on the other hand, the minors and young adults, mostly Catholic, that have been the victims of sexual abuse by homosexual priests is proportionately much less than the men that have been sexually abused, when they were still minors, by men with a homosexual orientation corresponding to the rest of the general population. Thus, while on the one hand, considerably far less than 1% of Catholic males have been abused by priests in the last 50 to 60 years in the United States when they were minors or young adults, on the other hand, it has been maintained that during the same period more than 1.5% of American men have been sexually abused by other men when they were minors.

In the United States, it may be generally estimated, with a great margin of error, that perhaps between about 6,000 and 10,000 priests have perpetrated sexual abuses, mainly on male minors and some male young adults since 1950. It must be indicated that the number of abused persons by priests in the United

States is much greater than the number of abusive priests. This is so since most of the individual abusive priests have been involved in abusing more than one victim, sometimes 30 or more of them. Actually, the number of abused victims of sexual abuse in the United States by priests since 1950 may be generally estimated to be, and again with a very great margin of error, between 20,000 and 30,000.

It must be pointed out, however, that the number of persons in the United States that have suffered and have been negatively impacted in a significant way from clerical sexual abuse is much higher than the abused victims mentioned above. This is so since, in many ways and degrees, those that are especially associated with the direct victims of clerical sexual abuse, such as their parents and their families, and many of the members of their ecclesial communities or parishes, have shared in a very meaningful way in the suffering and disillusionment of the sexually abused by priests to the extent that they have become cognizant of these abuses.

Of these that are especially associated with the direct victims of sexual abuse, there may be about 100,000 parents and family relatives, and about 200,000 or more members of ecclesial communities. As a matter of fact, the People of God of the Catholic Church at large have also shared significantly in this suffering and disillusionment of the direct victims of sexual abuse by priests inasmuch as they have become aware through many possible channels, including the media, of the sexual abuses perpetrated by the Catholic clergy.

This suffering and disillusionment are, in some ways and in different degrees, due primarily to a profound feeling of being betrayed and of becoming existentially disoriented precisely by the actions of those on whom the People of God trusted in a special way and for whom they had a profound respect and admiration based on their status as priests. Thus, the members of the Church at large have experienced a feeling of profound humiliation and dejection caused by those who have used frequently their status of being priests not for being role models and authentic leaders that serve the wellbeing of all, but for the purpose rather of exercising their priestly authority as an oppressive power that has resulted in sexual manipulation and abuse.

This exercise of oppressive power is also closely associated with the fact that, until recently, the vast majority of victims of clerical sexual abuse have endured additional feelings of betrayal and disillusionment due to the general lack of compassionate empathy on the part of the clerical authorities of the Church.

This lack of compassionate empathy has involved very frequently the attempt by the clerical authorities to silence the victims of clerical sexual abuse, or even to mainly reject them by ignoring them, when these victims have attempted to communicate their painful experiences of having been sexually abused by priests. This general silencing and rejection on the part of the clerical authorities has entailed a culture of systemic denial and of covering up the sexual abuses by priests which has permeated to a great extent the life of the Church.

This culture of systemic denial and covering up of these sexual abuses is closely connected to a generalized ecclesial distortion, whereby the exercise of controlling the laity and of promoting a certain elitist superior status of the clerical state has displaced the legitimate benevolent authority of service corresponding to the clerical state of priests. This ecclesial distortion, which has prevailed in many ways and forms in the Church not only among the clergy, but also among the laity, is a central aspect of clericalism, something to which Pope Francis has referred to in different occasions. According to Pope Francis, clericalism is the main cause of the clerical sexual abuse crisis in the Church.

In line with what Pope Francis has said, the clerical sexual abuse crisis in the Church is not due merely to the actual clerical sexual abuses. It is also due to the culture of clericalism that has both reinforced and enabled the sexually abusive priests, and that has resulted in the general cover up of these priests and their sexual abuses. For this culture of clericalism has, on the one hand, fostered the supposed elitist superiority of the clergy and of the structures of the institutional Church associated especially with the status and authority of the clergy, at the expense of serving and protecting the individual members of the Church. And, on the other hand, it has actively reinforced and enabled the potentially sexual abusiveness of those priests that have had a tendency corresponding to fixed pedophilia or immature regressive pedophilia. Indeed, the culture of clericalism in the Church constitutes the fertile ground and a decisive protective shield that results in a profound incentive for the sexually abusive priests to commit their criminal sexual abuses by benefiting, not only from a superior social status and corresponding arrogant power, but also from immunity to any serious social and legal penalty.

II.- SUGGESTIONS FOR CONFRONTING THE CLERICAL SEXUAL ABUSE IN THE CHURCH

I will now proceed to make some specific suggestions that may help to find solutions to the clerical sexual abuse in the Church. These suggestions will be concerned both with the formation of potential candidates to the priesthood as well as with institutional and ecclesial changes that are required in order to confront the crisis of clerical sexual abuse in the Church. All these suggestions entail in different ways a rejection of any form of clericalism in the Church.

First, it is important to recognize that the process of discernment by Church officials that are in charge of the process of accepting candidates for entering a given seminary is a complex one, for it is not easy for them to distinguish clearly among the different kinds of the different sexual conditions of the various candidates.

In fact, the men who have a sexually abusive tendency have generally acquired it in different ways, frequently in a primarily unconscious manner, personal strategies to hide their inadequate condition whereby they are considerably capable of presenting themselves as mainly sane or psychologically healthy persons.

Hence, the discernment concerning the acceptance of candidates to the seminary and their follow up as seminarians require a very careful process of evaluation and observation that may involve experienced persons, and that may entail considerable psychological and spiritual guidance.

This process should include a period that may last sometimes at least a few years before the candidates may enter the seminary and more time later on during their follow up as seminarians. It must be acknowledged that not all men that may insist on having a vocation for the priesthood, and even despite the considerable psychological and spiritual help concerning sexual issues that may have been provided for them, may be fit for the priesthood.

However, it must be acknowledged that there has been a very extended tendency in the Church to lower the standards for accepting candidates for seminary formation due primarily to the perception that the Church is short of priests. This perception entails very frequently a subtle kind of clericalism that does not sufficiently appreciate the charisms and talents of the lay people, for many of the pastoral and administrative functions that are presently performed by priests may be performed by lay people.

The rejection of clerical arrogance and elitism to which I have referred above entails that the image of the priesthood projected by seminaries cannot result in the promotion of the priesthood as connected merely with a status symbol of the Church leadership. For if such image of the priesthood is promoted, men with a narcissistic personality disorder that may include sexual immaturity will find very satisfying and reinforcing to become part of this elite group of superior leaders that contrasts with the perception of the lay people as inferior.

Concerning the vow of celibacy, the seminaries must help the seminarians to correct the possible attitude of the seminarians to avoid mature relations with other adults. This possible attitude may be the projection of the insecurity that the seminarians may have to engage in any deep relationship that entails reciprocal personal adjustments with other adults, such as the one that is present in a marriage commitment or even in any serious and lasting friendship with other persons of either gender. In fact, this insecurity to have any deep relationship with other adults may be substituted by the manipulative abusive relationship with minors or young adults in which the latter are subordinate to the security of one's control and power.

The seminaries must emphasize that the commitment to chastity must be the expression of one's surrender to God's love and his grace, and thereby it must also include one's true love for the concrete persons that one must serve with joy and generosity. This entails that the commitment to celibacy requires that the seminaries must instill in the seminarians, contrary to any clerical arrogance and elitism, the recognition of the need of constant improvement and development in order to correct the various aspects of one's character, such as a deep insecurity and a poor self-image, that are the grounds for one's egocentrism and the possible manipulation of others.

The seminaries must promote the existence of a certain general austerity conducive to self-control in the life of the seminary communities in which a dignified seminary culture, without frivolous ostentatiousness, will be the basis for an authentic communal spirit of mutual respect and reciprocal service. This communal spirit must include the context for the development of serious different friendship relations among the seminarians that must avoid falling into exclusive cliques or excessive intimacy. Thus, the life of the seminary communities should prepare the seminarians as much as possible for a life, as priests, of service and respect for all without falling into some forms of elite clerical cliques or of excessive intimacy with the laity.

Furthermore, the necessity to reject any kind of elitism requires that the formation of the seminarians, that in different ways corresponds to how the life and goals of the seminaries are organized, must be understood in the context of the insertion of the seminaries within the general reality of the Church as such.

The life of the seminarians in their respective seminaries must not be isolated from the rest of the Church, for only thus the seminarians are avoiding the danger of some form of subtle exclusiveness and elite separation from the rest of the members of the Church. This requires that the seminarians must develop as persons with the potentiality of becoming priests in the context of sharing with the ongoing development or journey of the People of God at large. In this way, the seminarians will understand that they are formed to become not only priests that are pastoral leaders that lead others, but also priests of the Church that are led by the richness and initiatives of the different members of the People of God.

The seminaries must emphasize that all seminarians, like all priests, are accountable for their behavior and that no coverup and silencing with respect to any misbehavior in the seminaries will take place or is compatible with the priesthood. This exigency for accountability is connected to the demand whereby the seminarians must be especially formed to respect the dignity of each person as more important than the protection of the mere institutional and bureaucratic aspects of the Church.

If this is not emphasized, the seminarians may develop or consolidate an attitude whereby the abstract institutional structures of the Church, with which the priests are officially connected, may be appealed to and defended in order to manipulate individual lay persons as mere means for one's personal designs and desires. The seminarians must understand that this protection of the institutional Church is completely contrary to the "sacramental brotherhood" in service of the People of God that is maintained in the Second Vatican Council (*Presbyterorum Ordinis*, #8).

It should be noted here that, on the one hand, all the above suggestions that I have made so far address the relation between the crisis of clerical sexual abuse in the Church and different aspects of the formation of the seminarians that must be implemented to confront this crisis. On the other hand, all these suggestions entail the need to reject different manifestations of clericalism. It is now important to consider in more detail the more general and fundamental problem of the culture of clericalism in the Church at large.

Clarifying in more detail what I have already said, clericalism may be described as the situation whereby some members of the Church are considered of greater value and importance than others on account of possessing an official faculty conferred by the ordination to the priesthood. Clericalism separates those that are closely connected to the hierarchical institutional structures of the Church, namely the clergy, from the members of the laity that are considered merely as the passive recipients of the decisions and commands of the former.

In the situation of clericalism, the members of the clergy belong to the elite of the leaders of the Church to which the members of the laity are totally subordinated. Indeed, in the situation of clericalism the activity of the members of the Church must always include the commitment to protect the image and prestige of the institutional realities of the Church and its official clergy so that the Church becomes an effective and well-ordered society that is not subject at all to the lower realities of the prosaic and undisciplined world associated with the laity. In line with this, corresponding to the spirit of clericalism, it is imperative to protect the prestige and image of the institutional Church and of its official clergy at the expense of the needs and personal goals of the laity.

The rejection of clericalism means that the institutional Church and the functions of its clergy must be organized for the sake of serving the people of God, and even all human beings for that matter. In order to realize this service, the pastors in the church cannot be a separate elite group from the laity. As Pope Francis has said in a metaphorical way, the pastors must smell like their sheep. In other words, the pastors must accompany the different members of the People of God in close proximity to them in their journey of faith, avoiding any form of vertical authoritarianism and paternalism.

Hence, the rejection of clericalism entails the rejection of any clerical elitism or ecclesial clique. Just as the seminarians must be formed in the context of their sharing with the people of God at large, as I have indicated above, likewise all the members of the Church, including the priests, must also share their unique and distinct talents and charisms with those of other members of the Church in a pervasive communal spirit of reciprocal enrichment. This means that, not only the priests, but also all the baptized, have a pastoral vocation that in different specific ways entails leading the others.

It is important that the Church at large recognizes that the specific pastoral leadership of the priests must be exercised in communion with the pastoral leadership of all the baptized in the Church. In the final analysis, only this mutual acceptance of the different kinds of pastoral leadership of all the members of the Church will eliminate the possibility of any one to presume of a superior ecclesial status corresponding to an exclusive pastoral dignity that in many ways constitutes a powerful reinforcing and enabling foundation for the clerical sexual abuse in the Church. This does not mean that the priests and bishops do not have the authority to be the presiding ministers of the unity and communion in the Church expressed most especially by their ministry of presiding the Eucharistic celebration.

The communion in the Church entails, not only the necessary communion of all the members in the Church with respect to the priests and bishops, but also the necessary communion of the priests and bishops with respect to the other members of the Church to which they minister by serving them. Thus, the suggestion by many in the Church, including many bishops, of creating ecclesial boards and authorized bodies, that include the participation of lay people in the mission of providing accountability concerning the abusive priests and bishops, is a movement in the right direction.

But unless these ecclesial boards and authorized bodies are the expression of the pastoral co-responsibility of all the baptized, and not only the expression of the recognition of the mere collaboration of the lay people with the clergy, these ecclesial boards and authorized bodies will not address in a deep way the clericalism in the Church that is the main root cause of the clerical sexual abuse crisis in the Church. For the recognition of the lay people as the mere collaborators of the clergy entails a new form of subordination of the lay people to the superior elite circle of the clergy.

In other words, this mere collaboration of the lay people with the priests entails, once again, a new form of clericalism. Hence, the only way that the clerical abuse crisis in the Church may be reasonably confronted is if the Church at large undergoes a very significant process of renewal of its own structural pastoral realities whereby the underlying ground for the reality of clericalism may be eliminated. This process of renewal must result in the rejection of the subordination of the laity to the priests by developing ecclesial structures wherein all share in different ways in the pastoral co-responsibility of leadership in the Church.

As Pope Benedict XVI stated in his communication to the "Rome Conference on the Laity" of 2009, "there is still a tendency to identify the Church unilaterally with the hierarchy, forgetting the common responsibility, the common mission of the People of God, which, in Christ we all share." Benedict XVI reminds us of the pastoral co-responsibility of all the members of the Church. He asks us, "to what extent is the pastoral co-responsibility of all, and particularly of the laity, recognized and encouraged?"

According to Pope Benedict XVI, this recognition and encouragement entails that a change must take place with respect to the way the lay people in the Church are perceived. According to him, the lay members of the Church "must no longer be viewed as 'collaborators' of the clergy but truly recognized as 'co-responsible' for the Church's being and action, thereby fostering the consolidation of a mature and committed laity."

However, Pope Benedict goes further beyond demanding a necessary change in the perception concerning the lay people in the Church. In addition, he emphasizes the need for a corresponding structural process of renewal in the very pastoral nature of the Church. As he tells us, "it is necessary to improve pastoral structures in such a way that the co-responsibility of all the members of the People of God in their entirety is gradually promoted with respect for vocations and for the respective roles of the consecrated and of lay people."

It is very significant for the purpose of this presentation that, according to Benedict XVI, the vocations of all the baptized, including the vocation to the priesthood, is closely connected with the ecclesial process of renewal in the structures corresponding to the pastoral co-responsibility of all the members of the Church. This is very much related to the emphasis that I have made above whereby the rejection of clericalism is closely associated with the ways in which the programs of formation in the seminaries ought to be organized for helping precisely those that pursue their vocation to become priests.

For the vocation to the priesthood, as that of anyone in the Church, is not a vocation to an exclusive elitist circle that may exercise domineering power and control over others in the Church. Contrary to the prejudices of clericalism, the distinct and different vocations of all the members of the Church are grounded in a fundamental and pervasive communion and universal reciprocal respect among all the members of the Church.

Therefore, in view of the clericalism that has prevailed in the Church, the members of the Church at large, particularly the bishops, should consider the present difficult situation concerning the clerical sexual abuse crisis as an opportunity for a positive development. Thus, the deep and extensive negative anger with respect to this crisis and its corresponding desire to correct it that are experienced by the People of God at large should be converted into the commitment for a significant renewal of the pastoral structures of the Church. It is my belief that only this significant ecclesial renewal may result in eliminating in a very considerable way the very possibility of clerical abuse in the Church.

GLOBALIZACIÓN, INMIGRACIÓN Y JUSTICIA SOCIAL
Antonio García-Crews

Para poder apreciar el tema de inmigración hoy en día hay que relacionarlo con un proceso relativamente reciente que es lo que llamamos la «globalización». Y en el contexto cristiano debemos de situar estos dos temas en el marco de la justicia social.

LA GLOBALIZACIÓN

La globalización se trata de un gran incremento en las conexiones a nivel global de carácter político, económico y social entre los habitantes del planeta. La civilización —como la conocemos actualmente— está sufriendo un proceso de transformación nunca antes visto. Thomas Friedman nos provee una descripción perceptiva:

> En el sentido más amplio, hemos avanzado desde un sistema internacional de muros y divisiones hacia un sistema organizado cada vez más alrededor de redes de integración. Durante la guerra fría se usaba la conexión telefónica (secreta) entre los líderes mundiales (los Estados Unidos y la Unión Soviética). En un sistema globalizado, la conexión es por Internet, símbolo de que todos estamos interconectados y nadie es líder único a cargo de todo[1].

El momento clave en la globalización ocurrió al final de la guerra fría. Después de desintegrarse el bloque soviético en 1989, nació el concepto de «globalización».

La globalización ha tenido muchos puntos positivos:

---

[1] Thomas Friedman, *Longitudes and Attitudes* (Farrar, Straus and Giroux, 2002).

- El mundo se ha beneficiado del orden económico mundial.
- Ha contribuido al crecimiento económico más rápido experimentado en el mundo.
- Ha demostrado la importancia de un sistema legal establecido mundialmente.
- Las enfermedades y epidemias pueden contraatacarse con efectividad.

No obstante la globalización ha traído también descontento y desazón en la sociedad:

- La hegemonía de la tecnocracia
- El incremento de la desigualdad entre países ricos y pobres
- Consumerismo y destrucción ecológica
- Incremento de las deudas internacionales
- Pérdida de las herencias culturales nacionales debido a la uniformidad económica

Como nos dice Richard Hass, «la rapidez de movimiento de la globalización es una realidad que los gobiernos no pueden monitorear —mucho menos controlar. La brecha entre los desafíos y la habilidad del mundo para sobrellevarlos parece ensancharse en muchos ámbitos críticos»[2].

Tenemos que reconocer que el cristianismo siempre ha tenido una orientación global: «Hagan discípulos en todas las naciones, bautícenlos en el nombre del Padre, del Hijo y del Espíritu Santo» (Mateo 28,19). Pablo y la primera comunidad apostólica globalizaron el Evangelio proclamándolo por todo el mundo greco-romano. La enseñanza social de la Iglesia no condena ingenuamente la globalización ni tampoco la abraza sin criticarla —discierne sus efectos positivos y negativos mientras peregrina hacia un horizonte de fe, esperanza y confianza en el Dios de la vida. El teólogo Gustavo Gutiérrez nos enfoca:

---

[2] Richard Hass, *The World in Disarray*, (Penguin Books, 2018).

Estar en contra de la globalización es como estar en contra de la electricidad. Pero no podemos resignarnos a esta situación porque, de la manera en que la globalización funciona en este momento, empeora desigualdades injustas entre los distintos sectores de la humanidad y excluye buena parte de la población mundial.[3]

En *La Alegría del Evangelio* el Papa expresa el corazón de su visión social: al sostener un sistema de vida que excluye a otros, se ha desarrollado la *Globalización de la Indiferencia*: «Sin darnos cuenta, terminamos siendo incapaces de sentir compasión por el grito de los pobres, de sentir dolor y llorar por el dolor de otros, o de sentir la necesidad de ayudarlos como si la responsabilidad fuera de otro»[4]. La globalización continuará transformando el mundo, pero la visión social de la Iglesia Católica continuará descansando en los mismos principios: dignidad humana, solidaridad y justicia social, y continuará midiendo el progreso como globalización sin marginación o, como lo llamó Juan Pablo II, la *Globalización de la Solidaridad*[5].

INMIGRACIÓN

El primer viaje del Papa Francisco fuera del Vaticano lo hizo a la pequeña isla de Lampedusa al sur de Italia, donde se encuentran miles de refugiados sobrevivientes después de atravesar el Mediterráneo. En su homilía nos recordó la pregunta de Dios a Caín:

«¿Dónde está tu hermano? Su sangre me clama» dice el Señor. La cuestión no está dirigida a otros, sino a mí, a cada uno de nosotros. Estos hermanos y hermanas nuestros tratan de escapar situaciones difíciles para encontrar alguna calma y serenidad; buscan

---

[3] Gustavo Gutiérrez, *Memoria y Profecía*, *Páginas* 181 (2003) 22-43.
[4] *La Alegría del Evangelio*, #54.
[5] Papa San Juan Pablo II, *Mensaje por el Día de la Paz*, 2000.

un mejor lugar donde vivir, pero han encontrado la muerte. ¿Cuán a menudo no encuentran comprensión, aceptación ni solidaridad?[6]

En sus palabras en la frontera entre México y los Estados Unidos en Ciudad Juárez, el Papa continuó este tema:

> Aquí en Ciudad Juárez, como en otras áreas fronterizas, hay miles de migrantes de América Central y otros países, sin olvidar a los propios mexicanos que también tratan de pasar al otro lado. A cada paso, el viaje está plagado de graves injusticias: esclavitud, prisión y extorsión. Muchos hermanos nuestros son víctimas del tráfico humano...
>
> ...No podemos negar la crisis humanitaria que en años recientes ha provocado la migración de miles de personas en tren, por carretera, o a pie, caminando cientos de kilómetros a través de montañas, desiertos, y zonas inhospitalarias. La tragedia humana que obliga a migrar es un fenómeno global de hoy en día[7].

El tema de la inmigración en la frontera entre Estados Unidos y México nos lleva a analizar la trayectoria de las leyes de Inmigración de los Estados Unidos, que nos provee un ejemplo concreto de actitudes.

- 1790: Acta de Naturalización. Esta acta especificaba que para ser naturalizado como ciudadano de los Estados Unidos había que ser libre y de raza blanca, eliminando a los esclavos negros.
- 1868: Enmienda a la Constitución de los Estados Unidos. Todas las personas nacidas o naturalizadas en los Estados Unidos son considerados ciudadanos y reciben el beneficio de igual protección ante la ley, eliminando la esclavitud.
- 1882: Acta de Exclusión. Establecía la exclusión de las personas de origen chino.

---

[6] Papa Francisco, *Sermón en Lampedusa,* Julio 8, 2013.
[7] Papa Francisco, *Sermón en Ciudad Juárez,* 2016.

- 1924: Se estableció un sistema permanente de cuotas que beneficiaba a los inmigrantes euro-peos.
- 1956: El Presidente D. Eisenhower se esforzó en admitir refugiados de la rebelión húngara.
- 1966: El Presidente L. Johnson firmó la Ley del Ajuste Cubano, en vigor hasta hoy en día.
- 1986: Ley de Amnistía para inmigrantes indocumentados firmada por el presidente Ronald Reagan.
- 2012: El Presidente B. Obama firmó el Decreto Ejecutivo DACA (Deferred Action for Childhood Arrivals) para proteger de la deportación a jóvenes (aproximadamente 800,000) traídos por sus padres a los Estados Unidos sin los documentos requeridos. Todavía está en discusión en las cortes.
- TPS: "Temporary Protected Status" para los refugiados de países específicos que sufren un conflicto armado o un desastre ambiental.
- Política inmigratoria de la administración actual en los Estados Unidos:

  2017: La prohibición de entrada de viajeros provenientes de países musulmanes, represalia contra las ciudades-santuario, eliminación de los programas DACA y TPS.

  Abril de 2018: la administración implementó la política de "zero tolerance" que resultó en la separación de padres e hijos que entraban por la frontera sur. Esta política ordenaba encausar por entrada ilegal a cualquiera que arrestaran fuera de los puntos de chequeo, incluyendo a los solicitantes de asilo. Los padres se someterían a un proceso criminal y a la separación de sus hijos.

  Enero 24, 2019: El Departamento de Seguridad Nacional implementó la política de obligar los solicitantes de asilo a permanecer en México mientras esperan su primera audiencia ante un juez de inmigración.

Situación Presente: Un Ejemplo

En Mississippi, agosto de 2019, 600 trabajadores indocumentados fueron arrestados por ICE en 7 plantas procesadoras de pollo a través de ese estado. El trabajo en esas procesadoras es carente por completo de medidas de seguridad laboral, los accidentes son frecuentes y el pago miserable. Es por esto que los propietarios buscan trabajadores indocumentados para realizarlo. Arrestaron a los trabajadores, pero no a los empresarios, a pesar de que desde 1986 es ilegal contratarlos. El argumento de los empresarios es que, para considerárseles culpables, ellos tienen que saber primero que sus trabajadores están en realidad indocumentados –lo cual ellos alegan ignorar. De acuerdo a las últimas estadísticas, hay en el presente 8 millones de trabajadores indocumentados en los Estados Unidos. Estos trabajadores no son ni asesinos ni violadores, son seres humanos extremadamente trabajadores y productivos. En este contexto, veamos el Discurso del Papa al Congreso de los Estados Unidos en 2016:

> En los últimos siglos, millones de personas han alcanzado esta tierra persiguiendo el sueño de poder construir su propio futuro en libertad. Nosotros, pertenecientes a este continente, no nos asustamos de los extranjeros, porque muchos de nosotros hace tiempo fuimos extranjeros. Les hablo como hijo de inmigrantes, como muchos de ustedes que son descendientes de inmigrantes.
>
> No debemos dejarnos intimidar por los números, más bien mirar a las personas, sus rostros, escuchar sus historias mientras luchamos por asegurarles nuestra mejor respuesta a su situación. Una respuesta que siempre será humana, justa y fraterna. Cuidémonos de una tentación contemporánea: descartar todo lo que moleste. Recordemos la regla de oro: «Hagan ustedes con los demás como quieran que los demás hagan con ustedes» (Mt 7,12).

No Queremos Fronteras Abiertas

No queremos fronteras abiertas, queremos que los inmigrantes puedan entrar conforme a las leyes existentes y que se respete su dignidad como seres humanos, especialmente para los que buscan refugio en este país huyendo de situaciones violentas. El Discurso del Papa al Cuerpo Diplomático en 2016 expresa estos principios prácticos:

> Gran parte de las causas que provocan la emigración se podían haber ya afrontado desde hace tiempo... favoreciendo el desarrollo de los países de proveniencia, con políticas solidarias... Ante la magnitud de los flujos y sus inevitables problemas asociados han surgido muchos interrogantes acerca de las posibilidades reales de acogida y adaptación de las personas... Son igualmente relevantes los temores sobre la seguridad, exasperados sobremanera por la amenaza desbordante del terrorismo internacional... Deseo, por tanto, reiterar mi convicción de que Europa, inspirándose en su gran patrimonio cultural y religioso, tiene los instrumentos necesarios para defender la centralidad de la persona humana y encontrar un justo equilibrio entre el deber moral de tutelar los derechos de sus ciudadanos, por una parte, y, por otra, el de garantizar la asistencia y la acogida de los emigrantes.

Red de Atención al Migrante y Refugiado

Son muchas las organizaciones no-gubernamentales (ONGs) que ofrecen ayuda de distintos tipos (material, legal, espiritual, etc) a los refugiados dentro y fuera de los Estados Unidos. El Instituto Jesuita Pedro Arrupe participa en esta red de ayuda a través de su Directora de Acción Social, Silvia Muñoz.

LA JUSTICIA SOCIAL

John Donohue nos ofrece una buena definición de la justicia social:

La justicia social es un proceso –no un desenlace– que:

- Busca la redistribución justa de recursos, oportunidades y responsabilidades.
- Desafía las raíces de la opresión y la injusticia.
- Empodera a todos en el ejercicio de la autodeterminación para alcanzar su pleno potencial.

- Promueve solidaridad social y la capacidad de la comunidad para lograr una acción comunitaria[8].

Desde el principio de su pontificado el Papa Francisco ha hecho la Doctrina Social de la Iglesia el centro de su visión apostólica. Este evangelio social es la gran fuerza en pro de la justicia social en el mundo:

> En el fondo del bien común está el respeto a la persona que, como tal, está dotada de derechos básicos e inalienables para su desarrollo integral. También está relacionado con el bienestar de la sociedad y el desarrollo de grupos intermediarios que se basan en el principio de la solidaridad. Entre esos grupos se destaca la familia, que es la célula básica de la sociedad.
>
> Finalmente, el bien común necesita la paz social, la estabilidad y seguridad provista por un orden de cosas que no se alcanza sin una preocupación particular por la justicia distributiva. Cuando se violan estos principios, se genera la violencia. La sociedad en general, y las naciones en particular, están obligadas a defender y promover el bien común[9].

Fuentes del Proceso de Humanización de la Globalización de acuerdo con la Doctrina Social Cristiana

Un fuerte obstáculo a este proceso ha sido el concepto de 'La mano invisible' de Adam Smith (1723-1790), que es una de las metáforas más poderosas del pensamiento económico. Se fundamenta en una visión deísta de un universo mecánico (funciona como una máquina porque surgió en la época de las máquinas de vapor). Interpreta la sociedad como una agrupación de individuos que calculan sus intereses individuales y cuyas decisiones son dirigidas por una 'mano invisible' para beneficiar al mayor número de individuos. Esta visión exige que el mercado de la oferta y la demanda sea totalmente libre, sin interferencia alguna del Estado y lograr así su objetivo óptimo. La realidad es

---

[8] John R. Donahue, *Seek Justice that You May Live* (Paulist Press: 2014) ,6
[9] Papa Francisco, *Laudato si* (#157).

otra, como nos advierte el Papa Francisco: «Mientras que las ganancias de una minoría crecen exponencialmente, también crece la brecha que separa a la mayoría de la prosperidad que disfrutan sólo algunos. Este desbalance es el resultado de ideologías que defienden la absoluta autonomía del mercado y la especulación financiera»[10].

Nuestra visión cristiana rompe con la idea del individualismo económico y apunta a una visión del mundo que rompe con el dios mecánico y lo sustituye por un Dios comunitario, trinitario, creador de comunidad y solidaridad. La nueva imaginación basada en solidaridad nos lleva a una reinterpretación fundamental del esquema social, basada en la defensa de los derechos humanos –lo que San Juan Pablo II llamó la '**Globalización de la Solidaridad**': «Basado en la conciencia que tiene la Iglesia de la promesa divina, la Iglesia debe proclamar su confianza en la verdadera liberación, confiando que la historia presente no se mantendrá cerrada, sino abierta al Reino de Dios»[11].

Pentecostés contra Babel

Los que nos guiamos por el camino señalado por Pentecostés, debemos alejarnos del camino de Babel. No podemos aceptar un universalismo basado en el dinero, las ganancias, y otras modalidades de violencia. La globalización puede convertirse en portadora de un nuevo humanismo basado en todos los pueblos, todas las culturas, y todas las religiones. Tenemos la misión de civilizar con el espíritu de Pentecostés y la esperanza abierta por el libro del Apocalipsis: 'contempla como haré todo nuevo'[12]. Como nos dice el Papa Francisco en *Laudato si*:

---

[10] Papa Francisco, *La Alegría del Evangelio #56*.
[11] San Juan Pablo II, *Sollicitudo rei socialis*.
[12] Johan Verstraeten, "Catholic Social Thinking as Living Tradition that Gives Meaning to Globalization as a Process of Humanization," in John Coleman and William Ryan, eds. *Globalization and Catholic Social Thought*. (Orbis Books, 2005) 35.

En el Acuerdo sobre la Tierra (The Earth Charter, La Haya, 2000) se pedía dejar detrás un período de auto-destrucción y empezar de nuevo, pero todavía no hemos desarrollado la conciencia universal para lograr ésto. Voy a hacerme eco aquí de su valiente desafío: 'Como nunca antes, nuestro destino común nos llama a buscar algo nuevo... Permitamos que nuestra era sea recordada por el despertar de una reverencia por la vida, la firme decisión de alcanzar el sostenimiento económico, apresurarnos en la lucha por la justicia, la paz, y el gozo de la vida[13].

También en *Laudato si* –párrafo 83– recordando a Teilhard de Chardin, nos dice: «El destino último del universo está en la plenitud de Dios, alcanzada ya por el Cristo crucificado, quien es medida de la madurez de todas las cosas»[14].

En 1968, Tomás Merton dijo: «Ya somos UNO. Nada más que pensamos que somos separados»[15]. En 1969 se vio por primera vez, la imagen de la tierra vista desde la luna, una unidad, nuestra casa común. Visualicemos esta imagen como una expresión de la visión de Merton.

Desde Miami, tierra de inmigrantes:
«No maltratarás al forastero, ni le oprimirás, pues forasteros fuisteis vosotros en el país de Egipto» (Éxodo, 22:20).

---

[13] Papa Francisco, *Laudato si* (# 207).
[14] Ibid. (#83).
[15] Tomás Merton, Calcuta, Octubre 1968.

EL ROL DE LAS MUJERES EN LA IGLESIA

Olga Consuelo Vélez Caro

INTRODUCCIÓN

Crece la conciencia sobre la urgencia de una participación más plena de la mujer en la sociedad y en la Iglesia porque hasta ahora esta participación no ha sido en condiciones de igualdad con el varón y, no sólo eso, durante siglos su dignidad fundamental fue negada, olvidando el proyecto creador de Dios: «a imagen de Dios los creó, varón y hembra los creó» (Gn 1, 27). ¿A qué se ha debido esta desigualdad entre varones y mujeres? Hoy tenemos más claridad para identificar como una de las causas a la sociedad patriarcal imperante en nuestro mundo. ¿Qué es el patriarcalismo? Es la estructuración de la sociedad a la medida del varón, donde lo masculino ha ejercido el poder de mando y destino de los pueblos y las mujeres han aportado sus capacidades pero en dependencia del varón y a su servicio[1]. Es verdad que hay mujeres que han ejercido y ejercen roles de mando y hombres que han estado o están en espacios de servidumbre. Por eso la biblista Elisabeth Schüssler Fiorenza, acuñó un neologismo que expresa mejor esa realidad. Nos referimos al Kyriarcado (gobierno del amo o señor) pretendiendo con ello no referirse solo a los varones y mujeres sino a las estructuras de dominación que pueden ser ejercidas por varones o mujeres, pero siempre en el esquema del emperador/amo/señor/padre/esposo/sobre sus subordinados[2].

---

[1] Literalmente significa el "gobierno del padre". Es una forma de organización social en la que el poder siempre está en manos de los varones, con una serie de grados inferiores de gente subordinada que es cada vez mayor en la medida que se llega a la base. Johnson, Elizabeth. *La que es. El misterio de Dios en el discurso teológico feminista.* Barcelona: Herder, 2002, 42-43.

[2] Elisabeth Schüssler Fiorenza acuño el neologismo "kyriarcado" que significa "el gobierno del emperador/amo/señor/padre/esposo sobre sus subordinados.

De todas maneras, haciendo todas las salvedades posibles, sería no «ser honrado con lo real» –como dice Jon Sobrino–, si no reconociéramos que las más afectadas en esas estructuras de dominación han sido las mujeres.

De ahí que hablar de las mujeres y seguir insistiendo en que cambie la realidad que viven, no es un discurso del pasado ni mucho menos una tarea innecesaria. Por el contrario, es una exigencia ética y cristiana porque va en contra de la dignidad fundamental del ser humano y, por supuesto, del querer de Dios. No es de extrañar por tanto que en este siglo XXI, el papa Francisco vuelva a insistir en el tema y lo plantee en su primera exhortación: «todavía es necesario ampliar los espacios para una presencia femenina más incisiva en la Iglesia porque el 'genio femenino' es necesario en todas las expresiones de la vida social; por ello, se ha de garantizar la presencia de las mujeres también en el ámbito laboral y en los diversos lugares donde se toman las decisiones importantes, tanto en la iglesia como en las estructuras sociales» (*Evangelii Gaudium* 103).

¿Cómo salir al paso de esta necesidad señalada por el papa Francisco, abriendo caminos de participación efectiva y afectiva de las mujeres en la sociedad y en la iglesia? Responder esta pregunta excede las posibilidades de una ponencia, pero lo que digamos aquí quiere invitar a la reflexión y al discernimiento, a la concientización y al compromiso con esta urgencia.

Nos referiremos, en primer lugar, a algunos datos sobre la realidad de las mujeres solo a manera de ejemplo y sensibilización, tomados tanto de documentos del magisterio como de esta-

---

Con ese término se quiere indicar que no todos los hombres dominan y explotan a todas las mujeres indiferenciadamente, sino que existe una compleja pirámide social de dominaciones y subordinaciones graduadas que se ha establecido en la sociedad donde unos (varones o mujeres) explotan y subordinan a otros (varones o mujeres) desde una mentalidad patriarcal, blanca, eurocéntrica, heterosexual, etc., introyectada en la sociedad en general. Ver: *Cristología feminista crítica. Jesús, Hijo de Miriam, profeta de Sabiduría*, Madrid: Trotta, 2000, 32.

dísticas sociales. En segundo lugar, presentaremos algunos de los documentos magisteriales que han intentado responder a la realidad de la mujer. En tercer lugar, nos referiremos a la mujer en los orígenes cristianos para fundamentar que lo que se desea no es una moda de estos tiempos sino una praxis ya vivida en las comunidades cristianas y de la que nos alejamos –por muchas causas– pero que ha de ser retomada y puesta en práctica. En cuarto lugar, veremos brevemente el desarrollo teológico feminista y su contribución con la realidad de las mujeres. Finalmente señalaremos algunos caminos que exigen nuestra reflexión buscando con ello empujar la transformación tan necesaria para dar testimonio de una iglesia incluyente donde la humanidad entera –varones y mujeres– vivan la igualdad fundamental y desplieguen los talentos propios que el Señor ha confiado a cada uno, todos ellos al servicio del pueblo de Dios.

1. REALIDAD DE LA MUJER: UNA CONOCIDA HISTORIA POR LA QUE NO SE ACABA DE HACER SUFICIENTE

Es necesario comenzar haciendo una salvedad. Me referiré a las conferencias latinoamericanas[3] para mencionar los pronunciamientos del magisterio sobre la mujer, consciente de que la realidad de Estados Unidos tiene, por una parte, la situación de las mujeres inmigrantes que podría decirse es muy similar a la de las mujeres latinas pero también tiene la realidad de la mujer norteamericana que no sufre las consecuencias de la pobreza pero, en algunas ocasiones, si comparte la violencia contra la mujer que parece es una suerte común de las mujeres de todas las clases sociales y de todos los países del mundo. Además, cabe anotar, que

---

[3] En la Exhortación Apostólica Postsinonal Ecclesia in America (n. 45) –documento que implica a toda América– (Juan Pablo II, 1999), cuando se habla de la realidad de la mujer se refiere a la Carta Apostólica Mulieris dignitatem (1988) y Carta a las Mujeres (1995) en las que prácticamente se describe la situación de la mujer señalando los mismos elementos de los que tratan las Conferencias Latinoamericanas y caribeñas.

muchas de las reivindicaciones sociales han venido de los feminismos norteamericanos y muchos de los avances teológicos también se le deben a teólogas de este país, como se verá en las referencias explícitas que se hará a algunas de ellas.

Las Conferencias episcopales latinoamericanas y caribeñas, deudoras del método ver-juzgar-actuar, han retomado la situación vivida por las mujeres, describiéndola en muchos aspectos y alertando sobre la urgencia de cambiar dicha situación. Es así, como por ejemplo la conferencia de Puebla, celebrada hace 40 años, señala aspectos sobre la mujer que solo han mejorado levemente. En el documento se reconoce la marginación de la mujer y apunta como causas la prepotencia del varón, los salarios desiguales, la educación deficiente. Afirma que la mujer es doblemente oprimida y marginada por su condición socioeconómica y su ser mujer (1135, nota 2)[4]. La sociedad convierte a las mujeres en «objeto de consumo» (834), no ofrece suficientes leyes laborales para proteger el trabajo femenino (837), sin contar que son ellas las que cargan con una doble jornada laboral porque se ocupan también de las tareas domésticas, siendo víctimas del abandono del varón (837). Sobre las empleadas domésticas reconoce la situación lamentable en que trabajan: maltrato y explotación por parte de los patronos (838). A nivel eclesial denuncia «la insuficiente valorización de la mujer y su escasa participación a nivel de las iniciativas pastorales» (839).

Por su parte la conferencia de Aparecida (2007), señala la urgencia de tomar conciencia «de la situación precaria que afecta la dignidad de muchas mujeres. Algunas, desde niñas y adolescentes, son sometidas a múltiples formas de violencia dentro y fuera de casa: tráfico, violación, servidumbre y acoso sexual; desigualdades en la esfera del trabajo, de la política, de la economía; explotación publicitaria por parte de muchos medios de comunicación social que las tratan como objeto de lucro» (48). De-

---

[4] En la Evangelii Gaudium el Papa Francisco también se refiere a esta condición de las mujeres como doblemente pobres (n.212)

nuncia el machismo de las sociedades latinoamericanas (453) y sigue remarcando la doble opresión y marginación que sufren las mujeres por ser pobres, indígenas y afrodescendientes (454).

Esta denuncia de la violencia que sufren las mujeres es tal vez una de las realidades más fuertes que hoy impulsan a trabajar por la liberación de la mujer y por el cambio de su situación. Se ha develado con toda la crudeza que esto conlleva que las mujeres son víctimas de la violencia por razón de género, es decir, por su «condición de mujer». La sociedad patriarcal ha introyectado en el imaginario social que la mujer puede ser objeto de violencia y, más aún, de violación sexual. Incluso a las mujeres se les acusa de tener la culpa bien sea por su forma de vestir, de caminar o simplemente porque son las seductoras que provocan a los varones. Las cifras son aterradoras. En México, por ejemplo, en el primer semestre del año se registraron 11.691 casos de abuso sexual, 6.594 casos de violación equiparada, 1530 de violaciones simples, 1978 casos de acoso sexual, 745 casos hostigamiento sexual, 17 casos de incesto y 470 víctimas de feminicidio[5]. Estas cifras corresponden a las denuncias realizadas, pero no se puede olvidar que frente al tema de la violencia física y sexual existe la cultura del silencio porque no solo desprestigia al varón sino sobre todo a la mujer quien, como ya dijimos, parece ser la culpable del comportamiento que ha despertado en el agresor.

Felizmente a nivel jurídico se ha creado el delito de «feminicidio[6] (o femicidio)» que conlleva el aumento de penas a los que

---

[5] Estas son las cifras de la violencia contra la mujer en México, https://www.youtube.com/watch?v=f_w-ieKloNc (Consultado 09-09-2019)

[6] El término "femicide" fue acuñado en Inglaterra por Mary Orlock al comienzo de la década del 70, y fue utilizado por primera vez en forma pública por Diana Russell en un testimonio ante el Tribunal Internacional de Crímenes contra las Mujeres, celebrado en Bélgica en 1976. http://www.eladanbuenosayres.com.ar/origen-de-la-palabra-femicidio/ (Consultado 09-09-2019). En América Latina se le atribuye a la antropóloga y feminista Marcela Lagarde. Según ella, el Feminicio "comprende el conjunto de delitos de lesa humanidad que reúnen crímenes, secuestros, desapariciones de mujeres

matan a las mujeres porque se devela la deliberada agresión a la mujer por el hecho de ser mujer. Ahora bien, no es México el único país con cifras alarmantes de violencia. En el primer semestre del año se pueden señalar las siguientes cifras en otros países de la región sobre crímenes de feminicidio: Guatemala, 243; Honduras, 60; El Salvador, 120; Nicaragua, 44; Costa Rica, 8; Panamá, 12; Argentina, 195; Bolivia, 81; Brasil, 126; Chile, 44; Colombia, 41; Ecuador, 82; Paraguay, 19; Perú, 105; Uruguay, 14; Venezuela, con la situación allí vivida, no hay cifras exactas pero hasta febrero ya se registraban 8 feminicidios. Aunque la realidad es tan diferente en otras partes del mundo, se tienen como datos unos 1.809 feminicidios en los Estados Unidos en 2016. La mayoría eran mujeres latinas[7].

En Colombia, país afectado por el conflicto armado, ha quedado en evidencia la violación sexual como «arma de guerra», utilizada por todos los grupos armados, incluido el ejército colombiano. Y, una vez más, la culpa está introyectada en las mujeres por lo que les pasó y sufren consecuencias nefastas: ser rechazadas en el propio seno de su familia, especialmente por su marido o compañero. De ahí, la dificultad para denunciar este tipo de crímenes atroces[8].

---

y niñas ante un colapso institucional. Se da una fractura en el Estado de derecho que favorece una impunidad ante estos delitos". https://www.uv.es/uvweb/universidad/es/listado-noticias/antropologa-feminista-mexicana-marcela-lagarde-artifice-del-termino-feminicidio-visita-universitat-1285846070123/Noticia.html?id=1285906647520 (Consultado 09-09-2019)

[7] Aumenta la cifra de feminicidios en Estados Unidos. (10.09.2019). https://www.telemundo47.com/noticias/destacados/Aumenta-la-cifra-de-feminicidios-en-Estados-Unidos-506192211.html (consultado 10-09-2019).

[8] Existe una amplia bibliografía sobre esta realidad. Entre ella: "La guerra inscrita en el cuerpo". Centro Nacional de la Memoria histórica. http://www.centrodememoriahistorica.gov.co/descargas/informes-accesibles/guerra-inscrita-en-el-cuerpo_accesible.pdf

2. LA RESPUESTA ECLESIAL A LA REALIDAD DE LAS MUJERES

Tenemos que partir de una realidad fundamental: la iglesia está inmersa en el contexto social patriarcal y por eso es imposible que no tenga estructuras patriarcales. Por eso ella, como todas las demás instancias, necesita una conversión profunda a estas realidades que, por nuevas, nos sorprenden, por exigentes, nos incomodan, por difíciles, queremos dejar de lado. Traer a la memoria la manera como la iglesia ha ido respondiendo a lo largo del tiempo, impulsa para acelerar el paso y dar mejores respuestas.

El modernismo trajo grandes y profundos cambios que, en primera instancia, fueron condenados por la Iglesia. Pero con la llegada del S. XX, la iglesia fue tomando otra actitud y, entre las diversas realidades sobre las que se pronuncia, también está el tema de la mujer.

León XIII (1878-1903), en la Encíclica *Arcanum Divinae Sapientiae* (1880), refiriéndose al matrimonio cristiano, comenta Efesios 5, 21-33: «definidos los deberes, y señalados todos los derechos de cada uno de los cónyuges. Es, a saber, que se hallen éstos siempre persuadidos del grande amor, fidelidad constante y solícitos y continuos cuidados que se deben mutuamente. El marido es el jefe de la familia, y cabeza de la mujer, la cual, sin embargo, por ser carne de la carne y hueso de los huesos de aquél, se sujete y obedezca al marido, no a manera de esclava, sino como compañera; de suerte que su obediencia sea digna al par, que honrosa» (n.5). Se nota por supuesto, el esfuerzo de velar por la mujer al remarcar su papel de «compañera» pero no puede hacerlo sino en las comprensiones del momento sobre el varón y el matrimonio.

Los cambios siguen sucediéndose y en la Encíclica *Rerum Novarum* (1891), León XIII hondamente interesado por la cuestión social, reacciona negativamente sobre la posibilidad del trabajo extra doméstico de la mujer: «Hay ciertos trabajos que no están bien a la mujer, nacida para las atenciones domésticas, las cuales atenciones son una grande salvaguarda del decoro propio de la mujer, y se ordenan naturalmente a la educación de la mujer y prosperidad de la familia» (n. 24). Por supuesto, su pronunciamiento pretende defender a la mujer, pero desde los roles asignados a ella en la cultura, dentro de los límites del hogar.

Benedicto XV (1914-1921) en 1917 describe de la siguiente manera la emancipación femenina: «Desde hace bastante tiempo, pero sobre todo después de la revolución francesa, se trabaja asiduamente para que la influencia benéfica de la Iglesia, confinada a un campo cada vez más reducido, finalmente no se pudiera ejercer de modo alguno en la sociedad humana, y antes que nada se hizo todo lo posible para que la mujer fuera alejada de la solicitud y vigilancia maternas de la Iglesia»[9].

Pío XI (1921-1939) en la Encíclica *Casti Connubii* (1930) dedicada a la cuestión matrimonial, desarrolla la imagen de la mujer, sumisa a su marido, a partir de Efesios 5, 22-23. Señala la primacía del varón sobre la mujer y la obediencia que ésta debe tributarle. Eso sí, dejando claro que tal obediencia «no niega ni quita la libertad que en pleno derecho compete a la mujer, así por su dignidad de persona humana como por sus nobilísimas funciones de esposa, madre y compañera, ni la obliga a dar satisfacción a cualquiera de los gustos del marido (...) pues si el varón es la cabeza, la mujer es el corazón, y como aquél tiene el principado del gobierno, ésta puede y debe reclamar para sí, como cosa que le pertenece, el principado del amor» (n. 2e). Y en aras de defender el matrimonio, defiende la obediencia que ha de tener la mujer a su marido, y considera que su emancipación es una «falsa libertad y antinatural igualdad» que se torna en daño de la misma mujer conduciéndola a la servidumbre (n. 6).

Pío XII (1939-1958) constata que la realidad de la mujer está en rápida transformación porque sale del retiro de la casa y em-

---

[9] Extracto de Carta a la superiora de las Ursulinas. Citado por María Teresa Porcile, *La mujer espacio de salvación*, Montevideo: Ed. Trilce, 1993, 36.

pieza a ejercer profesiones que antes estaban reservadas a los varones[10]. Además, frente al peligro del comunismo, invita a las mujeres a ejercer el voto para defender la familia[11]. Como podemos constatar, el magisterio pontificio va acompañando los cambios sociales, pero con la actitud de aquellas décadas: recelo frente a lo nuevo y preservando los esquemas de esos tiempos.

Un cambio de mentalidad más significativo se alcanza en el pontificado de Juan XXIII (1958-1963). En su Encíclica *Pacem in Terris* (1963) se reconoce oficialmente la promoción de la mujer: «En segundo lugar, viene un hecho de todos conocido: el ingreso de la mujer en la vida pública, más aceleradamente acaso en los pueblos que profesan la fe cristiana; más lentamente, pero siempre en gran escala en países de tradiciones y culturas distintas. En la mujer se hace cada vez más clara y operante la conciencia de su propia dignidad. Sabe ella que no puede consentir el ser considerada y tratada como cosa inanimada o como instrumento; exige ser considerada como persona; en paridad de derechos y obligaciones con el hombre, así en el ámbito de la vida doméstica como en el de la vida pública, como corresponde a las personas humanas» (n.41).

Con Vaticano II el tema de la participación de la mujer entra a todos los niveles. En *Gaudium et Spes* 29 se rechaza toda discriminación por razón de sexo, raza o color. En GS 49 se afirma el reconocimiento de la misma dignidad personal tanto para el hombre como para la mujer. En GS 60 se estimula a la mujer para la participación en la vida cultural. El Decreto sobre el Apostolado de los Laicos (*Apostolicam Actuositatem* n.9) se refiere a la importancia de la participación de las mujeres en el apostolado de la Iglesia.

En la *Christifidelis Laici* (1989) se muestran grandes avances al considerar y requerir el aporte de las mujeres en las consultas y elaboración de las decisiones. Respecto a la evangelización

---

[10] Pío XII, Discursos, Radiomensajes II, Madrid, 1953, 41.
[11] Pío XII, Discursos, Radiomensajes VII, Roma, 1955, 235.

se dice que la mujer no sólo contribuya desde la catequesis y en el hogar, sino también por medio del estudio, la investigación y la docencia teológica (n. 51).

Juan Pablo II publicó dos documentos sobre la mujer: La Carta Apostólica *Mulieris Dignitatem* (1988) y La Carta Encíclica *Carta a las mujeres* (1995). En estos documentos se reconoce la liberación de la mujer como un signo de los tiempos al que es necesario responder. Más aún, frente al avance de la mujer en la sociedad civil donde está mostrando su capacidad de acceder a todos los campos, continúa siendo un desafío permanente ganar espacios de participación y responsabilidad en la comunidad eclesial.

En Aparecida las líneas pastorales sobre la realidad de la mujer son significativas porque se pide promover el protagonismo de las mujeres garantizando su efectiva presencia en los ministerios que en la iglesia son confiados a los laicos como también en las instancias de planificación y decisiones pastorales. Además, pide acompañar a las asociaciones femeninas que luchan por superar las situaciones de vulnerabilidad o exclusión y seguir trabajando con las autoridades responsables de las legislaciones que favorezcan a las mujeres en la vida laboral para poder compaginar trabajo y familia (n. 458).

El Papa Francisco, como ya lo dijimos, ha reconocido la posición subordinada de la mujer y no deja de invocar que se necesita darle mayor protagonismo y participación, aunque en algunos temas, no ha podido dar más avances como, por ejemplo, la posibilidad del diaconado para las mujeres[12]. Una noticia positiva fue el nombramiento de cuatro mujeres como consultoras de la secretaria general del Sínodo de Obispos (24 de Mayo de 2019).

---

[12] El Papa en el vuelo de regreso de su viaje a Macedonia, respondió a la pregunta sobre la comisión para estudiar el diaconado femenino: "No hay certeza de que fuese una ordenación con la misma forma y la misma finalidad de la ordenación masculina. Algunos dicen que hay duda. Sigamos adelante a estudiar. No tengo miedo al estudio, pero hasta este momento no va (7 de Mayo de 2019).

Este ítem ameritaría recoger muchos otros pronunciamientos sobre la mujer de tantos documentos eclesiales. Pero el objetivo no es abarcar la cantidad sino el acompañamiento efectivo que la iglesia ha hecho de la nueva realidad que vive la mujer. La iglesia sabe que no puede estar ausente de estos cambios sociales y por eso se pronuncia en su defensa y a favor de todo aquello que pueda promoverla. Sin embargo, el cambio de estructuras no es nada fácil. Es más fácil que surjan resistencias y retrocesos. Este es el desafío pendiente.

3. LA REALIDAD DE LAS MUJERES NO SIEMPRE HA SIDO ASÍ: LA MUJER EN LOS ORÍGENES DEL CRISTIANISMO[13]

Lo que más puede animarnos para continuar trabajando por la mujer en los ámbitos de la comunidad eclesial es que no siempre su situación ha sido como hoy la percibimos. Precisamente, es el cristianismo de los orígenes el que abre una nueva manera de ver y actuar frente a la mujer, experiencia que acompañó los tres primeros siglos del cristianismo y que hoy se nos exige volver a mirar las fuentes para recuperar el camino emprendido en ese entonces.

No hay duda al afirmar que el movimiento de Jesús, sociológicamente se puede reconocer como un movimiento de renovación, cuestionador de las instituciones fundamentales del judaísmo, tales como el templo, la ley y las exclusiones en nombre de Dios. Constituyó un movimiento inclusivo donde los pobres, los enfermos, los niños, los pecadores y, por supuesto, las mujeres, tuvieron cabida y protagonismo.

Jesús valoró a la mujer y la incluyó en su grupo. Estableció una nueva manera de relación que el apóstol Pablo supo definir de manera sintética pero muy contracultural en su carta a los gálatas (3,28): «Ya no hay judío ni griego, ni esclavo ni libre, ni

---

[13] En este apartado seguimos fundamentalmente a Bernabé, Carmen, La mujer en la Iglesia. Documento de internet sin identificar.

hombre ni mujer, ya que todos ustedes son uno en Cristo Jesús».

Algunos de los pronunciamientos de Jesús son claramente en defensa de la mujer. Nos referimos al divorcio: «Quien repudie a su mujer y se case con otra, comete adulterio contra aquélla» (Mc 10,11; Mt 5,32; 19,9; Lc 16,18) o la respuesta que les da a los saduceos sobre a quién pertenecerá la mujer después de la resurrección en el caso de la ley del levirato: «Pues cuando resuciten de entre los muertos, ni ellos tomarán mujer ni ellas marido» (Mc 12, 18-27). Estas lecturas hay que leerlas en el contexto del papel que jugaban las mujeres en el pueblo judío para entender su significado más profundo. Eran posesión del varón y por eso no contaban a la hora de hacer valer derechos. Jesús introduce una novedad al proponer unas relaciones personales y recíprocas entre varón y mujer, que nacen de que son iguales como personas y ante Dios.

Con la consciencia que hoy tenemos del sistema patriarcal vigente, podemos leer la praxis de Jesús como una liberación del sistema patriarcal y una promoción de relaciones igualitarias. Todos en la comunidad de Jesús están llamados a vivir la hermandad donde los padres (patriarcas) no tienen cabida: «Yo os aseguro que nadie que haya dejado casa, hermanos, hermanas, madre, padre, hijos o hacienda por mí y por el evangelio, quedará sin recibir el ciento por uno, ahora al presente, casas, hermanos, hermanas, madres, hijos y hacienda, con persecuciones, y en el mundo venidero, vida eterna» (Mc 10, 29-30). La hermandad es posible porque solo hay un padre que es Dios mismo y nadie más se puede arrogar este papel. Por eso es una crítica muy fuerte a la sociedad patriarcal donde el papel de padre, señor, emperador, amo, patrón, es ejercido, especialmente por los varones, suplantando el lugar que solo corresponde a Dios mismo.

Efectivamente, el mensaje del reino se basa en estas relaciones igualitarias donde todos están al servicio de los demás. «el que quiera ser el primero entre ustedes, será esclavo de todos, que también el Hijo del hombre no ha venido a ser servido sino a servir y a dar su vida como rescate por muchos» (Mc 10, 42-45; Mt 20, 26-27; Mc 9, 35-37; Lc 9, 48).

Pero lo más diciente de la praxis de Jesús es haber incluido a mujeres en su grupo de seguidores. Los evangelios mencionan a mujeres, entre ellas, a María Magdalena, que bien sabemos fue la primera testiga de la resurrección del Señor (Jn 20, 11-18) y hoy declarada Apóstola de los Apóstoles: «Precisamente porque fue testigo ocular de Cristo resucitado fue también, por otra parte, la primera en dar testimonio delante de los apóstoles. (…) De este modo se convierte, como ya se ha señalado, en evangelista, es decir, en mensajera que anuncia la buena nueva de la resurrección del Señor; o como decían Rabano Mauro y Santo Tomás de Aquino, en "apóstola de los apóstoles", porque anunció a los apóstoles aquello que, a su vez, ellos anunciarán a todo el mundo. (…) Por lo tanto (…) es justo que la celebración litúrgica de esta mujer tenga el mismo grado de festividad que se da a la celebración de los apóstoles en el calendario romano general y que se resalte la misión especial de una mujer, que es ejemplo y modelo para todas las mujeres de la Iglesia»[14].

Las mujeres del evangelio son verdaderas discípulas de Jesús porque al referirse a ellas se utilizan los verbos propios del discipulado: seguir y servir (akolouthein, diakonein). Ellas han seguido a Jesús desde el principio, desde Galilea: "Había también unas mujeres mirando desde lejos, entre ellas, María Magdalena, María la madre de Santiago el menor y de José, y Salomé que le seguían y le servían cuando estaba en Galilea y otras muchas que habían subido con él a Jerusalén" (Mc 15, 40-41). La fuente lucana lo confirma también: «Y sucedió a continuación que iba por ciudades y pueblos, proclamando y anunciando la buena nueva del reino de Dios; le acompañaban los Doce y algunas mujeres que habían sido curadas de espíritus malignos y enfermedades:

---

[14] 10.06.2016, María Magdalena, apóstola de los apóstoles, https://press.vatican.va/content/salastampa/es/bollettino/pubblico/2016/06/10/apostol.html (consultado 09-09-2019).

María, llamada Magdalena, de la que habían salido siete demonios, Juana, mujer de Cusa, un administrador de Herodes, Susan y otras muchas que les servían con sus bienes» (Lc 8, 1-3). Estas mujeres que siguen a Jesús, no lo abandonan cuando está en la cruz –como si lo hicieron los varones–, fueron testigas de su sepultura (Mc 15,47), son las primeras en descubrir el sepulcro vacío y en recibir el anuncio pascual (Mc 16, 1-8). No hay duda –aunque el lenguaje masculino no lo visibilice– que ellas también estuvieron reunidas con el resucitado cuando él les confía la misión y les entrega el Espíritu a los discípulos (Lc 24, 36ss; Hc 1, 14; 2, 1-21; Jn 20, 19-22).

Todos estos testimonios nos muestran el discipulado inclusivo de Jesús y la participación de las mujeres en los orígenes cristianos. Es verdad que muy pronto la mentalidad patriarcal de la sociedad influyó en la redacción de los mismos evangelios y en la primera comunidad cristiana. Pero la realidad de la inclusión inicial de las mujeres en la comunidad es tan evidente, que los testimonios referidos muestran ese comportamiento tan inusual, capaz de traspasar los cánones establecidos y quedar consignado en los primeros testimonios cristianos.

Las cartas paulinas son un buen ejemplo de la participación de las mujeres en la tarea evangelizadora y de los cargos que ocuparon en la comunidad eclesial. Está «Ninfa de Laodicea y la iglesia de su casa» (Col 4, 15); Apia que junto con Filemón y Arquipo dirige la iglesia de Colosas (Flm 1,2); Febe a quien llama diacona de la iglesia de Cencreas (Rom 16,1) (la palabra diacono es la misma que utiliza para referirse a los varones que ejercen ese servicio y no a la función que tiempo después ejercían las diaconisas –subordinadas a los diáconos– de atención a los enfermos y de ayudar a las mujeres a desvestirse en el bautismo); María, Trifena, Trifosa y Pérside dice que 'han trabajado mucho en el Señor', utilizando el mismo verbo griego kopiao que usa para definir el trabajo pastoral de sus colaboradores (Rom 16, 6-12).

Además, Pablo menciona muchos matrimonios misioneros que colaboran con él o ya están en misión cuando él llega. Tenemos a Prisca y Aquila, constructores de tiendas como él y que aparecen en Roma, Éfeso y Corinto donde fundaron varias iglesias, además de instruir a Apolo. Los nombra siete veces y en cuatro de ellas, Prisca va en primer lugar lo que muestra la importancia que tiene (1 Cor 16,19; Rom 16, 3-5; 2 Tim 4, 19; Hc 18, 1-3.18-26). Filólogo y Julia, Nereo y su hermana, (probablemente matrimonio) a Olimpas y a todos los hermanos que están con ellos (Rom 16, 15). Cefas y otros misionaban acompañados de sus esposas (1 Cor 9, 5). Andrónico y a Junias, quien comparte con su esposo el título de «apóstol» (tradicionalmente se había leído este nombre como masculino pero la exégesis actual ha dejado abierta la posibilidad de que se trate de una mujer) (Rom 16,7). El libro de Hechos también nos transmite que «un buen número de mujeres prominentes» se unieron a Pablo y Silas (Hc 17,4) y la conversión de Lidia y toda su casa en Filipos (Hc 16,11-15).

La pregunta que nos surge es porqué teniendo tantos testimonios de mujeres protagonistas en los orígenes de la comunidad cristiana, se pasó posteriormente a su invisibilización. La respuesta es de tipo sociológico y cultural. En la medida que la religión se expande, Pablo siente la necesidad de velar por este crecimiento y por eso se acomoda de alguna manera a las normas sociales. Si en Gálatas 3,28 había afirmado la igualdad entre varón y mujer, en otros textos (1 Cor 7; 12, 13; Col 3, 9-11) lo evita para no despertar rechazo social (cabe advertir que otros exégetas consideran que el orden cronológico es inverso, primero fue Corintios y Colosenses y luego Gálatas). Otro ejemplo son las críticas frente al culto cuando las cristianas oran y profetizan con el pelo suelto (1 Cor 11,5). Esto comienza a escandalizar a algunos y por eso Pablo no prohíbe que oren o profeticen (1 Cor 14,23), sino que lo hagan con el pelo descubierto (1 Cor 11, 6). El texto de 1 Cor 14, 33b-35 es una interpolación posterior que va en contradicción de todo lo que Pablo ha afirmado de la igualdad fundamental entre varón y mujer en la comunidad cristiana. Lamentablemente esta tradición más patriarcal se va afirmando en la tradición postpaulina y la tradición deuteropaulina. La primera es la procedente del círculo de sus discípulos y son las cartas de Colosenses, Efesios y 1 Pedro en las que se encuentran los «códigos domésticos» donde se propone la sumisión de las mujeres al Pater familia (Col 3, 18-4, 1; Ef 5, 21-6,9; 1 P 2, 18-3,7) para no subvertir el Estado y evitar las críticas.

La tradición deuteropaulina se refiere a los escritos que reclaman la autoridad de Pablo, pero reflejan una situación eclesial muy posterior donde hay una institucionalización y patriarcalización muy avanzada. Son las cartas pastorales (1 y 2 Tim y Tit) en las que ya el orden patriarcal es el modelo de organización de las iglesias donde las mujeres llevan la peor parte: «La mujer escuche la instrucción en silencio, con plena sumisión. No consiento que la mujer enseñe, ni domine al marido, sino que ha de estar en silencio» (1 Tim 2, 11-12). En Tit 2, 3-5 se dice que las ancianas deben enseñar a las jóvenes a amar a sus maridos y ser sumisas y en 1 Tim 2,15 que la mujer se salvará por su condición de madre. Sin embargo, en las mismas cartas se ve cierta resistencia a esta enseñanza en la figura de las «viudas» (1 Tim 5, 2-16). Lo mismo se ve en los escritos extra canónicos que muestran que las mujeres desean permanecer célibes para preservarse del dominio del marido (Hechos de Pablo y Tecla y Hechos de Felipe) aunque pronto esos grupos fueron controlados por los varones. En textos apócrifos como el evangelio de Tomás, de Felipe, Pistis Sofía o Evangelio de María (S. II-IV) se percibe la confrontación entre los grupos por diversos temas, entre ellos, el del papel de la mujer[15].

---

[15] Para un mayor conocimiento de la participación de la mujer en los orígenes de la Iglesia véase: Bautista, Esperanza, *La mujer en la Iglesia primitiva*, Navarra: Verbo Divino, 1993. Estévez, Elisa, "Iglesia" en: Navarro, Mercedes (Ed.), *Diez mujeres escriben Teología*, Navarra: Verbo Divino, 1993, 167-198.

4. EL TRABAJO TEOLÓGICO A FAVOR DE LAS MUJERES

La lectura bíblica que hicimos en el numeral anterior ha sido posible por el desarrollo de la hermenéutica feminista. No hay que olvidar que la hermenéutica o interpretación es una tarea compleja que implica al intérprete y que se hace a partir de las preguntas del contexto y en las últimas décadas ha generado el desarrollo de las llamadas teologías contextuales o nuevos paradigmas teológicos, permitiendo abordar temas como el de la mujer, pero también el de los indígenas, los afroamerindios, la ecología, el diálogo intercultural e interreligioso, el ecumenismo, etc.[16]

Para el tema que nos ocupa hemos de señalar el desarrollo teológico sobre la mujer que en América Latina[17] ha tenido varios momentos que, aunque han respondido a un desarrollo cronológico, conviven en la actualidad y siguen aportando para el empoderamiento de la mujer en la sociedad y en la iglesia[18].

Un primer paso fue la toma de conciencia de las mujeres de su ser actoras/sujetas de la teología. Hasta entonces no se había incorporado la visión de las mujeres en la teología (ni siquiera en la Teología de la Liberación). El punto de partida del trabajo teológico de las mujeres fue su experiencia de opresión y su experiencia de fe. Se consideró que la maternidad no era el único aspecto para valorar a la mujer, por el contrario, ella es también «mediadora del Espíritu». Se denunció el mundo patriarcal que

---

[16] Para una profundización en los nuevos paradigmas teológicos ver: Tamayo-Acosta, Juan José. *Nuevo paradigma teológico*, Madrid: Trotta, 2003.

[17] De la misma manera que advertimos al inicio sobre las diferencias de la realidad de las mujeres entre Norteamérica y Suramérica, podríamos decirlo del desarrollo de la teología feminista en ambos contextos. Por supuesto, Estados Unidos cuenta con una tradición anterior y más desarrollada de teología feminista. Sus aportes han impulsado la teología feminista latinoamericana. Pero, al mismo tiempo, esta última ha mantenido sus especificidades contextuales y muchas teólogas norteamericanas han asumido la causa de las mujeres pobres latinoamericanas y su teología está atravesada por esa realidad.

[18] Seguimos fundamentalmente los aportes de Tepedino, Ana María y Aquino, María Pilar (Ed.), *Entre la indignación y la esperanza*, Bogotá: Indo American Press, 1998, 15-40.

limita a las mujeres al ámbito privado exaltando las cualidades atribuidas a la mujer tales como la sensibilidad, imaginación, intuición, mientras los varones están destinados para el ámbito público donde aparecen como seres racionales, objetivos, forjadores del futuro.

En la década de los 80 se fueron delineando las características del quehacer teológico femenino: Es una teología que se realiza de forma comunitaria y relacional; alegre, celebrativa y marcada por el buen humor; integradora de las distintas dimensiones humanas: fuerza y ternura, alegría y llanto, intuición y razón; militante porque participa en el conjunto de los procesos liberadores; reconstructora de la historia de las mujeres, tanto en los textos bíblicos como en la historia de nuestros pueblos.

Hasta entonces se hablaba de teología femenina o teología hecha por mujeres. Pero se fue entendiendo que la opresión de género revelaba que no solo lo sociopolítico oprimía a las mujeres sino también lo cultural. Así comienza a introducirse le perspectiva de género y el término feminista en la década de los 90s. No fue fácil asumir este término porque se daba una mutua desconfianza entre las feministas y las teólogas. Pero pese a las connotaciones negativas que podía tener esta palabra al estar relacionada con el feminismo del primer mundo (que tenía otras preocupaciones) y con el recelo que suscita al interior de las iglesias, expresaba la ruptura que se quería establecer con el orden vigente y proponía una nueva forma de ser y de vivir la realidad. Así mismo, se incorporó la categoría género porque permite develar las relaciones de poder que se han establecido entre los géneros que llevan a subordinar lo femenino a lo masculino e invita a construir nuevas relaciones de género para favorecer un nuevo orden mundial.

La teología feminista latinoamericana ha asumido lo intercultural y lo interreligioso y la preocupación ecológica en la vertiente llamada, ecofeminismo[19]. También la violencia contra las mujeres ha sido un tema que ha ido cogiendo cada vez más fuerza porque se constata que la sufren en todos los ámbitos y por diversas razones: familiar, eclesial, racial, sexual, económico, cultural e intelectual. Todas estas violencias reflejan la violencia estructural que sufren las mujeres y que no puede ser tolerada. La preocupación por la corporeidad y el uso del lenguaje femenino constituye otro de los empeños de la teología feminista. Es necesario desestigmatizar el cuerpo femenino de su relación con el pecado. En definitiva, hay grandes desarrollos teológicos sobre la realidad de las mujeres y hoy en día se puede hablar con toda propiedad de una teología feminista desarrollada y con muchos caminos de investigación por transitar.

5. PERSPECTIVAS DE CAMBIO Y EXIGENCIAS DE TRANSFORMACIÓN ECLESIAL

Hemos visto como a nivel bíblico y a nivel teológico hay grandes desarrollos en lo que respecta a la realidad de las mujeres. Por su parte el magisterio también tiene pronunciamientos a favor del protagonismo de las mujeres. Pero ¿qué falta para que todo esto se haga realidad en la iglesia? ¿qué sea posible en todas sus estructuras? ¿cómo acabar con el sexismo, patriarcalismo y clericalismo presente en tantos ámbitos eclesiales?

Es urgente quitarse la visión negativa sobre los avances que la mujer ha dado en los últimos siglos. No son ni «falsos», ni «antinaturales», sino una exigencia ética y cristiana para afirmar la dignidad de las mujeres y darles los derechos que le corresponden. Además, constituyen un paso irreversible. La iglesia ha de acompañar este momento y potenciarlo. Se requiere también «desestigmatizar» los conceptos de «feminismo» y «genero». El primero, es un movimiento social gracias al cual las mujeres han

---

[19] Gebara, Ivone, "Construyendo nuestras teologías feministas" en *Tópicos 90*, n.6 (1993): 71-124.

adquirido derechos ciudadanos, sociales y culturales que le pertenecen. El segundo, es una categoría de análisis que ha develado la patriarcalización de los roles y el puesto subordinado que los roles asignados a las mujeres mantienen. En los dos casos se pueden dar exageraciones y propuestas contrarias a la moral cristiana. Pero el discernir y quedarse con lo bueno, ha de ser una actitud propia de los seguidores de Jesús que acompañan el caminar histórico y trabajan por hacer posible el reino de justicia e igualdad. No podemos olvidar pronunciamientos de varones ilustres en la iglesia en que las naturalizaciones de los roles de género llevó a tener una actitud negativa hacia las mujeres. Como ejemplo señalemos estos dos: Santo Tomás afirmaba: «La mujer está naturalmente sujeta al hombre, porque en el hombre predomina el discernimiento de la razón»[20]. Para Jerónimo, «mientras la mujer se dedica al parto y a los hijos se diferencia del varón como el cuerpo del alma. Pero si decide servir a Cristo más que al mundo, entonces dejará de ser una mujer y será llamada varón»[21].

La iglesia ha acuñado el término «genio femenino»[22] para referirse al aporte que la mujer ha de dar a la iglesia. Reconoce

---

[20] Santo Tomás de Aquino, *Summa Theologiae*, q.92, a.1., Citado por Johnson, Elizabeth. *Verdadera hermana nuestra. Teología de María en la comunión de los santos*. Barcelona: Herder, 2005, 71.

[21] Jerónimo, Comn. In epist. Ad Ephes 3,5., Citado por Johnson, Verdadera hermana nuestra, 71

[22] Evangelii Gaudium 103 se refiere al genio femenino: "La Iglesia reconoce el indispensable aporte de la mujer en la sociedad, con una sensibilidad, una intuición y unas capacidades peculiares que suelen ser más propias de las mujeres que de los varones. Por ejemplo, la especial atención femenina hacia los otros, que se expresa de un modo particular, aunque no exclusivo, en la maternidad. Reconozco con gusto cómo muchas mujeres comparten responsabilidades pastorales junto con los sacerdotes, contribuyen al acompañamiento de personas, de familias o de grupos y brindan nuevos aportes a la reflexión teológica. Pero todavía es necesario ampliar los espacios para una presencia femenina más incisiva en la Iglesia. Porque 'el genio femenino es necesario en todas las expresiones de la vida social; por ello, se ha de garantizar la presen-

que la manera de ser de las mujeres y su estar en el mundo (su capacidad de relación con los demás, su intuición, ternura, servicio, cuidado, etc.) ha de estar presente en la iglesia y de no estarlo, esta queda incompleta. Sin duda, la mujer ha de aportar todo esto y la llamada teología femenina ha trabajado fuertemente por incluirlo y darle el valor que representa. Pero la mujer es mucho más que estas características y esto es lo que tiene que comprender la estructura eclesial. La mujer es capaz de liderazgo y decisión. De protagonismo y creación. Y esto no por una búsqueda de poder sino por su condición de ser humano, responsable del mundo y la historia que Dios le ha confiado a todo el género humano.

Por eso los espacios de participación en las instancias de decisión «que el mismo Papa Francisco y pronunciamientos magisteriales anteriores han señalado» son instancias en las que de no estar las mujeres quedan verdaderamente incompletas y no pueden responder a los desafíos de la humanidad, en la que la mitad de ella son mujeres. Por supuesto, el acceso al sacerdocio ministerial está negado a las mujeres. Pero la pregunta es, si los puestos de responsabilidad han de estar exclusivamente ligados a este ministerio o puede replantearse tanto el ministerio –enfocarlo hacia el servicio, su verdadera esencia–, y confiar también al laicado los espacios de decisión que en estricto orden le corresponde si la iglesia es el Pueblo de Dios, con distintos carismas y ministerios, todos al servicio de la comunidad.

Con relación a la identificación de las mujeres con la Virgen María –es una práctica acostumbrada cuando la mujer pide más participación: «María es más importante que los obispos» (EG 104)– hay que anotar que María es modelo de discipulado para todos en la iglesia y no solamente para las mujeres. Dicha afirmación puede convertirse en una forma más sutil de decirle a las

---

cia de las mujeres también en el ámbito laboral' y en los diversos lugares donde se toman las decisiones importantes, tanto en la Iglesia como en las estructuras sociales".

mujeres que no pidan más espacios de participación y no hay razón para ello.

Tampoco las mujeres se sienten hoy identificadas solamente con su papel de madres y esto es necesario asumirlo como un signo de los tiempos. Esta realidad que parece desnaturalizar a las mujeres ha servido, por el contrario, para naturalizar a los hombres –si se pudiera llamar así– sobre su paternidad. Cada vez se hace más evidente que tanto el varón como la mujer viven la experiencia de engendrar una vida y se disponen a su servicio con la misma ternura, entrega y decisión que anteriormente solo se atribuía a las madres. Son tiempos nuevos de nuevos modelos de feminidad y masculinidad que más que despreciarlos o condenarlos de antemano, deben ser acogidos y potenciados en todo lo que traen de humanidad para la realidad actual.

Definitivamente, muchas mujeres hoy –las que han conseguido «descolonizar»[23] su mente del patriarcado–, no pueden entender su ser mujer en el estrecho margen de las funciones biológicas (por importantes que sean) ni en el papel secundario de una colaboración callada y secundaria frente a la construcción del mundo. Exigen y necesitan una vivencia de su feminidad plena, bien entendida, sin las connotaciones patriarcales que se le han atribuido por siglos. A esto ha de responder la iglesia cuando pretende abrir espacios de participación.

En todo esto es necesaria una formación teológica que ayude a empoderar a las mujeres –y a los varones– en una iglesia incluyente –a imagen de la iglesia de los orígenes– para poder dar testimonio de la praxis de Jesús y de la liberación integral que trae el cristianismo.

Y no basta trabajar solo por la realidad intraeclesial sino también por la social. Seguir exigiendo la igualdad para la mujer

---

[23] Es común constatar que muchas veces las más machistas son las mujeres, manteniendo y defendiendo la cultura patriarcal actual. Esto solo se puede explicar por la colonización de las mentes (colonización cultural) que llega a ser más difícil de transformar que la colonización territorial.

en todos los estamentos de la sociedad es deber de justicia y esto permitirá descolonizar la mente patriarcal de tantas mujeres. Así tal vez ellas cambien la iglesia que, por lo menos hasta el momento, se empeña en no escuchar la voz de las mujeres reales y sigue anclada en la voz de la mujer ideal –simbolizada en María– que, en justicia, no se corresponde con la María de los evangelios.

SOBRE LOS CONFERENCISTAS

Ana María Bidegaín, Profesora de Estudios Religiosos y Directora del Programa de Investigación del Centro de Estudios sobre la América Latina y el Caribe, Florida International University. La Dra. Bidegaín recibió su Doctorado en Historia de la Universidad Católica de Louvain. Ha sido profesora invitada en varias universidades de fama internacional. Sus principales temas de investigación se relacionan con la religión, la sociedad y la política en la historia de Latinoamérica, sobre los cuales ha publicado numerosos trabajos incluyendo *Participación y Liderazgo de las Mujeres en la Historia del Catolicismo Latinoamericano* e *Historia del Catolicismo en Colombia, Corrientes y Diversidad.*

Massimo Faggioli, Profesor de Teología y Estudios Religiosos de Villanova University y escritor contribuyente a *La Croix International* y *Commonweal.* El Dr. Faggioli recibió su Doctorado en Historia Religiosa de la Universidad de Turín (Italia). Sus libros y artículos se han publicado en más de diez idiomas. Algunas de sus muchas publicaciones recientes incluyen: *El Papa Francisco, Tradición en Transición* y *Catolicismo y Ciudadanía: Culturas Políticas en la Iglesia del Siglo XXI*, el cual fue premiado por la Asociación de Prensa Católica en el 2018. El Dr, Faggioli también recibió el premio *Yves Congar de Excelencia Teológica* de Barry University en el 2019. Su libro más reciente es *El Papado Liminal del Papa Francisco- Hacia un Catolicismo Global* (Orbis Books, 2020).

Sixto García (Conferencista y Coeditor de este libro), Investigador y Consultor del Instituto Pedro Arrupe. El Dr. García recibió su Doctorado en Teología Sistemática y Estudios del Nuevo Testamento de la Universidad de Notre Dame. Enseñó 31 años en el Seminario Regional de St. Vincent de Paul, de donde se jubiló en el 2014. Ha sido invitado a numerosas conferencias internacionales sobre teología. Enseña cursos de Teología y Escrituras en parroquias de la Diócesis de Palm Beach. Entre sus publicaciones están *El Teólogo Hispano como Profeta y Poeta de su Comunidad* y *La Cristología en la Filosofía de F. W. J. Schelling: La Encarnación de la Segunda Potencia.*

Antonio García-Crews, Abogado de Inmigración y Consultor del Instituto Jesuita Pedro Arrupe. El Licenciado García-Crews es graduado de derecho de la Universidad de Miami, y es miembro de la Asociación de Abogados de Inmigración de los Estados Unidos. Además de su trabajo como abogado de inmigración, el Dr. García Crews es una autoridad sobre temas de moralidad relacionados con la inmigración. Ha sido invitado en numerosas ocasiones a programas de radio y televisión, y dirigió por varios años un programa de radio sobre estos temas en una estación católica. El Dr. García-Crews es un Franciscano de Tercera Orden y miembro de la Agrupación Católica Universitaria. Entre sus obras están *La Ley de Inmigración y la Familia* y *El Legado Social de Thomas Merton.*

Rodrigo Guerra López, Profesor-investigador y fundador del Centro de Investigación Social Avanzada (CISAV - Mexico). El Dr. Guerra recibió su Doctorado en Filosofía de la Academia Internacional de Filosofía en Liechtenstein. Es miembro de la Academia Pontificia Pro Vita, colaborador del Dicasterio de Desarrollo Humano Integral y miembro del Equipo de Reflexión Teológica del Consejo Episcopal Latinoamericano (CELAM). Entre sus publicaciones se encuentran *Volver a la persona: El método filosófico de Karol Wojtyla* (2002), *Católicos y Políticos* (2005), *La irrupción de los movimientos populares* (2019), *Discovering Pope Francis* (2019). Estos tres últimos libros han sido prologados por el Papa Francisco.

Antonio López, Profesor de Teología y Filosofía en el Seminario Regional St. Vincent de Paul de la Florida. El Dr. Lopez obtuvo su Doctorado en Filosofía con concentración en Teología Filosófica de Fordham University. Ha enseñado Teología y Filosofía en varias universidades del área de New York. Desde 1993, ha estado enseñando Teología y Filosofía en el Seminario Regional St. Vincent de Paul, el principal seminario de la Florida. Por muchos años fue Director del Programa de Formación Continua de Sacerdotes y Diáconos, patrocinado por este seminario. Ha presentado un gran número de conferencias y talleres sobre distintos temas teológicos en los Estados Unidos, España y la América Latina. Dos de sus escritos importantes han sido: *La Relación entre la Providencia Divina y la Libertad Espiritual de acuerdo con Hegel* y *La Crisis de Abuso Sexual Clerical en la Iglesia.*

Rafael Luciani, Profesor de Teología en la Escuela de Teología y Ministerio de Boston College y en la Universidad Católica Andrés Bello de Caracas. Doctor en Teología Dogmática y Licenciado en Teología Dogmática por la Pontificia Universidad Gregoriana. Es miembro del Equipo de Reflexión Teológico Pastoral del CELAM (Consejo Episcopal Latinoamericano) y de la CLAR (Confederación Latinoamericana de Religiosos/as). Coordina el Grupo Teológico Ibero-Americano, trabajando por la reforma de la Iglesia. Ha sido profesor invitado en varias universidades importantes y es muy activo en congresos internacionales. Sus intereses de investigación y docencia incluyen Teología Latinoamericana, Cristología y el Concilio Vaticano II. Entre sus publicaciones están *La Teología del Pueblo y el Papa Francisco, Regresar a Jesús,* y *Al Estilo de Jesús: una Propuesta para Tiempos de Crisis.*

Thomas Massaro SJ, es Profesor de Teología Moral en Fordham University. El Padre Massaro recibió su Doctorado en Etica Social Cristiana de Emory University, y es un sacerdote jesuita de la Provincia Noreste de los Estados Unidos. Además de enseñar un número de cursos sobre aspectos de la doctrina social católica y sobre el papel de la religión en la vida pública, el se mantiene involucrado en el activismo social práctico. Sirvió durante seis años en la Comisión de Paz de la Ciudad de Cambridge y fue cofundador y es miembro del comité directivo de los Investigadores Católicos por la Justicia de los Trabajadores. Sus numerosas publicaciones incluyen entre otros: *Misericordia en Acción: Las Enseñanzas Sociales del Papa Francisco* y *Justicia en Vivo: La Doctrina Social Católica en Acción*.

Joaquín Pérez, Director del Insituto Jesuita Pedro Arrupe. Joaquín Pérez recibió los títulos de Maestría en Adminstración Pública de Harvard University y de Maestría en Ciencias de Administración del Hult International Business School. Ha desempeñado cargos importantes tanto en gobierno como en la industria privada, incluyendo Vice Ministro de Información y Turismo y Ministro Consejero de la Embajada de Venezuela ante la Comunidad Económica Europea, Presidente de la empresa Grupo Campol Asesores y Vicepresidente de la empresa Bendixen and Associates. Fue también profesor en la Escuela de Ciencias Políticas de la Universidad Central de Venezuela, y ha desarrollado numerosos estudios relacionados con la política y la religión, incluyendo *La Voz Cubana* y *Práctica Religiosa de los Católicos Cuba-Exilio*.

Alfredo Romagosa (Coeditor de este libro), Director de Educación del Instituto Jesuita Pedro Arrupe y Consultor de Ingeniería con Technology Base Corporation. Tiene títulos de Ingeniería Eléctrica de Marquette University, Maestría en Ciencias de la Universidad de Miami, y Maestría en Estudios Religiosos de Barry University. Ha enseñado clases de teología en el Instituto Pastoral del Sureste y en el programa de Ministerios Laicos de la Arquidiócesis de Miami, y cursos de ciencias de computación en varias universidades. Fue Gerente de Diseño de

Computadoras e Investigador Principal con Harris Computer Systems. Entre sus publicaciones están los artículos "San Pablo y la Nueva Tierra y "Teilhard, el Reino y el Mundo".

Carlos Schickendantz, Investigador del Centro Teológico Manuel Larraín y Académico de la Facultad de Filosofía y Humanidades de la Universidad Alberto Hurtado (Chile). Doctor en Teología por la Eberhard-Karls-Universität Tübingen, Alemania. Es muy activo en congresos y jornadas internacionales, y es un experto sobre el pensamiento de varios de los teólogos claves de Vaticano II, incluyendo a Karl Rahner, Hans Urs von Balthasar y Joseph Ratzinger. Además de esto, sus intereses investigativos incluyen temas sobre la cultura y la religión. Sus publicaciones incluyen: "La reforma de la Iglesia en clave sinodal- Una agenda compleja y articulada", "De una Iglesia occidental a una Iglesia mundial- Una interpretación de la reforma eclesial".

Antonio Spadaro SJ, Editor en Jefe de *La Civiltá Cattolica*. El Padre Spadaro es un sacerdote jesuita, graduado de la Pontificia Universidad Gregoriana, donde enseñó antes de haber sido nombrado editor de su publicación. Esta influyente revista está afiliada con la orden jesuita y es una de las más antiguas en publicación actual. El Padre Spadaro es también consejero al Consejo Pontificio para la Cultura y a la Academia Pontificia de Bellas Artes y Literatura Virtuosa del Panteón. Ha publicado una gran variedad de volúmenes sobre la crítica teológica en diálogo con la cultura contemporanea. Entre ellos, el libro *Ciberteología* ha sido traducido a ocho idiomas. Memorable entre sus artículos ha sido "Fundamentalismo Evangélico e Integralismo Católico en los Estados Unidos." En el año 2013, él publicó la primera entrevista al Papa Francisco.

Consuelo Vélez, Profesora de la Pontificia Universidad Javeriana y de la Fundación Universitaria San Alfonso. La Dra.

Vélez recibió su Doctorado en Teología de la Universidad Católica de Rio de Janeiro. Es miembro de la asociación laical Institución Teresiana, fundada en 1911, y del Comité Teológico de la Conferencia Episcopal Colombiana. Autora de numerosos libros y artículos en las áreas de teología sistemática y pastoral urbana, entre ellos, *Cristología y mujer- Una reflexión necesaria para una fe incluyente*, *La Presencia de la Mujer en los Documentos del Magisterio*, y *Pastoral Urbana en América Latina: Pistas de Acción*.

ABOUT THE SPEAKERS

Ana María Bidegaín, Professor of Religious Studies and Program Director for Research at the Latin American and Caribbean Center, Florida International University. Dr. Bidegaín earned her PhD in History from the Catholic University of Louvain. She has been a visiting faculty member at a number of major international universities. Her main research themes revolve around Religion, Society and Politics in Latin American History, on which she has published extensively. Among these publications are *Participation and Leadership of Women in the History of Latinamerican Catholicism,* and *History of Catholicism in Colombia, Trends and Diversity.*

Massimo Faggioli, Professor of Theology and Religious Studies at Villanova University, columnist for *La Croix International* and *Commonweal.* Dr. Faggioli received his PhD in Religious History from the University of Turin (Italy). His books and articles have been published in more than ten languages. His many recent publications include: *Pope Francis: Tradition in Transition* and *Catholicism and Citizenship: Political Cultures of the Church in the Twenty-First Century* for which he received the Catholic Press Association Award of 2018. He also received the Yves Congar Award for Theological Excellence from *Barry* University in 2019. His latest book is *The Liminal Papacy of Pope Francis- Moving Toward Global Catholicity* (Orbis Books, 2020).

Sixto García (Speaker and Coeditor of this book), Researcher and Consultant to the Pedro Arrupe Jesuit Institute. Dr. García received his Doctorate in Systematic Theology and New Testament Studies from the University of Notre Dame. He taught at the St. Vincent de Paul Regional Seminary for 31 years, until his retirement in 2014, and he has been invited to numerous international theological conferences. He teaches Theology and Scripture courses in several parishes of the Diocese of Palm Beach. Among his publications are *The Hispanic Theologian as Prophet and Poet of his Community* and *Christology in F. W. J. Schelling's 'Philosophie der Offenbarung': The Incarnation of the Second Potency*.

Antonio García-Crews, Immigration Attorney and Consultant to the Pedro Arrupe Jesuit Institute. Dr. García-Crews received his Law Degree from the University of Miami. In addition to his work as an immigration attorney, he is an authority on the moral issues resulting from immigration. He is a well-known invited speaker and a member of the Association of Immigration Attorneys of the United States. Dr. García-Crews conducted a program on immigration for a Catholic radio channel for several years. He is a Third-Order Franciscan and a member of the "Agrupación Católica Universitaria" sodality. Among his works are: *The Law of Immigration and the Family* and *The Social Legacy of Thomas Merton*.

Rodrigo Guerra López, Professor-researcher and founder of the Center for Advanced Social Research, (CISAV - Mexico). Dr. Guerra received his Doctorate in Philosophy from the International Academy of Philosophy at Liechtenstein. He is a member of the Pontifical Academy for Life, colaborator of the Dicastery for Integral Human Development, and member of the Theological Reflection Team of the Latin American Episcopal Council (CELAM). Among his publications are *Returning to the Person: The philosophical method of Karol Wojtila* (2002), *Catholics and Political Leaders* (2005), *The irruption of popular movements* (2019), and *Discovering Pope Francis* (2019). Pope Francis wrote the foreword for the last three of these books.

Antonio López, Professor of Theology and Philosophy at the St. Vincent de Paul Regional Seminary of Florida. Dr. López obtained his Ph.D. in Philosophy with a special concentration on Philosophical Theology from Fordham University. He has taught Philosophy and Theology at several universities and seminaries in the New York area. Since 1993, he has been teaching Theology and Philosophy at the St. Vincent de Paul Regional Seminary, the major Catholic seminary of Florida. He was Director for many years of the Program for the Ongoing Formation for Priests and Deacons of the Catholic Church in Florida, under the auspices of this seminary. He has given many lectures and workshops on different theological topics in the United States, Spain and Latin America. Two of his important writings include: *The Relationship Between Divine Providence and Spiritual Freedom According to Hegel*, and *The Clerical Sexual Abuse Crisis in the Church*.

Rafael Luciani, Professor of Theology at the School of Theology and Ministry of Boston College and the Universidad Católica Andrés Bello of Caracas. Dr. Luciani holds degrees of Doctor in Theology and Licentiate in Dogmatic Theology from the Pontifical Gregorian University of Rome. He is a member of the Pastoral and Theological Reflection Team of the Latin American Episcopal Council (CELAM) and of the Confederation of Latin American Religious (CLAR). He the Ibero-American Theology Group, working on Church reform. He has been a visiting professor at a number of major universities and is very active in international congresses. His current research and teaching interests include Latin-American Theology, Christology, and the Vatican II Council. His numerous publications include *The Theology of the People and Pope Francis, Returning to Jesus,* and *In the Style of Jesus, a Proposal for Times of Crisis*.

Thomas Massaro SJ, Professor of Moral Theology at Fordham University. Father Massaro received his Doctorate in Christian Social Ethics from Emory University. He is a Jesuit priest of the Northeast Province of the United States. Besides teaching courses on many aspects of Catholic social teaching and the role of religion in public life, he seeks to maintain a commitment to hands-on social activism. He served a six-year term on the Peace Commission of the City of Cambridge and is a cofounder and national steering committee member of Catholic Scholars for Worker Justice. His numerous publications include *Mercy in Action: The Social Teachings of Pope Francis* and *Living Justice: Catholic Social Teaching in Action*.

Joaquín Pérez, Director of the Pedro Arrupe Jesuit Institute. Joaquín Pérez received a Master's Degree in Public Administration from Harvard University and a Master in Administration Science from the Hult International Business School. He has served in important roles in government as well as private industry, including Viceminister of Information and Tourism of Venezuela, Advisory Minisiter of the Venezuelan Embassy to the European Economic Community, President of the Grupo Campol Advisory Enterprise, and Vicepresident of Bendixen and Associates. He also taught Political Science at the Universidad Central de Venezuela, and has carried out numerous studies relating to politics and religión, including *The Cuban Voice* and *Religious Practices of Catholics in Cuba and in Exile*.

Alfredo Romagosa (Coeditor of this book), Director of Education of the Pedro Arrupe Jesuit Institute and Engineering Consultant with Technology Base Corporation. He has degrees in Electrical Engineering from Marquette University, a Master of Science from the University of Miami, and a Master of Arts in Religious Studies from Barry University. He has taught theology classes at the Southeast Pastoral Institute and the Lay Ministry program of the Archdiocese of Miami, and computer science courses at several universities. He was Manager of Computer Design and Chief Scientist with Harris Computer Systems.

Among his publications are the articles "St. Paul and the New Earth" and "Teilhard, the Kingdom and the World."

Carlos Schickendantz, Resarcher of the Theological Center Manuel Larraín, and Academic of the Faculty of Philosophy and Humanities of the Universidad Alberto Hurtado (Chile). He received his Doctorate in Theology from the Eberhard-Karls-Universität Tübingen, Germany. He is very active in international congresses and workshops, and he is an expert on the thought of several major theologians of the Vatican II Council, such as Karl Rahner, Hans Urs von Balthasar and Joseph Ratzinger. In addition to this, he has research interests the relationship between culture and religion. His publications include "The reform of the Church in a sinodal key- A complex agenda", and "From an occidental Church to a world Church- An interpretation of ecclesial reform".

Antonio Spadaro SJ, Editor in Chief, *La Civiltà Cattolica*. Father Spadaro is a Jesuit priest and graduate of the Pontifical Gregorian University, where he taught before being appointed as editor of his Jesuit-affiliated and highly influential journal, which is one of the oldest still alive. Father Spadaro is also currently serving as an advisor to the Pontifical Council for Culture and ordinary of the Pontifical Academy of Fine Arts and Letters of the Pantheon. He has published a wide range of volumes of theological criticism in dialogue with the contemporary culture. Among them *Cybertheology*, translated to eight languages. Among his articles is to be remembered "Evangelical Fundamentalism and Catholic Integralism in the United States." In 2013 he published the first interview to Pope Francis.

Consuelo Vélez, Professor of the Pontificia Universidad Javeriana and of the San Alfonso University Foundation. Doctor Vélez received her Doctorate in Theology from the Universidad Católica de Rio de Janeiro. She is a member of the Institución Teresiana, an international association of Catholic lay professionals founded in 1911, and of the Theological Committee of the Episcopal Conference of Colombia. She is the author of numerous books and articles on systematic and urban pastoral theology, including *Cristology and woman- A necessary reflection for an inclusive faith*, *The Presence of Women in the Documents of the Magisterium*, and *Urban Pastoral Ministry in Latin America: Tracks for Action.*

www.ingramcontent.com/pod-product-compliance
Lightning Source LLC
Chambersburg PA
CBHW030514080526
44586CB00011B/187